비문 전쟁

비문 전쟁

발행일 2025년 2월 11일

지은이 통천 도명
펴낸이 손형국
펴낸곳 (주)북랩
편집인 선일영 편집 김현아, 배진용, 김다빈, 김부경
디자인 이현수, 김민하, 임진형, 안유경 제작 박기성, 구성우, 이창영, 배상진
마케팅 김회란, 박진관
출판등록 2004. 12. 1(제2012-000051호)
주소 서울특별시 금천구 가산디지털 1로 168, 우림라이온스밸리 B동 B111호, B113~115호
홈페이지 www.book.co.kr
전화번호 (02)2026-5777 팩스 (02)3159-9637

ISBN 979-11-7224-468-2 93910 (종이책) 979-11-7224-469-9 95910 (전자책)

광개토태왕릉비와 진경대사탑비의 진실

碑文戰爭
비문전쟁

통천 도명
지음

한민족의 시간과 공간을 지우려 했던 일제의 역사 왜곡
사문 도명이 그 진실을 되찾기 위한 여정을 시작한다!

북랩

한민족의 역사를 바로 세울 소중한 푯대

이종찬 대한광복회 회장

육군의 초급장교로 육군사관학교에 근무하였던 1960년대, 나는 처음 광개토태왕릉비에 대해 알게 되었다. 좋은 소식으로 알게 된 것이 아니라, 일본 제국군의 육군 참모본부에서 비문을 변조하였다는 나쁜 소식을 우연히 접했던 게 계기가 되었다. 당시는 중국과 왕래하지 못할 때라 시절이 도래하면 반드시 현지를 답사해 변조한 현장을 직접 보겠다고 마음속으로 별렀다.

당시 나는 일본의 군인이 나라만 침략한 게 아니라 역사까지 변조했다는 사실에 무척 놀랐다. 아무리 우리와 원수처럼 여겼던 일본군부이지만, 어떻게 우리 역사까지 꿰뚫어서 중국변경에 있는 비문의 존재를 알고 거짓으로 고쳐가며 자기들의 역사관을 정립해 나갔는가 싶어 참으로 놀라운 일이라 여겼다. 나는 이게 사실이라면 밉지만, 일본군이 세계를 제패할 자격이 있는 군대라고 여겼으며, 부러움이 날 정도였다. 그래서 마음 한구석이 매우 착잡했다.

그러던 차 일본에서 이진희라는 재일교포 역사학자가 광개토태왕릉비의 변조설을 발표해 좀 더 구체적인 사실을 알게 되었다. 그는 일본의 육군 참모본부가 비의 일부 글자에 대해 석회를 바르는 변조 작전을 실행하였다는 사실과 그들이 자행한 변조의 방법까지 낱낱이 제시했다. 이쯤 되면 일본도 부정할 수 없다고 확신했다.

그런데 새롭게 제기된 의문이 있었다. 군부가 그처럼 집요하게 비문을 조작한 이유는 무엇일까? 그것은 일본이 정한론(征韓論)으로 한반도 침략의 정당성을 주장하기 위한 침략의 배경 이론을 만들기 위한 것으로 보였다. 고대에 이미 한반도는 왜의 일부였고, 가야가 임나였다는 것을 주장하기 위한 것이 아닐까? 하는 것이 당시 나의 추단이었다.

그 후 동구권이 무너지고 드디어 한국도 중국과 국교 정상화가 되었다. 그래서 나는 중국으로 가 제일 먼저 찾은 곳이 유하현 삼원포 신흥무관학교 자리였고, 다음이 집안(集安)의 광개토태왕릉비였다. 그리고 이후에도 집안을 세 번씩이나 방문해 능비를 찾았다.

그리고 내가 1998년 국가정보원장으로 취임하자마자 청사 정문에 비의 모작품을 세웠다. 그 이유는 출입하는 모든 요원이 이 비를 보면서 과거 우리나라가 주변 여러 나라를 누르고 기운차게 뻗어간 역사를 상기하며 큰 꿈을 가지라는 뜻에서였다. 그런데 내가 국정원을 떠난 이후 그 모작 광개토태왕릉비는 사라졌고, 대신 나를 '국뽕'이라 흉봤다는 반갑지 않은 소리도 들렸다. 하지만 나는 지금도 집안에 있는 황폐해진 광개토태왕의 능이 제대로 복원되고, 비문도 바로 잡혀 고구려 역사가 다시 살아나 우리 국민에게 좋은 수

련장이 되어주기를 바라고 있다.

한편, 본인은 지난 2018년 정초 JTBC 방송에서 전북대 김병기 교수가 다시 광개토태왕릉비 조작설을 소개하는 문화 프로를 시청했다. 당시 재일교포 이진희 교수가 제기한 조작설을 중국 측이 부인하고, 우리 역사학계에서도 마치 위설(僞說)처럼 여기고 있었지만, 나는 선뜻 동의하기 어렵던 차였다. 그리고 아직도 비문의 상당 부분, 하필이면 일본 측에 불리한 부분이 지워진 탁본만 남아있다는 사실 또한 받아들이기 어려웠다. 더욱이 국립박물관에서 가야 특별전을 하면서도 임나일본부가 존재한 것처럼 버젓이 주장하고 있었다. 따라서 정부가 국민에게 정확한 역사를 전하지 못한 데 대하여 나는 불만이었다. 그러던 차 도명스님이 그간 연구했던 가야 불교를 통해 진경대사탑비의 숨어있는 역사적 진실에 대한 문제를 제기했다. 그런데 이에 대하여 벌집을 쑤셔놓은 듯한 반론이 있었다. 차근차근 반박하는 그런 논리가 아니라 육두문자에 가까운 표현으로 도명스님의 연구 결과를 '반지성주의적인 의도적 왜곡'이라고 매도했다.

물론 도명스님은 대학에서 연구하신 전문 교수님도 아니다. 시쳇말로 아마추어 재야사학자라 해도 과언이 아니다. 그러나 스님이 제기한 광개토태왕릉비나 진경대사탑비에 대한 의문점은 상당수의 국민이 갖고 있다. 그런데 이를 확연하게 해명하지 못한 책임은 국민에게 있는 것이 아니라 역사학계가 지니고 있다. 많은 분이 여전히 우리 역사학은 식민사학 영향 아래에 있다고 말하고 있는데, 최근에는 뉴라이트들까지 우리 역사를 폄훼하고 매국노 노릇을 하고 있다.

도명스님의 저작이 광개토태왕릉비나 진경대사탑비의 의문점을 완벽하게 해명하기는 쉽지 않을 것이다. 하지만, 역사학계가 아닌 일반 국민이 역사의 뒤안길에 남아있는 숙제를 풀어내 세상에 널리 알린다는 점은 매우 의미심장하다 할 것이다. 열린 마음으로 우리 역사에서 풀지 못한 과제를 함께 밝히고자 하는 모든 분에게 일독을 권한다.

도명스님이 역사에 대하여 고민한 그 성심(誠心)에 대해 다시 한 번 존경을 표한다.

대한민국 106년 10월 10일

광복회관에서 이종찬

광개토태왕릉비, 時運인가? 悲運인가?

김상일 前 한신대학교 교수

삼태기같이 생긴 집안 언덕진 농지 안에 무려 1,500여 년 동안 땅에 묻혀있다가 1883년 첫 모습을 드러낸 '광개토태왕릉비'는 우리에게 시운인가 비운인가? 너무 좋지 않은 시기에 나타났기 때문에 '비운'이다. 그러나 지금은 어떨까?

사실 19세기 말은 서양 열강들이 아시아를 식민지로 삼고, 일본은 '탈아시아론'을 내세우며 같은 동양을 약탈하고 공략하던 시기였다. 1894년의 청일전쟁과 1907년의 노일전쟁에서 연전연승한 일제는 만주벌에서 전신에 옷가지 하나 걸치지 않고 뒹굴고 있던 능비를 보고 그냥 지나칠 수 없었다.

천 년 동안 대륙 진출을 꿈꾸며 팽창할 대로 팽창해진 일제가 야마토(大和魂)의 정신으로 비문을 보았을 때, 어느 한 구절조차 자기들에게 유리한 게 없었다. 충격적이게도 번성한 지금과 과거 5세기 당시 자기들의 왜소(矮小)했던 모습은 너무나도 달랐다. 과거 일제의 만행을 고려할 때 과연 지금의 능비가 본래 모습 그대로이고 아무런 변조도 없었을까?

도명스님의 이번 저서에서 신채호 선생이 능비를 방문했을 때의 일화를 적고 있다. 단재 신채호 선생이 집안 현지를 갔을 때 현지에서 만난 영자평(英子平)이란 아이가 능비를 두고 '누구에게 들었다'라고 하면서 말하길, '중국에 불리한 내용이어서 중국인들이 밤에 돌로 쪼아 냈다'라고 했는데, 과연 비를 훼손한 이들이 중국인일까? 아니면 일본 첩자가 중국인으로 변장해 변조했거나, 그것도 아니면 중국인에게 돈을 주고 변조하라고 사주한 것은 아닐까? 필자는 후자일 것으로 추측했다. 당시 일제에게 이 정도의 공작은 그리 어려운 일은 아니었을 것이다. 시운의 역사가 비운으로 바꾸는 현장을 단재가 직접 목격한 것이 아닌가 싶다.

능비를 바라보는 주관적 시각은 중국, 북한, 남한 그리고 일본에 따라 각각이 다르다. 다시 말해서 능비라는 객관적 실체 앞에 그 해석하는 주관이 현재 자국의 이익과 입장에 따라 현저히 달랐다. 예를 들어 가장 중요한 신묘년 기사에 '바다를 건너(渡海破)'라는 구절을 두고 3국의 입장이 모두 다르다. 먼저 중국의 왕건군은 비문이 변조되지 않았다고 하면서 일본의 주장과 맥을 같이 한다. 그 이유는 일본이 비문을 통해 궁극적으로 임나일본부 논리를 주장하려는데 있다면, 중국은 한사군 논리를 통해 평양 일대가 중국 것이라는 침략 야욕의 입장에서는 일본과 서로 같았기 때문이다.

이에 대해 북한은 '바다'를 '패수'라고 보아 고구려가 백잔(백제)과 신라를 공략한 것처럼 주장해 오늘의 남북 관계를 여실히 보여주고 있다. 그리고 일본은 바다를 현해탄으로 보아 저들이 바다를 건너와 백제와 신라를 토벌했다고 한다. 여기서 가장 문제시되는 점은 남한 학자들의 주장이다. 남한의 거의 모든 강단 사학자가 일본의 입장에 동조하면서 임나 경영설을 뒷받침한다. 다만 일본에 거주한 고(故) 이진희 교수가 비문 변조설을 처음으로 주장했고, 남한에 있는 소수의 재야 학자만이 이에 동조한다.

이번에 도명스님이 펴낸『비문 전쟁』은 일본이 능비를 1884년 가져가 5년 동안의 시간이 경과한 다음 1889년 이전에 비문을 변조해 발표했다는 입장을 취한다. 일본이 신묘년에 바다를 건너와서 백제와 신라를 파했다는 주장과 그들이 말하는 임나 경영설이 모두 옳지 않다고 지적한다.

저자 도명스님은 이에 대하여 다시 국제정세와 문헌들을 검토해 볼 때, 일본의 이러한 주장은 전혀 사실에 부합하지 않는다고 한다. 당시 일본, 고구려, 신라 그리고 백제라는 관계를 보았을 때 일본의 주장은 국제정세로나 문헌상으로도 모두 거짓이라는 입장이다. 능비에는 항상 일본과 백제의 관계는 하나의 묶음으로 친화적이고 우호적인 관계로서 이 둘이 단합해 신라를 공격하려 했고, 고구려는 신라를 보호하려 했다고 한다. 그런데 어떻게 갑자기 뜬금없이 일본이 백제를 토벌했다고 할 수 있겠는가. 그리고 어느 문헌에도 이 시기에 이러한 일본 주장에 부합하는 기사가 없다는 것이다. 그가 저서 가운데 이 부분을 강조해서 많은 면을 할애했다는 것은 이 책의 특징이라 할 수 있다.

일본에 의해 훼손당하지 않은 진본 탁본을 원석 탁본이라고 한다. 사실 양자물리학에서는 이런 진본이 갖는 의미는 거의 무의미하다고 본다. 아무리 '진본의 진본'을 제시해도 그것에 개입하는 관찰자의 주관은 얼마든지 해석과 의견을 달리할 수 있기 때문이다.

아나운서가 뉴스 보도를 끝낼 때, 소위 '클로징 멘트'라는 것을 날린다. 도명스님은 이 책에서 명 멘트를 몇 군데서 날리고 있다. 그것은 아마도 오랫동안 불교사상과 명상에서 나온 수행력이 원인이 아닌가 싶다. 예를 들어서, 그는 책에서 중국에서 과거 시험을 치를 때에 시험 문제에 역사적 사건을 하나 던져 놓고는 시험자들로 하여금 반드시 그것을 현재의 사회 정치적 상황과 얼마나 잘 연관 시키느냐를 본다는 것이다.

만약에 능비의 신묘년조 '왜가 바다를 건너와 백제와 신라를 쳐 토벌했다'라는 구절을 과거 시험의 화두로 던진다면 도명스님은 어떤 답을 낼 것인가? 오늘날 뉴라이트들은 일제와 다음과 같은 답을 달 것이다.

요코이 다다나오가 「회여록」에 발표한 왜곡된 신묘년 기사의 원문에 의하면

百殘新羅 舊是屬民 由來朝貢/ 而倭以辛卯年來渡海 破百殘□□新羅 以爲臣民/ 以六年丙申 王躬率水軍 討利殘國

"백잔과 신라는 옛날부터 속민이었으며 전부터 조공을 왔다./ 그런데 왜가 신묘년에 바다를 건너와서 백잔□□신라를 격파하고 신민으로 삼았다./ 이에 영락 육년 병신년, 대왕께서 몸소 수군을 이끌고 백잔을 토벌하였다."

그러나 이에 대해 도명스님은

百殘新羅 舊是屬民 由來朝貢 而倭 以辛卯年來渡/ 二破 百殘倭侵新羅 以爲臣民/ 以六年丙申 王躬率水軍 討倭殘國

"백잔과 신라는 옛날 우리의 속민이었고, 전부터 조공을 왔다. 그러나 왜는 신묘년부터 물을 건너 (조공을) 왔다./ 두 쳐부술 백잔과 왜가 신라를 침공해 신민으로 삼으려 했다./ 때문에 영락 6년 병신년 태왕께서 몸소 수군을 이끌고 왜와 백잔을 토벌했다."

라고 답을 할 것이다. 일본은 '渡海 破'라고 한 반면에, 도명은 '渡 二破'라고 했다. 이처럼 그는 '海' 속에서 '二'라는 두 개의 선을 찾아내 일제가 비문을 날조했다고 강력하게 주장하고 있다. 과연 도명스님이 이런 답을 했을 때 장원 급제할 것인가? 판단은 독자 여러분의 몫이다.

오늘날, 이 나라의 역사는 만신창이가 돼 가고 있다. 사실 역사를 전공한다는 강단 사학자들이 일본과 중국에 역사를 팔아넘기고 있기에, 도명스님의 이러한 답안이 오늘날 양국 연구자들에게는 눈엣가시 같을 것이다.

한편 유구한 우리 역사에 이렇게 오랫동안 남북이 분단된 적은 없었다. 또한 우리 고대사를 남쪽은 '임나 경영설'로 일본이 가져가고, 북쪽은 '낙랑 평양설'로 중국이 가져가고 있다. 그런데, 우리는 한강에 배 띄워 놓고 춤추고 노래하며 이것이 태평성대라고 착각하고 있다. 도명스님의 이 책 속에 다른 어떤 역사서에서도 볼 수 없는 클로징멘트와 역사를 다루는 인문학적 지식과 함께 융합적인 글쓰기 방법론은 그 어느 서가(書家)에서도 발견할 수 없는데, 필시 독자를 독서 삼매경에 빠져들게 할 것이다. 향후 태왕의 비가 이 책을 통해 '우리 역사의 비운을 시운으로 바꾸는 데 공헌할 것'임을 믿어 의심치 않는다.

갑진년이 다할 즈음 이 땅에 영구히 귀국하며
김상일 씀

| 서문 |

종교인으로 역사의 문외한이었던 필자가 역사를 연구하게 된 것은 정말 우연이었다. 포교를 위해 가야의 심장부인 김해에 살게 되면서 가야와 가야불교의 역사를 접하게 되었다. 그리고 수년간 연구한 결과물로 2022년 가야불교의 통사(通史) 격인 『가야불교 빗장을 열다』를 출판했다. 일 년 후 책은 영문으로 출판되었고, 이를 계기로 작년에는 수브라마냠 자이샨카르 인도 외교 장관을 만나 한국과 인도의 오랜 교류사에 대해 환담했다.

이처럼 인도에서 도래한 허왕후와 가야불교만 연구하던 필자에게 뜻밖의 인연으로 광개토태왕릉비 연구는 시작되었다. 2021년 말부터 부산불교방송에 매주 월요일 아침 10여 분 남짓 가야불교를 전화로 인터뷰하는 시간이 있었다. 일 년 이상의 경과로 이야기 소재도 거의 소진되어 갈 무렵, 코너 진행자 박찬민 기자가 임나일본부에 대해 다뤄보자고 제안했다. 함께하던 진행자가 일 년 이상 프로그램을 하다 보니 우리 역사의 문제점을 명확하게 인식하게 되었던 것이다. 그리하여 그의 제안으로 시작된 임나의 첫 인터뷰는 임나에 대한 우리의 첫 기록인 광개토태왕릉비였다. 그런데 막상 방송은 했지만 10분 정도의 짧은 시간이라 청취자들께 제대로 된 설명을 하지 못했고, 인터뷰 후에는 뭔가 모를 아쉬움마저 남았다.

그래서 다음 시간에 추가로 설명하기 위해 비문과 관련된 자료를 찾던 중 책장에서 몇 년 전 얼핏 읽었던 책을 한 권 보게 됐다. 『사라진 비문을 찾아서』라는 이 책은 서체(書體) 전문가인 전북대 김병기 교수의 저술인데, 자세히 살펴보니 이분의 주장대로 학계에서 말하는 소위 '신묘년 기사' 부분에서 몇 가지 문제가 있음을 발견했다. 고구려의 위대한 영웅인 광개토태왕의 비문 가운데 유독 신묘년 기사 부분에서 문맥이 서로 충돌하여 전혀 맞지 않는 것이었다. 그래서 동국대 임기중 명예교수의 편저 『廣開土王碑原石初期拓本集成』(광개토왕비원석초기탁본집성)을 구해 거기에 나오는 여러 탁본과 일본육군 참모본부의 밀정인 사카와의 '쌍구가묵본'을 꼼꼼히 비교해 보았다. 그랬더니 아니나 다를까 비문은 문제가 있었고, 집중 탐구 끝에 변조의 단서를 찾을 수 있었다.

사실 필자의 연구는 가야불교에 한정되었고, 더 이상 다른 분야로 확장할 생각이 없었다. 왜냐하면 사찰의 주지 소임뿐 아니라 이런저런 외부 활동도 많아 평소의 일정조차 감당하기 어려웠고, 전문적인 비문 연구를 하기엔 시간도 턱없이 부족했기 때문이었다. 그러나 가야불교를 부정하는 이들로부터 이를 지켜내려면 가야사를 공부해야 할 수밖에 없었고, 가야를 들여다보면 반드시 만나게 되는 게 또 임나(任那) 문제였기에 "한번 부딪혀 보자." 싶었다.

임나 문제가 중요한 이유는 '임나일본부'[1]로 연상되는 이 문제를 어떻게 풀어내느냐에 따라서 가야 초기 역사가 지대한 영향을 받을 수 있기 때문이다. 그래서 임나에 대한 우리나라의 세 기록 가운데 첫 번째 기록인 광개토태왕릉비를 살펴보게 되었다.

그런데 역사든 어떤 분야이든 한곳에 천착하여 새로운 사실을 발견하고 나면 하나의 원리를 발견하게 된다. 그것은 풀리지 않는 어떤 하나의 문제가 화두처럼 되어 침식을 잊을 정도로 몰입하게 되다가, 어느 날 뜻밖의 기연(機緣)으로 의문이 풀리면서 전체가 드러나게 되는 식이다. 가야불교의 난제 중 하나였던 '허황옥 신혼길'을 이런 방식으로 규명했던 경험이 있었던 터라 동일한 방식으로 접근하여 광개토태왕릉비를 살펴보니 신묘년 기사를 비롯한 나머지 난제들도 풀리기 시작했다.

사실 역사의 사라진 진실을 찾기 위해선 마치 탐정이 범인을 추적하는 방법과 비슷했는데, 범인을 잡으려면 먼저 범인의 입장에서서 범행 목적과 범행 방법 등을 생각해야 했다. 능비를 자세히 살펴본 결과 그들이 능비를 변조한 목적은 한반도의 병침이었고, 다양한 변조의 방법까지 알 수 있었다. 대일항전기 당시 일제는 한반도를 정복하기 위한 정한론의 입증을 위해 임나가 한반도에 있었다는 허위의 '임나일본부설'을 만들어 냈다. 그리고 그 근거를 마련하기 위해 능비의 신묘년 기사를 변조한 것이었다. 이후 필자는 수

1 『일본서기』 <신공 49년조> '擊新羅而破之 因以 平定比自㶱南加羅喙國安羅多羅卓淳加羅七國' 기사에 근거. '因以(인하여)'를 쓴 것으로 보아 이후 평정한 나라는 신라와 관련된 소국들이다. 여기에서의 신라는 한반도 신라가 아닌 일본열도에 있는 신라의 분국들로 보인다. 그러나 학계는 통상 한반도의 가야 7국이라고 잘못 해석하고 있다.

개월간의 씨름 끝에 신묘년 기사의 변조를 규명하고 결실된 두 글자를 복원했으며, 기존의 연구를 참고해 몇 가지 주요한 쟁점들을 새롭게 해석해 드디어 책의 발간으로까지 이어졌다.

한편, 이 책의 또 다른 주제로 '한반도 임나설'의 세 가지 근거 가운데 하나인 진경대사탑비를 연구하게 된 데에도 사연이 있다. 과거 일제가 내세운 임나일본부의 세 근거[2]는 일본육군 참모본부(이후 참모본부로 통일)가 역사 공작의 도구로 활용한 게 분명했기에 2021년경부터 관심을 가지고 들여다보았다. 이는 광개토태왕릉비보다 먼저 관심을 가진 분야였고, 그해 말 '창원 봉림사 진경대사탑비의 새로운 해석'이란 제목으로 경남매일신문에 한 편의 칼럼을 기고했다. 그런데 그로부터 한참 지난 2023년 6월, 부경대학교 사학과 이근우 교수가 느닷없이 부산일보에 '반지성주의적 역사 왜곡을 경계한다.'라는 제목으로 필자의 역사 활동과 진경대사탑비의 칼럼에 대한 비판을 해왔다.

대학의 현직 역사학 권위자가 나의 글을 보고 의견을 줬다는 점에서 내심 반가운 점도 있었지만, 마음의 부담도 적지 않았다. 이 교수는 칼럼을 통해 필자의 주장이 자의적인 해석이고, 역사 왜곡까지 우려된다고 지적했다. 그는 또 지난 2024년 9월에도 〈경남도민일보〉를 통해 비슷한 취지로 필자를 공박해 왔다.

물론 두 번 모두 반론권을 얻어 반박하는 글을 쓰게 되었는데, 그

---

2 임나에 관한 우리의 세 기록이 있는데 광개토태왕릉비의 '任那加羅'와 『삼국사기』 〈강수열전〉의 '任那加良' 그리고 진경대사탑비의 '任那王族'이다.

때 진경대사탑비를 좀 더 깊이 연구하는 계기가 되었다. 그리 유쾌한 일은 아니지만, 학문의 세계에서 진실을 규명하기 위한 건전한 토론은 필요한 과정이며 학문적 성장에 도움이 된다고 생각된다.

한편 필자는 지난 2024년 초, 가야불교와 우리 역사를 함께 연구하는 가야불교연구소 소장이신 지원 스님과 공동으로 '진경대사탑비의 새로운 해석'이란 논문을 저술해 학술지 「역사와 융합」에 정식 등재했다. 이 책은 위의 논문을 바탕으로 쓴 것이며 도움을 주신 지원 스님께 깊은 감사의 말씀을 드린다. 지원 스님은 평소 조용하시지만 어떤 일에 임해서는 매우 열정적으로 임하는 분이다. 새로운 시각과 자료를 제시하여 함께 토론하고 사색한 결과 주장의 근거가 더욱 탄탄해졌다는 느낌이 든다. 임나일본부의 세 근거 중 두 가지가 비문인데 공교롭게도 필자는 두 비문을 연구하게 되었고, 그 결과물을 이번에 한 권의 책으로 엮게 되었다.

사실 광개토태왕릉비와 진경대사탑비는 시간적으로도 500여 년의 차이가 있다. 그러나 두 비문 모두 일본 제국주의가 자행한 역사 왜곡의 희생물이라는 공통점이 있다. 또 두 비문은 임나일본부에서 말하는 임나의 위치가 어디이며, 어떻게 이동했는지를 알게 하는 단서가 숨어있다. 그 때문에 별개의 비문이지만 임나일본부를 위해 변조 왜곡되었다는 연결점이 있으며, 이를 극복할 답 또한 여기에 있다는 것을 보여주는 소중한 유물이기에 연구할 가치가 또한 매우 크다.

그동안 능비를 연구하면서 많은 사람을 만났다. 능비와 관련한 책을 쓴 전문 연구가에서부터 역사에 관심을 가진 일반 국민도 많았다. 그러나 대부분 기존의 고정된 시각에서 벗어나지 못하고 핵심의 주변만을 맴돌고 있었다. 또 사학계의 속내를 들여다보면 아직도 청산되지 못한 식민사학의 잔재가 뿌리 깊게 박혀 있었고, 이를 인식하지 못하는 국민은 아무것도 모른 채 속고 있었다. 심지어 능비를 수십 년간 연구한 이들조차 일제가 쳐 놓은 역사의 덫을 빠져나가지 못하고 있는 것이 안타까운 현실이었다. 그래서 과거 일본 제국주의 정치인들과 그에 부역했던 관변학자들에 의해 조작되고 파괴됐던 우리 역사를 복원하는 것은, 세상의 한쪽 귀퉁이를 밝히는 소중한 과업이란 생각까지 들기도 한다.

이 책을 읽다 보면 곳곳에 과거의 일본 제국주의나 현재의 일본을 다소 강한 어조로 비판하는 부분도 있다. 하지만 이는 괜히 일본을 미워하며 국수주의 타령을 하자는 게 아니다. 그 이유는 과거 일제가 태왕의 능비를 변조한 범죄를 저질렀는데도 불구하고, 과거사의 반성은커녕 오히려 현재까지도 역사 왜곡을 계속 자행하고 있기 때문이다. 필자는 한국과 일본이 왜곡된 역사를 올바르게 규명해 암울했던 과거를 정리하고, 앞으로 진정한 벗이 되기를 마음 속 깊이 바라고 있다.

역사의 중요성

대저 학문(學問)이란 '어떤 분야를 체계적으로 배우고 익힘, 또는 그런 지식'이라고 정의한다. 그런데 동양의 고전인 논어에서 말하는 학문이란, 용어의 뜻처럼 '배우고 묻는다'라는 의미로 말하고 있다. 학문의 주된 역할은 지식의 전달이지만 단순히 지식의 일방통행이 아니라, 앞에서처럼 선생님과 학생이 서로 묻고 토론할 수 있는 지식의 쌍방 통행이 되어야 한다.

세상을 앎의 측면에서 보면 '아는 것'과 '모르는 것'으로 나뉜다. 아는 것은 삶의 편리와 이익을 주지만 '모르는 것'은 단순한 불이익뿐만이 아니라 어떤 때는 그것이 생사를 좌우하기도 한다. 따라서 어떤 분야에서든지 모르면 헤매게 되고 알면 길을 바로 가게 되어 좀 더 명확하고 효율적인 삶을 살 수 있다.

학문의 목적 가운데 하나는 진실의 추구이다. 무지를 없애고 사실을 밝히는 것이 학문 본연의 가치이다. 그리고 이러한 목적을 달성하기 위해선 모르는 사람은 아는 사람에게 진지하게 묻고 배워 알게 되는 과정을 거치기 마련이다. 그런데 진실의 규명에 있어서 때로는 선학(先學)과 후학(後學)의 위치가 고정되지 않고 뒤바뀌기도 한다.

깨달음을 가장 직접적인 방법으로 추구하는 선종(禪宗)에서는 선(禪)을 '선생 잡아먹는 공부'라고 한다. 이는 스승이 과거의 성취에 안주해 늘 깨어있지 않으면 구도심에 불타는 눈 밝은 제자에게 따라잡혀 뒤처질 수 있음을 뜻하는 말이다. 따라서 진리의 발견처럼 학문하는 자세 또한 모든 권위를 내려놓아야 하며, 진실을 볼 수 있는 밝은 안목이 그 무엇보다 중요하다는 것을 일깨우고 있다.

종교가 "나의 본질은 무엇이고 또 어디로 가는가?"라는 인간 존재의 근원을 탐구하는 영역이라면, 역사란 "인간이 지구라는 곳에 등장하여 어떻게 살아왔는가?"를 규명하는 분야이다. 중국 근대의 역사학자 고힐강(顧頡剛)이 '역사학은 모든 학문 가운데 가장 넓은 분야'라고 언급한 것처럼 자연·인문·사회·과학·문화·예술·환경 등 거의 모든 부분을 포괄하고 있다. 또한 그 영역이 넓은 만큼 가치와 활용 또한 매우 크다.

그래서 역사의 중요성을 인식한 나라들은 자국의 역사를 선양해 정치적으로 이용하기도 하며, 때로는 역사를 왜곡해 다른 나라를 침공하거나 겁박하는 행위를 서슴지 않는다. 이러한 예는 고대로부터 현대까지 지속해 왔고, 우리는 지금 이 시각에도 중국의 동북공정과 일본의 역사 왜곡을 경험하고 있다.

우리가 사는 세상은 고정관념이 지배하는 곳이다. 특히 경직된 관념을 가진 기존의 세력이 강하면 진실이라도 인정받기 어렵다. 그러나 진실은 작아 보여도 '진실의 힘'이란 게 있다. 필자는 이미 가야불교와 〈허왕후 신혼 길〉의 연구를 통해 그 힘을 확인했다. 신혼길 발견의 경우, 세상에 처음 발표했을 때 함께 연구했던 분들조차 반신반의했던 기억이 있다. 그러나 이들도 1차 사료인 『가락국기』 기사의 원문 설명과 함께 현장을 답사한 이후 기존의 잘못된 관념을 내려놓았었다. 〈광개토태왕릉비와 진경대사탑비의 진실〉 또한 마찬가지일 것이다. 장차 눈 밝은 사람이 많아지고 국민의 역사의식이 깨어난다면 거짓은 물러나고 진실은 반드시 우리 앞에 다가올 것이다.

지금 한류가 전 세계를 휩쓸고 있다. K-팝과 K-드라마는 물론이고 한글과 우리의 의·식·주까지 전 세계인들이 열광하며 관심을 가진다. 이제 능비에 나오듯 '하늘의 도리가 땅에서 이루어진다'(以道輿治)라는 천손 민족 전통의 고귀한 사상과 『삼국유사』에 등장하는

'널리 인간을 이롭게 한다.'(弘益人間)라는 인류 공영의 정신이 전 세계로 펼쳐질 날도 멀지 않았다는 느낌도 든다. 우리는 이러한 시대적 흐름에 발맞춰 미래를 준비해야 한다. 무릇 기회란 기다리고 준비한 자에게만 주어지는 하늘의 선물이기 때문이다.

바야흐로 역사 변혁의 때가 도래한 듯하다. 유네스코 가야 고분군 등재 시 일본 역사서인『일본서기』에 나오는 기문과 다라를 삭제하고 가야의 건국 연도를 3세기에서 1세기로 바로잡은 것은 깨어있는 국민의 노력 덕분이다. 앞으로 틀린 곳은 바로잡고, 숨겨진 곳은 찾아내어서 우리 역사를 올곧게 세워야 할 것이다. 이제 한·중·일 삼국 역사의 축소판인 광개토태왕릉비의 진실과 진경대사탑비의 바른 해석을 통해 잃어버린 우리 역사를 다시 찾는 시금석이 되기를 기원해 본다.

끝으로 교정과 자료지원에 많은 도움을 주신 조용성 선생님과 발간에 도움을 주신 도서출판 북랩의 모든 관계자분께 깊이 감사드린다.

갑진년 엄동 가야의 심장에서

금정산인 도명

차 례

4장 비문 변조의 목적과 탁본 이야기

5장 임나의 위치는 어디인가

6장 그 밖의 주요 쟁점들

7장 부활하는 태왕의 꿈

2부
진경대사탑비

1부

광개토태왕릉비

1장

한국 고대사의 최대 이슈

비의 남쪽 2면(국립중앙박물관)

1.
변조된 당대의 기록

지난해 초 일본의 중학교 역사 교과서 추가 검정 통과로 인해 한일 간의 과거사 문제가 재점화되었다. 또한 그즈음 윤석열 대통령이 방일 과정에서 보인 행보와 일본의 태도를 두고 많은 국민이 실망했다. 물론, 일각의 주장처럼 더 나은 미래를 위해 용서와 화합으로 과거사를 극복해야 한다는 주장은 충분히 이해한다.

다만, 이를 위해선 과거는 그만두더라도 적어도 현재에 또 다른 역사 왜곡이 없어야 한다는 점이 전제되어야만 한다. 그런데, 반성의 기미가 전혀 없는 일본에 섣부른 선의를 베풀다간 오히려 악에 대한 정당성만 키워줄 뿐이며, 앞으로 더 큰 화를 불러올 가능성도 염두에 두어야 할 것이다.

역사에 문외한이었던 필자가 이 분야에 관심을 가지게 된 계기는 가야불교 때문이었다. 가야의 심장부인 김해에 살게 되면서 우연히 김해 지역에 전승되어 오는 가야불교의 기록과 흔적을 들여다보면서부터였다. 이후 가야불교와 함께 가야사도 엿보게 되었는데, 그 이유는 가야불교라는 가지는 가야라는 줄기에서 태동했기 때문이다. 또한 가야사를 이해하려면 이웃한 삼국뿐 아니라 한(漢)

나라와 왜(倭)를 비롯한 주변국과 함께 나아가, 가야 이전의 삼한과 고조선 역사까지 두루 살펴야 했다. 이렇듯 역사란 시공간 속에서 복합적으로 얽혀있기에 분절적인 사고가 아닌 통합적인 사고도 요구되었다.

가야불교는 문헌 기록과 유물이 분명히 존재한다. 하지만 주류 사학계에서는 그 역사성을 인정하길 주저하고 있다. 오히려 일각에서는 반박 논문까지 쓰면서 가야불교를 적극적으로 부정하며 지우려 한다. 그러나 가야불교는 고려 당대 국사로 존경받던 일연스님께서 찬술한 『삼국유사』 「가락국기」 조와 「파사석탑」 조에 그 근거가 명확하게 나온다. 그런데도 가야사 주류 사학계에서는 지속해서 가야불교를 부정해 왔고, 이들의 공격을 방어하는 차원에서 필자의 연구는 시작되었다. 그도 그럴 수밖에 없었던 것은 김해에는 은하사·장유사·모은암·홍부암·성조암을 비롯한 가야불교 연기 사찰들이 여럿 있고, 김해불교의 정체성이 바로 가야불교인데, 자칫하면 이 모두를 송두리째 부정당할 위기에 놓였기 때문이었다.

가야불교를 알기 위해 가야사를 들여다보면, 대일항전기에 '임나는 가야다'라는 〈임나 가야설〉과 일본의 선조라는 고대의 왜가 가야를 200여 년간 지배했다는 '임나일본부설'이 등장한다. 물론 현재 우리나라 가야사 주류 사학계와 일본 사학계에서도 "임나일본부는 이미 정리된 철 지난 소리"라고 일축한다. 그러나 현실은 과연 그러할까?

지금도 "임나일본부는 없다"라고 주장하는 국내외 사학자들이 『일본서기』라는 일본 사서에나 주로 등장하는 임나의 지명을 옛 가야 땅에 비정(比定. 비교하여 정함)하는 모순된 행태를 보인다. 가야는 임나가 아니라는 근거가 차고도 넘치지만, 주류 사학계가 가야는 임나가 맞다고 주장하는데, 그 근원을 쫓아 올라가면 언제나 일제의 식민사학자들을 만나게 된다.

임나라는 용어가 『일본서기』에는 215회 집중적으로 나오고 우리 역사에는 겨우 3회 파편적으로 나오는데도 이들은 가야가 임나라고 우긴다. 역사를 상식적으로 보아야 함에도 예외적인 특수성을 우선하는 불합리한 자세를 견지하고 있다. 과거 일제가 임나의 지명을 한반도 남부 가야에 비정한 것은 임나일본부를 사실화하기 위한 정치공작일 뿐인데도 불구하고 우리 역사학계는 아직 그 허구의 주장을 신봉하고 있다. 소위 선진국으로 분류되는 국가로서 도저히 이해할 수 없는 저차원적인 일이 지금도 학계에서는 버젓이 일어나고 있다.

일제가 정한론의 여론 조성을 위해 퍼트렸던 신공황후의 삼한정벌도

주류 사학계에서는 임나일본부와 임나의 위치 문제가 별개의 사

안이라고 한다. 하지만 만약 임나가 경남 김해나 경북 고령으로 굳어지면, 바늘 뒤의 실처럼 임나일본부가 자연스럽게 따라오는 것은 불 보듯 뻔한 일이다. 우리 역사를 지켜도 시원치 않을 판국에 우리 학자들이 학문의 자유라는 이름으로 우리나라에 불리한 허구의 역사를 아무런 비판 없이 수용하고 있다.

이들은 『일본서기』와 임나에 대하여 '비판적 수용' 또는 '독이 든 복어'라고 말하며 '잘 가려 쓰면 된다.'라고 한다. 마치 객관적인 연구를 하는 것처럼 말은 한다. 그러나 실제로는 전혀 객관적이거나 합리적이지 않으며, 일제의 학맥(學脈)을 그대로 계승하여 식민사학의 유풍을 그대로 따르고 있다. 실로 우려하지 않을 수 없는 일로 학계는 깊이 성찰하고 새롭게 태어나야 한다.

임나의 지명 문제는 가야의 정체성에 관해 매우 중요한 문제이다. 따라서 사학계에서는 끝장 토론을 해서라도 반드시 임나 문제는 정리해야 한다. 그렇지 않으면 '역사 바로 세우기'는 허울뿐인 한낱 구호에 지나지 않을 것이다. 맑은 우물에 농약을 한 방울이라도 떨어뜨리면 먹지 못하듯 임나 문제를 해결하지 않고는 한국 고대사를 제대로 정립할 수 없다.

우리나라에 있는 임나일본부의 최초 근거는 광개토태왕릉비다. 하지만 워낙 거대한 주제이기에 필자가 연구할 엄두를 못 내고 있었다. 그런데 어느 날 거부할 수 없는 인연으로 다가왔고 화두를 풀듯 온몸으로 부딪혀 보았다. 감사하게도 역사는 진정성을 가진 이에게 언제나 그 진실의 문을 열어 주었다.

능비는 현재 한·중·일 삼국에서 보이는 역사 지형의 축소판이라고 할 수 있다. 한국은 능비의 진실을 밝혀 잃어버린 고대사를 복원하고자 한다. 반면 중국은 동북공정을 성공적으로 완수하고 고구려를 그들의 지방 정권으로 만들었기에, 더 이상 긁어 부스럼 만들 필요가 없다는 입장이다. 그리고 일본은 그들의 선조가 행한 범죄를 계속 덮어야 하므로 능비의 진실이 드러나길 꺼리고 있다.

이 비는 동북아 고대사의 비밀을 담고 있는 다빈치 코드이며, 한국 고대사를 올곧게 정립할 수 있는 푯대이다. 가야불교를 탐색했던 경험을 바탕으로 광개토태왕릉비의 진실에 접근해 보고자 한다. 바야흐로 우리 민족의 영웅 광개토태왕이 역사의 흐름에 부응하여 다시 전신(全身)을 드러내려 하고 있다.

⸭ 신묘년 기사는 이렇게 변조되었다

우리가 흔히 듣는 말 중에 "강한 자가 살아남는 것이 아니라 살아남은 자가 강한 자다."라는 말이 있다. 비근하게 표현한다면 "역사는 승자의 기록이지만 기록하는 자가 승리한다."라고 할 수도 있을 것이다. 왜냐하면 과거에 실재했던 그 당시의 사실만큼 그것을 얼마나 기록하고 남겼는가에 따라 후대의 역사가 달라지기 때문이다. 그리고 여기에서 간과하지 말아야 할 것은 남겨진 기록도 그것이 과연 얼마만큼 신뢰할 수 있느냐 하는 문제도 매우 중요하게 다루어야 한다는 점이다.

예로부터 우리 한(韓)민족은 뛰어난 지혜로 인류 문화의 원형을 창조해 냈던 집단이었다. 하지만 수많은 외침과 환란으로 인해 우리 민족의 장구한 역사를 증명할 수 있는 소중한 문헌과 유물들이 소실되었다. 특히 고대사에 관해서는 주변국 중국의 『사기』나 일본의 『일본서기』에 비해 남아있는 우리의 문헌 사료인 『삼국사기』나 『삼국유사』는 그 찬술 시기가 상대적으로 늦다. 따라서 예나 지금이나 우리의 기록이 비어 있는 고대사 부분에서는 중국과 일본이 역사를 왜곡할 때도 항상 수세적 입장에서 대응할 수밖에 없었다. 이처럼 당대의 기록이 전무(全無)하다시피 한 우리의 고대사에서 고구려인이 그 시대에 직접 남긴 당대의 기록이 나온다면 주변국의 역사 왜곡을 저지할 수 있는 가장 중요한 증거가 된다. 그런데 어느 날 갑자기 한국 고대사에서 보물 같은 특급 사료가 나타난 것이다.

인류가 문명의 등불을 밝힌 이래 우리 한민족은 찬란했던 역사를 가졌음에도 불구하고 굴곡진 과거로 인해 고대사는 안팎으로 끊임없이 축소와 왜곡의 대상이 되어왔다. 특히 주권을 빼앗겼던 대일항전기(일제강점기)는 실로 우리 역사의 암흑기였다. 그러나 그때, 우리 민족에게 한 줄기 서광을 비추어 준 사건이 있었으니 바로 고구려 광개토태왕릉비의 발견이었다. 고구려는 우리 역사에서 가장 웅혼한 기상을 가진 나라였다. 또한 우리 역사를 통틀어 위대한 영웅 중 한 명인 광개토태왕의 행적이 담긴 이 능비의 발견은 찬란했던 우리의 과거를 다시 확인하는 계기가 됐다. 그러나 능비는 발견된 지 얼마 지나지 않아 역사 논쟁의 중심에 서게 된다. 능비에 등장하는 그 논란의 신묘년 기사는 다음과 같다.

百殘新羅 舊是屬民 由來朝貢 而倭以辛卯年來渡海 破百殘□□新羅 以爲臣民

백잔신라 구시속민 유래조공 이왜이신묘년래도해 파백잔□□신라 이위신민

"백잔과 신라는 옛날부터 [고구려의]속민이었으며 전부터 조공을 왔다. 그런데 왜가 신묘년에 바다를 건너와서 백잔□□신라를 파하고 신민으로 삼았다."

라는 내용이다. 위 기사가 중요한 이유는 이 내용의 진·위 여부와 해석에 따라 한국과 일본의 고대사를 다시 써야 하는 중차대한 문제가 발생하기 때문이다. 만약 이 기사가 사실이라면 고대 왜가 4~6세기까지 한반도 남부를 200여 년간 점령했다는 임나일본부설의 근거가 될 가능성이 있다. 이를 위해 과거 일제는 위 기사 이전, 원래의 비문에 있었던 몇 글자를 변조해 '來渡海 破百殘□□新羅' 즉 [왜가] "바다를 건너와 백잔과 □□ 신라를 파했다."라는 식으로 바꾸어 역사적 진실을 왜곡시켰다.

또한, 능비의 〈경자년조〉에는 왜의 신라 침략과 함께 임나의 지명인 '任那加羅 從拔城(임나가라 종발성)'이란 구절이 등장한다. 그런데 과거 일제와 현 주류 사학계는 여기에 등장하는 '從拔城'을 성의 이름으로 해석하여 그 위치를 김해 또는 고령이라고 비정했다. 그러나 민족사학계 일각과 역사에 대한 바른 안목을 가진 국민은 그 해석을 달리해야 한다고 주장한다. 이 때문에 그동안 양 진영에서는 임나가라의 위치와 종발성에 대한 해석을 두고 치열하게 다투었으며 논란은 지금까지도 이어지고 있다. 그리하여 지난 140여 년간 능비를 두고 한·중·일의 많은 학자가 여러 각도에서 다양한 해석을 시도했다.

하지만 능비는 최초의 해석문을 발표한 1889년 이전에 이미 일제에 의해 심각하게 변조되었다. 따라서 기존의 해석들은 이미 변조된 능비로 인해, 아무리 대단한 학자가 해석하더라도 문맥이 매끄럽지 못하고 뭔가 어색해 모두의 공감을 얻기 어려웠던 것도 사실이다. 태왕의 능비는 원래 고구려의 것이었으나 지금은 중국의 소유가 되었고, 그 해석에 있어서도 최초로 해석한 일본에 주도권을 뺏기고 있는 안타까운 실정이다.

2.
능비, 세상에 다시 출현하다

❀ 비를 둘러싼 다양한 이야기들

최근 일본은 아예 노골적으로 독도를 자기네 땅이라고 우기고 있다. 청소년 교과서 90%에 독도를 일본의 영토로 표시하고 있다고 한다. 엄연한 독립국인 지금도 이럴진대, 1876년 운요호 사건을 빌미로 불평등한 강화도조약을 맺은 구한말의 조선은 말할 필요조차 없었다. 아직 명목상 나라는 있었지만, 일제에 서서히 잠식당하고 있던 암울한 시절이었다. 이 해, 중국인 관월산(關月山)이 만주 집안(集安)에서 광개토태왕릉비를 발견했고, 1884년 일제의 밀정은 탁본을 확보해 일본으로 가져갔다. 이윽고 그들의 공작에 의해 능비는 심각하게 변조되었다.

그래서 필자는 **첫째, 끊임없이 변조설에 휩싸인 신묘년 기사의 '渡海破(도해파)' 부분에 대한 명확한 변조의 증거를 제시하고자 한다. 둘째, 그것을 근거로 변조 전의 원래 글자와 지워진 결실자 두 자가 무엇이었는지 합리적 가설에 따라 복원하고, 신묘년 기사를 새롭게 해석할 것이다. 셋째, 屬民(속민)과 臣民(신민)의 차이 '任那加羅 從拔**

城'(임나가라 종발성)과 '安羅人戍兵'(안라인수병) 그리고 '新羅城'(신라성)의 위치에 대한 논리적 해석을 통해 임나의 위치가 한반도 남부 지역이 아니고, '대마도 또는 북규슈'라는 것을 밝힐 것이다.

연구의 주제가 되는 이 비의 주인공은 광개토태왕이다. 공식적인 명칭인 그의 시호(諡號)는 국강상광개토경평안호태왕(國罡上廣開土境平安好太王)이다. 그는 서기 374년에 태어나 부왕인 고국양왕의 뒤를 이어 18세인 서기 391년 왕위에 올랐다. 22년간 재위하다 서기 412년 39세의 나이로 승하했다. 시호에서 보이는 것처럼 그는 생전 여러 차례의 정복 활동으로 영토 확장에 유례없는 공적을 남겼으며, 대제국 고구려의 굳건한 기틀을 세웠다. 이종항 전 국민대 교수는 태왕을 가리켜 '동방의 알렉산더'라고 했다. 또한 "서양에 로제타석이 있다면 동양에는 광개토태왕릉비가 있다."라고 말하기도 했다.

광개토태왕릉비 북면의 탁본 작업 모습. 1918년 촬영(국립중앙박물관)

이 비는 태왕의 승하 2년 후인 서기 414년, 그의 뒤를 이어 고구려의 중흥기를 이끌었던 아들 장수왕이 부왕의 업적을 선양하기 위해 세운 훈적비(勳績碑)이며 능비(陵碑)이다. 세월이 흘러 비는 고구려의 멸망과 함께 역사에서 잊혔다가 중국에 사신으로 갔던 이들의 기행문에서나 요나라, 금나라의 비일 것이라는 추측으로 기록에 간간이 등장했을 뿐이었다.[3]

비가 있는 집안현은 만주 지역에 속한다. 17세기 초 후금(청나라)은 이곳이 자기들의 뿌리인 어머니의 땅이자 조상들이 살았던 성스러운 터전으로 인식해 사람들의 출입을 막는 봉금제(封禁制)를 실시했다. 그들은 이곳을 신성시하여 그곳에 살던 사람들을 모두 다른 지역으로 이주시켜 초목이 무성한 불모지로 만들었다. 봉금을 실행한 또 다른 이유는 만약 역사의 변화에 의해 나라가 망하더라도 자기의 뿌리인 그곳에 돌아가기 위해서라고도 한다. 그러다가 한참 시간이 흐른 19세기 중엽 청나라는 봉금을 해제하고 그곳에 사람들이 농사를 짓고 살아가는 것을 허용했다.

비의 발견에 관해선 여러 가지 설이 있다. 오랫동안 땅속에 묻혀 있다가 큰비에 의해 다시 드러났다는 말도 있고, 원래는 비가 다른 곳에 있었는데 지금 그 자리로 옮겨왔다는 설도 있다. 그러나 확인하기 어려운 이야기들로 호사가들의 지나가는 이야기 내지는 일제가 사람들의 시선을 분산시키기 위해 지어낸 말들 정도로 여겨진다. 최초 발견자에 대해서도 '봉금 해제 후 그곳을 개간하던 농부였다.' 또는 회인현(懷仁縣) 설치 당시 요직을 맡았던 장월(章樾)의 수하로 '금석학에 식견이 있던 관월산(關月山)이었다.'는 등으로 조금씩 다르다. 발견 시기도 1876년과 1880년으로 몇 년 차이가 있다.

3 1445년의 용비어천가 39장 동쪽 황성을 설명하는 주석에 "[平安道] 江界府西越江 古百四十里 有大野中有古城 諺稱大金皇帝城 城北七里有碑 又其北有石陵二"라고 나온다.

비의 발견과 관련한 가장 일반적인 설은 1876년 관월산에 의해 우거진 수풀 속에서 발견된 것이라는 주장이다.

비가 처음 발견되었을 때 비의 표면에 이끼가 잔뜩 덮여 있어서 소똥과 말똥을 발라 태웠는데, 그때 열기와 타고 남은 이끼를 털어내는 과정에서 박리와 균열이 생겼다고 한다. 무지한 시대에 일어난 안타까운 일이 아닐 수 없다. 하여튼 이끼를 제거하고 난 이후 중국인들이 비문을 읽으려고 했지만 제대로 판독하지 못해 애를 먹었다고 한다. 그 이유는 능비에 새겨진 문장은 한자(漢字) 어순이 아니고, 한민족(韓民族) 고구려인이 사용한 어법이었기 때문에 중국 한족(漢族)의 어법으로는 도무지 풀리지 않았다고 한다.

재야사학자 김덕중 선생은 그의 저서에서 "광개토태왕 석비문 문장은 한자로 쓰여 있으나 중국식 한문 구조가 아니다. 석비문은 조선사문(朝鮮詞文-한민족 어법)과 고구려 태학문이라서 한문식 해석으로는 완역이 어렵다."[4]라고 말했다. 이처럼 중국인들이 능비를 해석하지 못하다가 그곳에 살던 만주인 소봉(篠峰) 영희(榮禧[5], 1854~1908 이후 미상)에게 보였더니, 비문을 어느 정도 해석했다고 한다. 한민족인 고구려인과 같은 지역을 공유하며 살아온 만주족은 언어적으로도 서로 깊은 유사성을 가지고 있었기에 비문 해독이 가능했던 것이다.

비가 발견된 즈음인 19세기 말부터 일제는 정한론을 만들어 한반

4 『태왕의 꿈』 김덕중, 2022

5 영희(榮禧)는 자(字)를 여거(如篴)라 하고 호를 소봉(篠峰)이라 하였다.

도는 물론 아시아 전체의 정복을 꿈꾸었다. 임진왜란 전에도 사전에 첩자를 보내 우리나라를 염탐했던 것처럼 1880년 일제는 육군 참모본부에서 사카와 가게아키(酒勾景明)[6] 중위와 여러 명의 스파이를 중국에 파견했다. 그는 중국 내에서 한의사로 위장해 수년간 활동하던 중 1883년 만주 통구에 있는 이 비에 대한 첩보를 입수했고, 곧 탁본을 구해 1년 후인 1884년 참모본부로 가져갔다.

참모본부는 5년 후인 1889년에야 극우 학술지『회여록』제5집을 통해「高句麗古碑文 고구려고비문」이란 이름으로 세상에 공개했다. 그러나 비의 내용과 중요성을 감안할 때 이들의 행동은 매우 의문스럽다. 당시 일본 학자들의 학문적 수준에서 보면 1,800여 자 조금 넘는 비문을 풀이하는데 이토록 긴 시간이 걸렸다는 점은 납득하기 어렵다. 따라서 일본의 또 다른 음모가 있었음을 충분히 유추하게 한다. 그래서 비의 발견 후 150여 년이나 지난 지금까지 끊임없이 비문 변조설이 제기되는 것이다.

사카와 가게아키 중위

위당 정인보 선생

재일사학자 이진희 교수

비문을 둘러싼 한일 양국의 주요 인물

6 그의 이름은 사카와 가게노부(酒勾景信), 사코 가게아키 등으로 불리며, 계급도 중위 또는 대위로 차이가 있다.

사실, 능비가 조작되었다는 가장 확실한 증거는 일본의 앞뒤가 맞지 않는 주장 때문이다. 그들은 그때나 지금이나 '渡海破' 부분이 변조되지 않았다고 말한다. 그러나 사카와가 참모본부로 탁본을 가져갈 당시에도 왜에게 유리한 '渡海破'란 글자가 능비에 그대로 있었다면, 그들은 즉각 세상에 공개했을 것이다. 왜에게 유리한 내용이었기 때문에 공개하지 못할 아무런 이유가 없었다. 오히려 대대적으로 외부에 홍보하는 것이 당연하다. 그러나 사카와가 가져온 원본에는 '渡海破'가 아닌 왜에게 불리한 다른 글자가 새겨져 있었다. 그 때문에 참모본부는 이 부분을 변조하기 위해 5년이란 시간이 필요했던 것이다.

필자가 살펴본 결과 이 비는 역사적 사실을 정확히 기록했다. 하지만 후대 일본 제국주의의 비뚤어진 욕망으로 능비는 변조되었을 뿐만 아니라 그 해석도 전혀 엉뚱하게 하였다. 그래서 비가 발견된 이후 수많은 연구와 해석이 있었지만, 아직 명쾌한 답을 찾지 못하고 있다. 사실, 이미 원래의 글자들이 변조 또는 소실되었으니 변조 전의 탁본이나 증거가 나오지 않는다면 영구미제(永久未濟) 사건으로 남을 수도 있다. 하지만 태왕의 능비가 세상에 다시 나타나 잃어버린 옛이야기를 들려준 것처럼 진실은 시절 인연이 도래하면 반드시 드러나고야 마는 법이다. 새로운 시각에서 나오는 또 하나의 견해가 이 비의 진실을 밝힐 수 있는 디딤돌이 되었으면 한다.

3.
태왕의 일생과 능비의 가치

세상에 완벽한 객관은 존재할까? 누군가 역사적 사실을 당대에 기록했다 하더라도 그 사람의 주관에 따라 기록의 차이는 다소 있을 수 있고, 그것에 대한 다양한 해석이 있기 마련이다. 그래서 역사를 검증하기 위해선 엄정한 사료 비판도 필요하다. 그러나 그것을 명분으로 역사의 기록을 있는 그대로 보는 원칙을 벗어난 근거 없는 의심과 주장은 마땅히 멈추어야 한다.

물론 역사적 기록의 부족함을 채우기 위해 때론 합리적인 상상이 필요하다. 그러나 사실적인 기록이 있는데도 불구하고, 일본 와세다 대학의 이성시 교수처럼 '고구려의 욕망'이란 실재하지 않는 관념을 도출해 "능비 내용이 과장됐다."라고 부정적으로 단정하는 자세는 지양되어야 한다. 논란이 되는 '渡海破'와 몇몇 부분은 차치하고라도 고구려인들이 당대에 남긴 능비의 다른 모든 기록은 있는 그대로 보아야 할 것이다.

먼저 능비에 기록된 광개토태왕(영락대왕. 374~412)의 일대기를 살펴보자. 그는 갑술년에 탄생하여 신묘년인 서기 391년 18세의 나이로 즉위한다. 4년 후, 을미년인 영락 5년 비려(碑麗)[7]를 정벌한다. 여기에 '百殘新羅~'로 시작하는 신묘년 기사가 등장한다. 병신년인 영락 6년, '王躬率水軍 討伐殘國' "왕이 몸소 수군을 이끌고 잔국(백제)을 토벌했다."라는 기사가 있다. 영락 8년에는 백신(숙신)을 공격해 남녀 300명을 포로로 잡았으며, 숙신이 조공을 바치며 복종한다. 영락 9년 '百殘違誓 與倭和通' 즉 "백제가 복종하겠다는 이전의 서약을 어기고 왜와 화통하였다."라는 내용이 나온다.

태왕은 영락 10년인 서기 400년에 보병과 기병 5만을 보내 신라를 구원한다. 여기에 '倭背急追 至任那加羅 從拔城 城卽歸服'이란 〈경자년조〉 기사가 등장한다. 이때 신라 내물마립간이 나라를 구해준 감사함으로 인해 전에 없이 친히 가솔을 데리고 와서 조공했다. 영락 14년, 왜가 백잔과 연합해 대방의 경계를 침입했으나 토벌되었다. 영락 17년, 보병과 기병 5만이 출동했는데 대상이 누군지는 비문이 지워져 알 수 없다. 이때 노획한 갑옷이 1만 벌이라 한다. 영락 20년에는 동부여를 토벌해 64 성과 1천 4백 촌을 귀속시킨다. 그는 임자년인 영락 22년(서기 412년) 39세로 승하한다.

능비는 시간의 흐름인 편년(編年)으로 기록했는데, 태왕의 일생과 일어난 사건들을 요약하여 정리해 두면 능비 연구에 매우 큰 도움이 된다. 비문에 기록된 태왕의 일생은 다음과 같다.

---

7 비려(碑麗) 또는 패려(稗麗)는 거란의 한 갈래라고 여겨지는 염수(鹽水, 시라무렌 강) 유역의 유목민 집단이다.

◎ 능비에 기록된 태왕의 연표

서기 374(갑술년) 탄생

서기 391(신묘년, 영락 1년) 18세로 즉위(二九登祚)

서기 395(을미년, 영락 5년) 비려 정벌, '百殘新羅 舊是屬民 由來朝貢 而倭以辛卯年來渡海 破百殘□□新羅 以爲臣民'의 신묘년 기사 등장.

서기 396(병신년, 영락 6년) 王躬率水軍 討伐殘國, 일팔성 공취(攻取), 殘不服義~渡阿利水, 백제 아신왕(392~405)이 노비 천 명과 베 천 필을 바침. 아신왕이 "지금부터 영원히 신하가 되겠습니다" 맹세함. 58 성 700촌을 얻음. 백제 왕의 동생과 대신 10명을 데려옴.

서기 398(무술년, 영락 8년) 숙신 공격, 남녀 300명 포로, 숙신이 조공 바치고 복종함.

서기 399(기해년, 영락 9년) 百殘違誓 與倭和通, 왕이 평양 순행 시 신라 사신이 아뢰길 "왜인이 자기 나라 국경에서 성과 못을 파괴하고 신라인을 왜의 백성으로 삼고자 합니다" 하며 구명을 요청. 이에 왕이 허락, 밀사를 보냄.

서기 400(경자년, 영락 10년) 보병과 기병 5만을 보내 신라를 구원, 남거성과 신라의 여러 성에 왜인이 가득함, 倭背急追 至任那加羅 從拔城 城卽歸服 안라인수병(安羅人戍兵)하여 신라성을 지키게 함, 신라 매금(내물마립간, 재위 356~402)이 전에 없이 친히 가솔을 데리고 와서 조공함.

서기 404(갑진년, 영락 14년) 왜가 대방 경계를 침입, 백제와 연합해 왜구를 토벌함.

서기 407(정미년, 영락 17년) 보, 기병 5만 출동, 대상 불명, 갑옷 1만 벌 노획함.

서기 410(경술년, 영락 20년) 동부여 토벌(64 성, 1천4백 촌 귀속).

서기 412(임자년. 영락 22년) 승하(西遷으로 표현).

광개토태왕의 표준 영정[8]

경주 호우총에서 출토된 청동 그릇(壺杅)[9]

---

8 일랑 이종상(一浪 李鍾祥, 1938년-)이 그렸고 1977년 표준영정으로 지정되었다. 현재 국립현대미술관에 소장되어 있다. 광개토태왕을 광개토대왕으로 표현한 아쉬움이 있다.

9 이 그릇은 광개토태왕의 사후 한 해가 지난 415년에 장수왕이 선왕을 위해 만든 것이다. 바닥에 새겨진 글자는 "을묘년국강상광개토지호태왕호우십(乙卯年國罡上廣開土地好太王壺杅十)"으로 '을묘년(415년)에 국강상광개토지호태왕을 기념하여 만든 그릇'으로 '十'은 '10개' 또는 '완성'이라는 뜻이다. 광개토태왕의 제사를 위해 만든 제기이다.(사진 출처-국가유산포털)

『삼국사기』〈고구려본기〉에는 태왕의 이름이 담덕(談德)이고 고국양왕의 아들이며, 즉위한 그해부터 지속적인 정복 활동을 했다는 내용이 나온다. “즉위 22년 겨울에 죽었으며, 왕호를 광개토왕이라 하였다.”라는 글로 마치고 있는데 비교적 짧은 기록만 남아 있다. 그에 비해 이 능비의 기록은 내용이 훨씬 풍부하다.

비문은 총 4면으로 되어 있다. 전체의 구성을 보면, 1면은 시작부터 6행까지 고구려의 건국 과정과 시조인 추모왕(鄒牟王)의 행적에 관해 말하고 있다. 북부여 출생인 추모왕이 비류곡 홀본 서쪽 산 위에 도읍을 세운 과정과 왕위를 물려줄 때, 세자인 유리왕에게 이도여치(以道輿治) “도로써 세상을 다스려라.”라는 당부의 기록이 있다. 그리고 태왕이 18세에 왕위에 올랐고 영락대왕으로 칭했으며 39세에 승하했다고 한다. 1면 7행부터 3면 8행까지는 태왕의 정복 활동과 치적에 대한 설명이 기록되어 있다. 3면 8행부터 4면 9행 마지막까지는 태왕의 사후, 수묘인의 지정과 관리 방법에 대한 당부로 이루어져 있다. 이를 보면 광개토태왕릉비는 능의 기록인 능지(陵誌)와 형식이 매우 유사하기도 하다.

구성으로 보면 서론, 본론, 결론이 분명하고 문장도 군더더기 없이 매우 깔끔하다. 태왕의 탄생에서 죽음까지 시간의 흐름인 ‘편년(編年)’으로 기록하고 있다. 능비는 한 사람의 인생에 관한 기록이라 문맥의 흐름으로 보면 난해한 부분은 없다고 해도 과언이 아니다. 그 이유는 비문이 태왕의 업적에 대한 전기 형식이라 이치를 따지거나 논란이 될 만한 내용을 굳이 싣지 않는다는 것은 상식이기 때문이다.

특히 본론이라 할 수 있는 2면, 3면의 영토 확장과 전쟁 기사들을 보면 원인과 과정 그리고 결과까지 상세하게 기록하고 있다. 이처럼 태왕의 활발한 정복 활동에 대하여 육하원칙으로 정확하게 기록하고 있으므로 능비의 내용은 역사적 사실임을 분명히 알 수 있다. 한편 일각에서 고구려인들이 능비를 과장하여 기록했다고 한다. 하지만 당시 누구나 볼 수 있는 이렇게 거대한 비를 어떻게 거짓으로 쓴다는 말인가? 어림없는 상상이다.

능비의 역사적 가치를 통합적으로 살펴보면 다음과 같다. 첫째, 4세기 말에서 5세기 초의 고구려·백제·신라·가야를 비롯해 왜·비려·동부여 등 동아시아의 정치적 상황을 두루 알 수 있다. 둘째, 『삼국사기』와 주변국의 역사서에서 빠진 역사의 공백을 메우는 데 도움을 준다. 셋째, 태왕의 정복 활동으로 넓혀진 고구려의 실제적인 영토를 알 수 있다. 넷째, 비에 새겨진 웅혼한 글씨체는 서지학적으로 매우 가치가 높다. 다섯째, 높이 6.39m 넓이 1.35~2m 내외로 동아시아에서 현존하는 비 중에서 가장 크다. 이러한 규모 자체가 당시 고구려의 위상을 확실하게 보여주는 증거물이다.

4.
임나일본부의 첫 번째 근거

역사에서 문헌과 유물은 시대를 알려주는 지표가 되기에 그 자체로 중요한 의미가 있다. 또 역사 연구에 있어선 문헌과 유물의 가치만큼 해석도 그에 못지않게 중요하다. 그런데 한문 문헌의 경우, 한 글자 한 글자의 해석과 문장을 어디서 어떻게 끊어 읽느냐에 따라 내용 전체가 달라지는 경우가 종종 발생한다. 만약 어떤 필요로 나쁜 의도를 가진 개인이나 집단이 마음만 먹는다면 변조는 충분히 가능하다는 의미이다.

과거 동서를 막론하고 제국주의 국가들은 이러한 조작을 통해 피지배국의 역사를 왜곡 축소해 왔다. 역사학자 이덕일 교수는 "역사 왜곡의 핵심은 상대국의 시간과 공간을 축소하는 것이다."라고 말한다. 그래서 일제는 시간을 축소하여 단군과 고조선을 비롯한 우리의 고대 역사를 신화화했다. 또 공간적으로는 '반도 사관'을 만들어 광활한 만주벌판과 발해만에서 활동했던 우리 조상들의 무대를 한반도에 가두었다. 그리고 바다를 건너 일본 열도를 개척하고 문명을 전해주었던 우리 조상들의 진취적인 기상을 역사에서 모두 지워버렸다. 일본과 마찬가지로 근대의 제국주의 국가들은 상대국

국민의 자긍심을 꺾을 수 있고 통치에 유리하다고 생각되면 수단과 방법을 가리지 않고 역사 왜곡과 강탈을 자행해 왔다.

오리엔탈리즘[10]이란 용어가 있다. 용어의 뜻을 종합해 보면 근대 오리엔탈리즘은 서양의 제국주의 체계에서 "동양을 지배하고 재구성하며 억압하기 위한 서양의 방식"을 말한다. 오리엔탈리즘을 통해 서양은 타자인 동양이라는 대상을 형성한 후 동양인들을 본질적으로 열등한 존재로 규정한다. 그리고 이에 대비하여 자신을 '진보적이고 우월한 존재'로 여긴다. 더 나아가 이러한 이분적인 의식은 서양이 동양과의 관계 속에서 헤게모니[11]를 장악하여 수동적인 동양을 지배하며 그 열등한 문명을 개량해야 한다는 지배의 당위성과 도덕적 사명감을 제공하는 도구로 활용한다.

물론, 세상에서 말하는 오리엔탈리즘의 원래 뜻이 어느 정도 변형된 것은 사실이다. 하지만 서양의 역사가 먼저이고 동양은 뒤진다는 변질된 '오리엔탈리즘'이 지금도 세계 역사학계를 지배하고 있다. 그들이 자행한 유물의 수탈과 파괴의 예를 들면 영국의 대영박물관에 전시된 수많은 유물은 아프리카나 인도, 동남아시아 등의 식민지에서 약탈해 간 것들이다. 우리나라도 대일항전기 수많은 유물을 강탈당했고, 현재 일본의 박물관이나 대학 또는 개인들이 소장하고 있다. 광개토태왕릉비도 이러한 운명이 될 뻔했는데,

---

10 오리엔탈리즘(Orientalism)은 1970년대에 영국령 팔레스타인 태생인 미국 문학평론가 에드워드 사이드가 주장한, 서구 중심의 동양관(비서구권)에 기초한 각종 담론을 총칭하는 낱말이자 동양에 대한 이국적인 신비로움과 경외심, 두려움 등의 감정을 뜻한다. 에드워드 사이드가 지적하기 이전에 오리엔탈리즘이란 주로 '동양학'을 가리키는 낱말이었다. (나무위키)

11 우두머리의 자리에서 전체를 이끌거나 주동할 수 있는 권력. 패권을 뜻함.

1907년 일제는 비를 일본으로 실어 가려고 압록강 입구에 군함을 대기시킨 적도 있다.

일본 제57연대장 오자와 토쿠헤이(小澤德平)가 집안현 지사 오광국(吳光國)에게 이 비석을 구입해 일본으로 운반하고 싶다고 전하였으나 거절당했다. 이 사실은 1915년 간행된『집안현향토지(輯安縣鄉土志)』의「외교공독(外交公牘)」에 실려있다. 집안현에서는 일본군이 다시 와서 실어 가겠다고 요구할까 두려워 이 비에 '열래정(悅來亭)'이라는 정자(亭子)를 세워 보호했다. 다행스럽게 무산은 되었으나, 당시 그 계획이 실행되었다면 변조와 왜곡은 가속화되어 역사의 진실은 깊은 암흑 속에 묻혀버렸을 것이다.

한편, 능비의 변조 연구에 앞서 이 비의 역사성과 내용의 진실성 자체에는 아무 문제가 없다는 것을 전제하고 싶다. 왜냐하면 임나일본부의 첫 근거였던 이 비와 함께 나머지 두 근거인 '삼국사기 강수열전'과 창원의 '봉림사 진경대사 보월능공탑비'의 임나 관련 기록들 또한 해석이 왜곡되어 있었다는 사실이 최근의 연구로 속속 밝혀지고 있기 때문이다.

민족사학자 이완영 선생은 2023년 역사 학술지 '역사와 융합'을 통해「강수열전 본(本)의 재해석을 통한 임나가량 위치비정」이란 논문을 발표하였다. 이 논문을 보면 강수의 태생지인 임나가량(任那加良)이 결코 청주나 김해가 될 수 없다는 것을 명백히 알 수 있다. 또한 필자와 가야불교연구소 소장 지원 스님이 공동 집필한「창원 봉림사 진경대사탑비의 새로운 해석」이란 논문을 통해 진경 대사가 일본열도의 임나 왕족인 초발성지(草拔聖枝) 자손이지, 흥무대왕 김유신 장군의 자손이 아니라는 것을 여러 가지 근거를 들어 논증했다.

사실 위의 두 기록의 문제는 원문 자체가 아닌 학자들의 잘못된 해석으로부터 기인했을 가능성이 크다. 그러나 광개토태왕릉비는 오역뿐 아니라 분명히 글자 자체의 변조와 삭제가 있었다. 능비 변조의 움직일 수 없는 증거가 이미 여럿 존재한다. 필자의 이러한 주장은 일제의 만행을 비판하는 시각에서 나온 근거 없는 추측이 아니며, 우리 역사를 확대 포장하려는 편향된 애국심에서 나온 것도 아니다. 다만 역사는 영광과 오욕을 떠나 '있는 그대로 보아야 한다.'라는 진실의 관점에 동의하기 때문이다.

비문을 보호하기 위해 세운 열래정(국립민속박물관)

2장

논란의 신묘년 기사

비의 서쪽 3면

1.
능비 해석의 과거와 현재

역사는 힘의 논리가 지배하는 곳이며 진실이 종종 거짓에 의해 묻힌다. 피해자로서는 진실이 밝혀져야 하지만, 가해자의 입장에서는 이게 여간 불편한 게 아니다. 가해자는 진실이 영원히 묻히길 바라겠지만, 불편한 진실조차 받아들일 수 있을 때 스스로가 진정으로 성숙하게 된다.

광개토태왕릉비는 1889년 공개 후 세간의 관심을 불러일으켰고 한·중·일 삼국은 주목했다. 하지만 얼마 후 논란을 불러일으켰는데, 그 중심에는 소위 '신묘년과 경자년 기사'가 있었다. 신묘년 기사는 "왜가 바다를 건너와 백제□□신라를 격파하여 신민으로 삼았다."라는 내용으로, 일제는 서기 4세기 신공황후가 바다를 건너 한반도 남부를 정복했다는 임나일본부의 근거로 악용하였다. 그리고 경자년 기사는 "왜의 뒤를 급히 추격하여 임나가라 종발성에 이르러"라는 내용으로, 일제는 여기에서 말하는 임나가라를 한반도 남부의 가야, 그중에서도 김해의 금관가야(금관국) 또는 고령의 대가야 지역으로 비정해 〈임나가야설〉을 만들었는데 이 또한 '임나일본부설'을 만든 토대가 되었다.

외세에 억눌렸던 조선의 백성은 한민족의 영웅인 광개토태왕의 능비 발견으로 한껏 고무되었다. 그러나 일제는『일본서기』에 나오는 임나일본부의 확실한 근거가 이 비에 나오는 '임나가라'라는 기록으로 증명되었다고 쾌재를 불렀고, 이로 인해 조선 백성의 자존감은 여지없이 꺾이게 되었다. 조선의 지식인들은 일제의 해석이 문제가 있음은 알았지만, 이를 극복할 명확한 답을 찾지 못해 속절없이 애만 태우고 있었다.

일제에 유리한 해석의 흐름이 50년 가까이 이어지던 1930년대 말, 민족주의 역사학자 위당 정인보 선생은 신묘년 기사의 주어가 '일본이 아닌 고구려'라는 논리를 펴면서 일본의 해석에 문제를 제기했다. 능비가 광개토태왕의 아들 장수왕이 아버지 선왕의 공적을 기록한 내용이므로 일본이 결코 주인공이 될 수 없다는 논지였다. 의미 있는 항변이었지만 광범위한 공감을 얻지는 못했고, 능비를 세상에 처음 공개하여 해석마저 주도한 일제의 교묘한 술책을

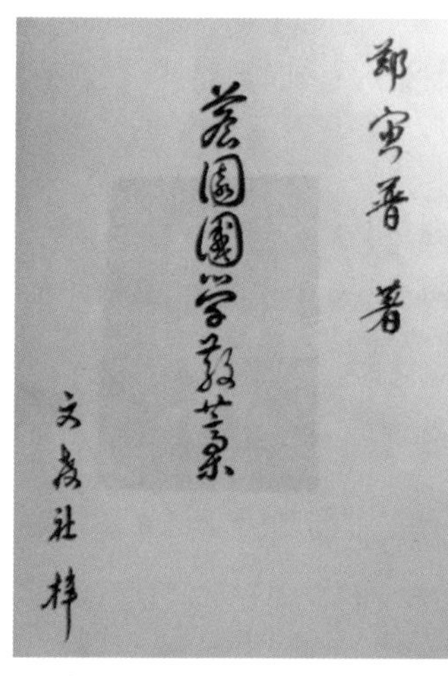

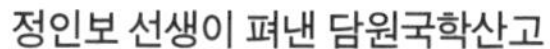
정인보 선생이 펴낸 담원국학산고

이진희 교수의 광개토왕릉비의 연구

극복하기에는 한계가 있었다. 그의 주장은 20여 년이 지난 1955년에야 서울에서 책으로 정식 출판되었다.

이후 1972년 재일사학자 이진희 교수는『광개토왕릉비의 연구』에서 일제가 능비에 석회를 발라 비문을 조작했다는 석회변조설 즉, 석회도부설(石灰塗付說)로 한·중·일 사학계에 일대 파란을 몰고 왔다. 그의 공격적인 주장에 일본은 전전긍긍했다. 궁지에 몰린 일본이 별다른 대응을 하지 못하고 10여 년이 지날 즈음, 중국 길림성 문물고고연구소 왕건군(王建君) 소장이 1984년 논문을 발표해 이진희 교수의 변조설을 부정했다. 그는 능비에 석회가 발라진 것은 사실이나 일제의 소행이 아니라 거친 능비에 석회를 발라 양질의 탁본을 얻고자 했던 탁본업자 초천부, 초균덕 부자가 한 일이라고 밝혔다. 이에 따라 이진희 교수의 석회도부설도 이후엔 추동력을 많이 상실하게 되었다. 왕 소장은 1985년 요미우리신문이 주최한 심포지엄에서 이 교수와 치열하게 논쟁하기도 했다.

한편, 지금 일본과 한국학계 일각에선 능비의 내용이 고구려 중심적이며 과도하게 부풀려졌다고 주장하기도 한다. 일본 와세다 대학의 이성시 교수는 능비의 해석에 있어 그의 저서『만들어진 고대』를 통해 "일제의 제국주의적 욕망과 한국의 민족주의적 욕망이 투사된 결과이다."라는 양비론적(兩非論的) 시각을 견지한다. 이는 신묘년 기사에 대한 한일 양국의 역사적 갈등을 적절하게 표현한 것 같지만 '둘 다 틀렸다.'라는 모호한 태도로 인해 오히려 능비 전체의 신뢰성을 떨어뜨렸다.

그러나 광개토태왕의 정복 활동이 기록된 중국의 문헌과 국내 공영방송 KBS의 역사 다큐멘터리[12]는 비의 내용이 사실임을 충분히 입증했다. 대부분의 사학자도 『삼국사기』의 기록과 능비를 교차 검증해 보면 능비의 기록이 더욱 신뢰할 수 있다고 말한다. 왜냐하면 이 비는 고구려 자국의 당대 기록이며, 이것을 허위라고 할만한 그 어떤 증거도 없기에 신뢰하는 것이 당연하다. 또한 고구려는 당대의 패자로 자부심이 대단했고, 아들 장수왕은 선왕의 업적을 있는 그대로만 기록하여도 충분하였기에 굳이 과장을 통해 업적 부풀리기를 할 이유가 전혀 없었다.

그동안 일본 우익과 그에 동조하는 국내의 일부 사학자들은 『삼국사기』나 『삼국유사』는 당대의 기록이 아니며, 삼국 초기의 기록은 신뢰하기 어렵다고 했다. 그럼, 당대의 기록인 태왕의 능비를 믿느냐 하면 고구려가 자국을 너무 과장하여 기록했기에 이 또한 믿을 수 없다고 한다. 이래도 저래도 안 믿겠다는 자세이다. 이러한 왜곡된 역사관을 가진 그들에게 진실이란 역사를 조망하는 데 있어 걸리적거리는 방해물일 뿐이다. 한국 고대사의 시간과 공간을 축소하려고 하는 이 세력들은 『삼국사기』, 『삼국유사』는 당대의 기록이 아니라 믿을 수 없고, 광개토태왕릉비는 고구려인들이 업적을 부풀려 기록했기에 이 또한 믿을 수 없다고 주장한다. 식민사학자 쓰다 소키치가 만들어낸 〈삼국사기 초기기록불신론〉[13]처럼 능

---

12 KBS HD 역사스페셜 - 고구려 천하의 중심을 선포하다. (2005.7.1)

13 우리나라 역사학계는 삼국사기 초기 기록을 불신한다. 그 이유는 첫째 당시 삼국이 고대 국가 체계가 성립되지 않았다는 것이고, 두 번째는 삼국사기를 쓴 김부식의 주석이 편향되었기에 초기 기록을 믿기 어렵다고 했다. 이러한 논리는 쓰다 소키치의 〈삼국사기 초기 기록불신론〉에 근거한 것이다.

비에 대해서도 이상야릇한 프레임을 씌워 결론은 이래도 믿기 싫고 저래도 믿기 싫다는 것이다. 불신을 전제로 하는 학문은 하나의 정치적 신념에 불과할 뿐이며, 정직하지 못하기에 결코 진실에 이르지 못한다.

2.
변조의 증거 '倭寇口潰'

지난해 광개토태왕릉비에 관한 새로운 기사가 한겨레신문에 실렸다. 영남대학교 정인성 교수가 제공한 자료를 바탕으로 쓰였는데, 핵심은 1900년대 초부터 탁공이 비에 석회를 발라 능비가 변조됐을 가능성이 매우 높다는 기사였다. 1913년 일제는 관변학자 세키노 타다시(關野貞)를 단장으로 능비를 조사해 200여 장의 사진을 남겼는데, 유독 '渡海破'가 기록된 신묘년 기사는 빠졌다고 한다. 1913년 세키노 타다시는 일본의 『고고학잡지(考古學雜誌)』에 능비를 소개했다.

"비면이 거칠어서 탁본 문자가 뚜렷하지 않아 10여 년 전부터 문자 주위의 사이에 석회를 발랐다. 이후 매년 석회로 곳곳을 보충하였다고 한다. 그리고 자세히 살펴보니 문자의 틈바구니는 석회를 발랐을 뿐 아니라 왕왕 자획(字劃)을 보충하고 또한 전혀 새로이 석회 위에 문자를 새긴 것이 있으며, 그럼에도 이 같은 보족(補足)은 대저 원자(原字)를 틀리게 하지 않은 듯하다. 그렇더라도 절대적인 신용은 두기 어렵다."

라고 했다. '석회를 발라 새로운 글자를 새겨 넣었지만, 원래의 비문에는 부합했을 것 같다. 그러나 완전히 신뢰하긴 어렵다.'라는 이도 저도 아닌 애매한 논조로 말하고 있다. 그리고 "왜가 바다를 건너와 파했다."라는 '渡海破'가 매우 중요한 부분인데도 사진에서 뺐다. 그 이유는 변조의 흔적이 있어서 일부러 제외한 것이다. 그런데도 일본은 현재까지도 '渡海破' 부분의 변조는 없었다고 우기고 있으며 국내의 일부 학자들도 이에 동조하고 있는 실정이다.

1915년 10월 이마니시 류(今西龍) 또한 『정정증보 대일본시대(고대)부록(訂正增補 大日本時代(古代)附錄)』의 「광개토경호태왕릉비(廣開土境好太王陵碑)에 대하여」라는 글에서 석회도부에 대해 다음과 같이 기술하고 있다.

> "원 비면에 의지해서 탁본을 만들면 심히 모호하여 자형(字形)을 알아볼 수 없는 것이 많다. 이 때문에 제1면처럼 비면이 깊이 패어 탈락한 부분은 진흙으로 메워 넣었으며 다시 사방 주위 전면은 석회로 칠을 해서 다만 자형(字形)만을 나타나게 했고 아울러 평편한 자(字) 외에는 비면의 요철엔 모두 메워 넣어 오직 탁본이 선명하게 나타나기만을 힘쓰게 되었다."

한국 고대사를 파괴한 대표적인 식민사학자 이마니시 류 또한 능비가 진흙과 석회로 덮였다고 말하고 있었다. 이는 그가 능비의 사전 변조를 몰랐다는 것을 방증하고 있다. 대표적인 식민사학자 이마니시 류조차 이렇게 말하는 것을 보면 참모본부가 능비의 변조를 얼마나 철저히 비밀로 했는지 알 수 있다. 능비 변조는 요코이 타다나오(橫井忠直)를 비롯한 '비문 변조팀' 이외에는 일제의 식민사학자끼리도 모르는 1급 비밀이었다.

이미 이러한 변조의 흔적이 명백히 드러나 있다. 그런데도 일각에선 고구려가 자신들을 높이려고 왜를 강력한 적으로 과대 포장해 끌어들였다는 말도 안 되는 주장을 하곤 한다. 고구려의 영광을 위해 실재하지 않은 사건을 기록하며, 거짓말을 하고 있다는 것이다. 이런 비루한 안목을 가졌으니 한국 사학계는 일본이 기획하는 역사 왜곡의 제물이 될 수밖에 없다.

일제의 역사 왜곡은 능비에 있는 〈을미년조〉 '도해파'와 〈경자년조〉 '임나가라'로부터 시작됐고 일제는 비문을 변조한 이후 1889년에야 해석을 공개했다. 그리고 왜곡된 해석을 발표한 50여 년 지난 1930년대 말에야 겨우 정인보 선생의 '고구려 주어설'이 나왔다. 일본이 역사 왜곡에 대한 자신감을 가지는 까닭이 바로 여기에 있다. 우리의 무관심으로 인해 그들의 변조가 세상에서는 오랫동안 사실로 먹혔다는 것이다.

여기 하나 주목할 점이 있다. 흔히 비문 변조의 핵심으로 '渡海破'(도해파)가 등장하는 부분을 흔히 〈신묘년조〉라고 한다. 그러나 능비에 기록된 '永樂五年 歲在乙未'(영락오년 세재을미)에서 보았듯, 이 사건은 영락 1년 신묘년이 아니라 분명히 영락 5년 을미년에 일어난 일을 기록했다. 단지 신묘년을 언급했다고 해서 〈신묘년조〉라고 하면 틀리게 된다. 마찬가지로 몇 년 전에 일어난 일을 지금 말한다고 해서 지금의 사건이 아닌 것과 같다. 편년으로 기술한 이 비의 성격으로 보아 정확한 명칭은 '〈을미년조〉 신묘년 기사'라고 해야 한다. 따라서 이후 '渡海破' 부분을 언급할 때는 '〈을미년조〉' 또는 '신묘년 기사'라고

서술하겠다.

능비는 왕의 업적을 시간의 흐름에 따라 육하원칙으로 정확하게 기록했다. 하나의 역사적 사건을 말할 때는 기·승·전·결에 의해 물 흐르듯 서술하고 있으며 이해하기에 별다른 어려움이 없다. 세상의 모든 문장이 그러하듯 비문도 하나의 이야기를 할 때는 앞과 중간 그리고 끝의 내용이 자연스럽게 연결되어야 한다. 만약 그렇지 않고 앞의 내용이 따로 있고 중간과 끝의 내용이 달라진다면 그것은 온전한 문장이라고 할 수 없다.

글의 목적이 뜻의 전달을 통한 소통인데 문장의 앞과 뒤가 일관성이 없다면 그것은 글로서의 가치가 전혀 없다. 일반 사가(私家)의 글도 그럴진대, 왕가(王家)에서 선왕의 업적을 기록하는 고귀한 비문에 앞의 내용과 뒤의 내용이 충돌을 일으킨다는 것은 있을 수 없는 일이다. 적어도 비문의 글을 쓴 이는 당대 최고의 문장가이고 쓰고 난 후에도 몇 번의 감수를 거쳤을 것이다. 글씨를 쓴 사람도 최고의 서예가였으며, 비문을 돌에 새긴 장인도 최고의 석공이 참여했다는 것은 충분히 짐작하고도 남는다. 그런데도 문맥이 맞지 않는다는 것은 비문이 변조되었기 때문이다.

우선 비문의 내용이 신뢰할 만한 것인지를 알려면 각각의 사건이 역사적 사실에 부합하여 문맥에 이상이 없는지를 따져야 한다. 이렇게 보아 문제가 없으면 변조는 없었다고 할 수 있다. 상식적 차원에서 비문의 문장을 보았을 때, 다른 곳에서는 글자의 결실로 인해 판독이 어려운 부분을 제외하고는 문맥의 문제는 전혀 없다. 그러나 유독 신묘년 기사는 문맥이 단절되어 있고 내용도 자체 충돌하고 있으며 비문 전체의 시각에서도 납득할 수 없는 내용이 나온다.

변조되었기 때문에 일어난 현상이다.

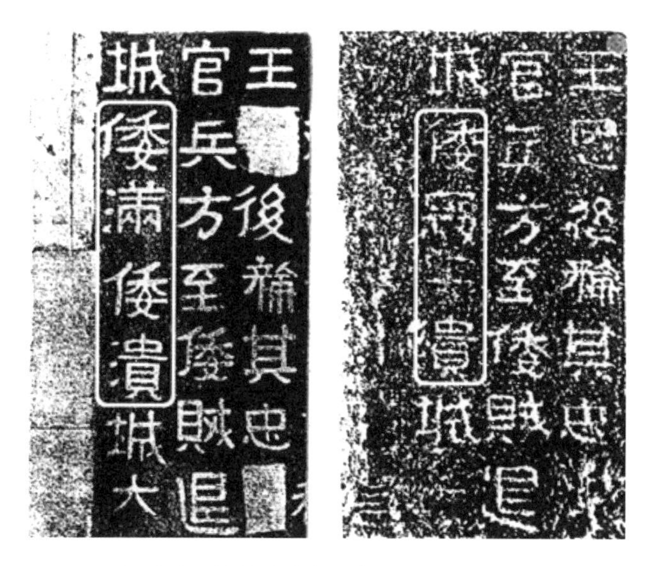

변조한 쌍구가묵본과 원석 탁본(주운태 본)에서 보이는
글자의 확연한 차이

사실 일제의 스파이 사카와 중위가 참모본부로 가져간 최초의 탁본[14]인 쌍구가묵본(雙鉤加墨本)을 잘 살펴보면 신묘년 기사뿐 아니라 능비의 다른 곳도 이미 변조된 사실이 드러나 있다. 그 증거로 사카와본은 이미 〈경자년조〉의 왜구□궤(倭寇□潰) "왜구가 … 궤멸되었다."를 왜만왜궤(倭滿倭潰) "왜가 가득 찼고 왜를 궤멸하였다."라고 바꾸었다. 마치 주어인 왜가 목적어인 왜를 공격하는 듯한 이상한 문장으로 변한 것이다. 그리고 대개의 한문에서는 한 문

14 최초의 탁본이란 발표된 것 중 최초이지 실제로는 알 수 없다. 다만 사카와가 일본으로 탁본을 가져간 이후 비밀리에 비문 변조를 거쳐 재차 탁본해 발표한 것을 말한다.

장 안에 '倭'처럼 주어와 목적어를 같은 글자로 써 두 번 반복하지 않는다. 이것만 보아도 능비의 의도적 변조는 이미 존재했다. 이러한 변조는 1981년에 뛰어난 탁공인 주운태(周雲台)가 채탁한 탁본을 근거로 중국의 역사학자 왕건군 소장이 발견해 알려졌다.

일제는 비문의 변조를 위해 1884년 사카와가 가져온 탁본을 요코이 타다나오(横井忠直)와 아오에 슈(靑江秀)를 비롯한 관변학자들을 동원해 비밀리에 연구했다. 그런데 5년씩이나 지난 후에 탁본을 세상에 공개했다는 것은 변조할 시간이 필요했기 때문이다. 이처럼 사카와의 탁본에서 드러난 것처럼 변조의 사실이 이미 있음에도 불구하고 "고구려와 태왕의 업적을 과장하여 기록했다." 또는 "일제가 조작한 명확한 증거가 없다."라는 일각의 주장은 도무지 이해할 수 없는 말들이다.

오히려 일제가 비문을 조작한 명확한 증거는 '渡海破' 부분을 변조하지 않았다는 그들의 주장 때문이다. 왜가 백제와 신라를 신민으로 삼았다는 유리한 구절이 이미 나오는데, 세상에 즉시 공개하지 않을 아무런 이유가 없다. 5년의 공백(空白)은 '비어 있는 시간'이 아니라 '倭寇□潰'가 '倭滿倭潰'로 변해가는 '변조의 시간'이었던 것이다.

사실, 학문 중 역사학은 진실 규명이 그 무엇보다 중요한 분야이다. 그러나 진영 논리나 권위 또는 국가나 자신의 이익을 위해 학자적 양심을 져버리는 일부 학자의 학문 자세는 심히 우려스럽지 않을 수 없다. 이제 140여 년 동안 한·중·일 삼국에서 논란의 중심에서 있는 비문의 원래 내용을 규명해 실재했던 고구려의 위대한 역사를 복원했으면 한다.

3.
문맥의 모순과 변조 방식

국정에서 외교가 밖에서 국위를 선양하는 일이라면, 역사는 안에서 내실을 다지는 일이다. 특히 강대국들에 둘러싸인 우리에게 외교란 생존과 번영에 있어 그 무엇보다 중요한 국정 분야이다. 그리고 나라의 정체성을 지키는 역사란 모든 이에게 중요하지만, 특히 위정자와 정치인에게는 선택이나 취미가 아니라 치열하게 공부해야 하는 필수과목이다. 역사를 모르고 정치를 한다는 것은 외교에선 백전백패요, 국정에선 망국으로 가는 지름길이 된다. 역사라는 우리의 뿌리를 모르는데 어떻게 미래라는 가지를 힘차게 뻗어 나갈 수 있겠는가.

고대 중국의 역사에서 재상을 뽑을 때면 후보자는 일종의 정견 발표를 하는데, 대개 과거의 역사를 사례로 제시하며 현안을 짚어 낸다. 역사라는 과거를 통해 현재의 문제점을 타개해 나갈 답을 제시하는 것이다. 정치하는 이들이 반드시 역사를 공부해야 하는 이유가 여기에 있다. 역사는 계속 반복되는 속성이 있기 때문이다.

한편, 비록 지나간 과거지만 광개토태왕릉비를 변조한 가해자는 현재 일본의 전신인 일본 제국주의다. 다음 기회에라도 우리나라

대통령께서는 오욕의 과거를 청산하고 역사의 진실을 규명하기 위해서라도 일본 총리께 능비의 한일 공동연구를 제안하셨으면 한다.

이제 다시 비문의 내용으로 다시 돌아가 보자. 태왕의 능비 영락 5년 을미년의 기록에 나오는 소위 신묘년 기사 "왜가 신묘년에 바다를 건너와 백제□□신라를 격파했다."라는 기록은 변조된 것이 틀림없다.

그 이유는 첫째, 태왕의 행적을 편년으로 기록한 이 비의 성격상 신묘년의 사건은 신묘년에 기록하며, 4년이 지난 을미년에 기록하지 않는다는 사실이다. 을미년 기사에서 신묘년을 언급하고 있지만, 이는 을미년에 일어난 백제와 왜의 신라 침공이라는 사건을 설명하기 위한 명분으로 끌어들인 내용일 뿐이다. 단지 신묘년이 나온다고 해서 신묘년에 일어난 사건을 말한 것이 아니다. 그런데 만약 "왜가 백잔과 □□신라를 격파했다."라는 을미년의 저 기록이 사실이라면, 백제와 □□신라는 바다를 건너 침략한 왜에 의해 신묘년부터 태왕에게 토벌당한 병신년까지 적어도 5년간 신민이 되어 있는 상태라야 한다.

하지만 그러한 기록은 그 어느 사서에도 없다. 설사 '임나일본부설'에 의해 왜가 백제와 신라를 침공했다는 위의 기록을 인정해 준다고 하더라도 왜가 점령한 기간은 고작 5년이다. 그런데 왜가 5년 동안의 백제와 신라 점령을 근거로 서기 369~562년까지 200여 년간 신라와 가야까지 점령하고 임나일본부를 두었다는 『일본서기』에 의한 일제의 주장은 전혀 근거 없는 거짓말이다. 사실과 부합하지 않는 억지 논리를 내세워 태왕의 능비가 임나의 세 근거 중 하나라고 주장했다는 것 자체가 비학문적이며 역사를 왜곡한 냄새가 다분히 난다.

만일 신공황후가 서기 369년부터 한반도의 가야와 신라를 이미 점령했다면 22년 후인 391년 신묘년에 왜가 다시 침공해 점령했다는 것 또한 도무지 앞뒤가 맞지 않는 주장이다. 점령한 나라를 어떻게 다시 점령할 수 있단 말인가? 이러한 내용의 모순에도 불구하고 일제가 능비의 기록을 바탕으로 임나일본부의 근거로 내세웠다는 점은 그들이 비를 변조했다는 것을 간접적으로 말해주고 있다. 그런데 우리 사학계 일각에서는 "왜가 백제□□신라를 신민으로 삼았다."(百殘□□新羅 以爲臣民)라는 일본 측의 해석을 그대로 믿는 반면, "고구려가 백제와 신라를 속민으로 삼았다."(百殘新羅 舊是屬民)라는 기록은 전혀 믿을 수 없다는 사리에 맞지 않는 주장도 한다.

둘째, 왜와 백제의 관계는 우호적이었지 결코 적대적이지 않았다는 사실이다. 능비 전체의 기사에서도 백제와 왜는 늘 연합하는 동맹 관계였다. 그런데 일제의 해석에 의하면 서로 친한 친구가 이유도 없이 목숨 걸고 싸웠다는 것이다. 이 기사에 따르면 '백제와 왜는 매우 긴밀한 관계였다. 그런데 아무 이유 없이 서로 전쟁했다.'라는 식으로 앞뒤의 문맥이 서로 맞지 않는다. 이전과 이후의 기록에서도 단 한 번도 백제와 왜의 충돌은 없었고, 『일본서기』를 비롯한 그 어떤 문헌에서도 보이지 않는다. 그런데 동맹이었던 왜가 뜬금없이 백제를 공격해 신민으로 삼았다는 문장은 전혀 근거가 없다. 당시의 상황을 고려하면 왜는 백제의 지시를 받는 제후국 정도였는데, 거꾸로 백제를 신민으로 삼았다는 내용이 나오는 것은 일제가 비문을 변조해 문맥까지 비틀어 버렸기 때문이다.

일제의 해석대로라면 신묘년에 왜가 바다를 건너와 백제와 신라를 격파하고 신민으로 삼았다는 것이다. 그런데 고구려는 그해 신묘년이나 다음 해인 임진년도 아닌 5년 후인 병신년이 되어서야, 그것도 가해자 왜가 아닌 피해자 백제를 공격한다는 것으로 도무지 논리에 맞지 않는 내용이다. 때린 사람이 아니라 맞은 사람을 징치(懲治-징계하여 다스림)한다는 것이다. 이런 이유만 봐도 능비의 변조는 분명한 사실이다. 다만 어떤 방식으로 변조했는가를 규명하는 것은 앞으로의 숙제이다.

이런데도 불구하고 현재, 일본과 중국의 주류 사학자들은 능비가 변조되지 않았다고 한다. 이웃 나라인 중국과 일본은 과거사 문제에 있어선 서로 첨예하게 대립한다. 그러나 광개토태왕릉비에 관해선 서로가 오월동주[15]의 관계를 유지한다. 그 이유는 중국이 주장하는 〈한사군 한반도설〉과 일본이 주장하는 〈임나 가야설〉을 서로 지지해 주며, 한국 고대사에 대한 역사 패권을 서로 나누어 가지고자 하기 때문이다. 이러한 상황을 보면 역사학의 분야에선 우리는 아직도 눈 뜨고 코 베이고 있다.

셋째, 백제는 신묘년에 결코 왜의 신민이 되었던 적이 없었다. 『삼국사기』「고구려본기」〈광개토왕조〉에 의하면 서기 391년인 영락

15 서로 적의를 품은 사람들이 한자리에 있게 된 경우나 서로 협력하여야 하는 상황을 비유적으로 이르는 말.

1년 신묘년부터 서기 394년인 영락 4년 갑오년까지 한 해도 거르지 않고 백제와 고구려가 충돌하는 기사가 나온다. 특히 태왕이 즉위한 신묘년에는 고구려군이 백제의 관미성을 공격했다. 즉 왜가 백제를 깨고 신민으로 삼았던 적이 없었다는 사실이다. 백제가 고구려와 싸웠는데 갑자기 또 왜의 공격을 받아 신민이 되었다고 한다. 이런 말도 안 되는 내용을 믿으라는 말인가?

그런데 만약, 이와 같이 백제가 왜의 속국이 되었다면 왜의 허락 없이 마음대로 고구려와 싸우는 게 가능했겠는가? 또한 백제는 고구려와 매년 싸울 정도의 막강한 군사력을 가졌는데, 아무런 근거 없이 갑자기 왜의 신민이 되었다고 한다. 백제가 고구려에는 속민이 되기 싫어 목숨 걸고 싸웠는데, 왜의 신민이 되는 것은 기뻐서 아무 저항 없이 순순히 받아들였을까? 이처럼 왜가 백제를 신민으로 삼았다는 기록이 당시의 상황과 전혀 맞지 않는 이유는 신묘년 기사가 참모본부에 의해 교묘하게 변조됐기 때문이다. 당시 강력한 군사력을 가진 백제가 고구려에는 줄기차게 저항하는데 왜에겐 저항 한번 없이 나라를 넘겨주었다는 것은 변조가 아니고는 불가능한 일이다.

넷째, 신라도 신묘년에 왜의 신민이 되었다고 할 수 없다. 왜냐하면 『삼국사기』「신라본기」에는 내물이사금 38년인 서기 393년에 왜인들이 금성을 침입해 5일간 포위했다가 물러날 때 신라군이 뒤쫓아가 독산(獨山)에서 격파했다는 기사가 나온다. 왜가 신묘년에 신라를 신민으로 삼았다고 했는데, 2년 후에 다시 침공해 신라에게 패배했다는 것은 도무지 앞뒤가 안 맞는 이야기로 변조가 아니고는 불가능한 일들이다.

사실, 서기 396년, 영락 6년 병신년의 백제 정벌은 5년 전인 영락 1년 신묘년의 사건 때문이 아니라, 영락 5년 을미년의 사건 때문에 일어난 사건이다. 전년의 원인으로 그다음 해에 토벌이란 결과가 일어난 것이다. 이처럼 을미년에 등장한 신묘년 기사 "백잔과 신라는 예로부터 속민이었기에 조공을 왔다. 그런데 왜는 신묘년부터 바다를 건너 백잔□□신라를 파하고 신민으로 삼았다."라는 이 기사를 보면, 병신년에 고구려는 피해자인 백제가 아니라, 가해자인 왜를 토벌해야만 자연스러운 흐름이 된다. 그런데 을미년의 원인과 병신년의 결과는 매우 부자연스럽다. 또 이 해석에서는 고구려의 토벌이 일어난 전년도인 을미년의 내용 자체가 아예 빠져있다. 병신년에 전쟁이 났는데 그 앞의 해인 을미년에는 아무 일이 없었고 5년 전인 신묘년에 일이 있었다는 식으로 풀이했다. 비문을 변조했기 때문에 문장의 앞뒤 논리가 전혀 맞지 않게 된 것이다. 그리고 선왕의 업적을 기록한 훈적비에 뜬금없이 왜가 주연(主演)으로 등장하는 황당한 이야기 또한 변조가 아니고는 불가능하다.

그런데 2018년 JTBC '차이나는 클라스'에서 가톨릭대의 기경량 교수는 비문을 두고 '문장 이면의 깊은 뜻' 운운하며 비문의 변조는 없었다고 주장했다. 그는 말도 안 되는 해괴한 논리를 펴며 "고구려인도 거짓말을 할 수 있다. 고구려인들도 정직한 사람들이 아니다."라며 고구려인을 거짓말쟁이로 폄하했다. 또 "태왕의 공적을 빛내기 위해 왜의 존재를 부풀려 과장했다."라고 말했으나 이는 전혀 근거 없는 개인의 상상으로 원문의 본질을 한참 벗어난 과도한 주장이다.

사실 이렇게 거대한 비를 세운다는 것은 국가적인 행사이지 도둑질하듯 비밀스럽게 할 수 있는 게 아니다. 또 비가 건립되고 나서도 문무 백관과 백성이 모여 성대한 제막식을 했을 것이다. 그리고 지체 높은 학자나 신하가 일종의 경과보고와 비문의 내용에 대해 그곳에 모인 사람들에게 설명도 했을 것이다. 상식적으로 생각해도 태왕의 공적을 높이기 위해 왜를 일부러 끌어들여 과장할 아무런 이유가 없다. 진실을 모르고 답을 찾으면 이와 같은 이상한 망상을 부리게 된다. 아버지의 공적을 선양하는 효심 있는 아들을 거짓말쟁이로 폄하하고 있는데, 이런 이상한 주장을 확신하는 근거가 무엇인지 참으로 궁금하다.

일본이 잘 쓰는 전략 중 하나는 왜곡된 어떤 프레임을 만들어 상대에게 던져 놓고 그것에 갇히게 만드는 것이다. 예를 들면 그들이 대륙에 있는 한사군(漢四郡)이나 패수(浿水)를 반도에 묶어 놓았다. 그런데 이 덫에 걸린 사람은 한사군이나 패수를 한반도에 놓고 아무리 연구해도 결코 진실에 접근하지 못하고 헤매게 된다. 모래를 쪄서 밥을 지을 수 없고 이미 상한 재료로 아무리 요리를 잘 해도 먹지 못하듯, 잘못된 틀 자체를 벗어나지 못하면 결코 역사 왜곡의 마수를 벗어날 수 없다. 그런데 일반 국민도 아닌 역사학자가 이러한 프레임에 걸려 있다는 사실은 학자 자신에게도 매우 불행한 일이다.

이와 같이 광개토태왕릉비도 일제가 변조한 신묘년 기사의 '渡海破'란 잘못된 바탕 위에서 온갖 방식으로 풀이해 봐도 앞뒤가 전혀 맞지 않는 심각한 모순에 빠진다. 사실 고등학생 정도의 문해력(文

解力)을 갖추면, 문맥이 부자연스럽고 분명히 문제가 있다는 것을 알 수 있다. 그러나 "설마 변조했겠어?" 또는 "우리가 해석을 잘못 해서 아직 못 푸는 것이야."라는 고정된 사고 방식이 스스로의 눈을 가려 진실을 보지 못하게 하는 더 큰 요인으로 작용한다. 프레임을 씌우는 자들이 노리는 것이 바로 이것이었다.

지난 수년간 전라도가 들썩거렸다. 알고 보니 전라도의 역사서 『전라도 천년사』 때문이었다. 전라도라는 이름이 만들어진 천년을 기념하여 2018년부터 시작한 지방의 역사서인데 뜬금없이 왜의 지명이 여럿 들어와 있기 때문이다. 여기에는 기년(紀年)도 맞지 않는 이웃 나라 일본 역사서인 『일본서기』에 근거해 남원을 '기문'으로, 장수를 '반파'로, 해남을 '침미다례'로 기록했다. 또한 마한을 과하게 기록하여 결과적으로 백제의 시간과 공간을 터무니없게 축소했다. 이유야 어쨌든 결과는 '백제 죽이기'로 귀결되는 이상한 일이 일어났다. 백제는 중국의 25사인 『남제서』에도 기록된 것처럼, 한때 중국의 요서 지방을 차지할 정도로 막강한 군사력을 가지고 있었다. 그런데 『전라도 천년사』에서 찬란한 백제의 역사를 축소, 왜곡시키는 행위는 마치 구한 말 <임나일본부>를 세우기 위해 광개토태왕릉비를 훼손한 일제의 만행과 오버랩되고 있다.

이처럼 『전라도 천년사』가 '백제 죽이기'라면 최근 발간을 앞둔 『김해시사』는 '가야 죽이기'에 다름이 없다. 여기에는 '임나는 가야다'라는 <임나 가야설>을 기정사실로 하고 있는데 위험천만한 일이다. 고대의 영토나 현대의 영토나 똑같이 중요하다. 그런데 <시사편찬위원회>에서는 시사(市史)에 검증도 안 된 임나가 김해라는 비학문적 자세를 가지고 있다. 김해는 결코 임나가 아니다. 임나는 대마도와 일본 열도에 있었다. 다행히 최근에 깨어있는 시민의 저지로 김해가 임나라는 고대사 부분은 발간이 보류되었다.

1884년 참모본부의 밀정 사카와 중위는 비문의 탁본을 참모본부에 가지고 갔고 그들은 환호했다. 왜냐하면 능비의 경자년 기사에는 그들이 그토록 원했던 임나의 흔적인 '임나가라'가 새겨져 있었다. 그런데 참모본부는 5년 후에야 비로소 탁본과 해석을 세상에 공개한다. 이토록 시간이 걸린 이유는 이 비를 활용해 임나일본부의 근거로 삼기로 했고, 그것을 뒷받침할 만한 변조의 시간이 필요했기 때문이었다.

일본은 1868년 메이지 유신을 단행한 후 조선을 무력 침공한다는 '정한론'을 본격화했다. 대륙 침략의 본거지였던 참모본부는 1882년 『임나고고』와 『임나명고』를 발간해 임나와 가야를 동일시하였고, 조선 침략의 명분을 찾기에 혈안이 되어 있었다. 때마침 집안에서 임나에 대한 기록이 등장하는 광개토태왕릉비를 발견한 사카와는 탁본을 구해 일본으로 돌아갔다. 그들은 즉시 학자들을 시켜 자국에 유리한 내용을 능비에 추가하기 위해 비밀스럽게 연구를 진행했다. 사실 탁본의 조작 정도라면 오히려 쉬울 수 있다. 하지만 완전범죄가 되려면 결국 돌에 새겨진 원문까지 변조해야 한다는 결론에 도달했다.

그래서 먼저 뛰어난 문헌 학자들의 연구를 바탕으로 그들에게 아주 불리한 부분은 문장 전체를 삭제하기로 했고, 임나일본부의 근거가 될 만한 부분은 찾아서 부분적으로 변조하는 방법을 선택했다. 그래서 왜에 관한 불리한 기사가 있는 2면 좌측 상단 그리고 3

면 1열 거의 전부와 3면 우측 상·하단이 집중적으로 지워졌다. 이러한 형태의 모손(耗損-닳아 없어짐) 이유가 항간에서는 '비바람에 의한 것' 또는 '이끼가 끼어 소똥을 발라 태울 때 손상됐다' 등으로 말한다. 그러나 비바람에 의한 것이라면 비문의 특정 부위만 비바람이 선택적으로 몰아쳐 훼손될 리가 없으며, 소똥을 발라 태웠다 해도 비의 특정 부위만 손상됐다는 것 또한 설득력이 떨어진다. 특히 3면 우측 하단부는 사진에서만 봐도 인위적인 파괴의 모습이 너무나 선명하다.

훼손된 3면 하단(국립중앙박물관)

참모본부는 임나일본부를 세우기 위해 신묘년 기사를 비롯한 몇 곳을 변조하기로 했다. 그들은 최소 글자의 변조로 최대의 효과를 낼 수 있는 방법을 선택했고, 그 글자가 바로 을미년조에 등장하는 '渡海破'의 '海'와 병신년조 '討利殘國'의 '利' 그리고 경자년조 '倭寇□潰'의 '寇□' 부분이었다. 부분 변조의 경우, 그들이 만약 비의 글씨를 완전히 갉아 내고 새로 새기는 방식을 택했다면 다른 글자와의 높낮이가 맞지 않아 금방 들통날 수 있었다. 그 때문에 그들은 획수가 적은 기존의 글자인 두 '二'자 위에 가획(加劃)을 해서 바다 '海'로 변조했고, 원래의 '倭'자 위에 석회를 발라 '利'를 새겨 넣었으며, '寇□' 또한 석회를 발라 '滿倭'으로 변조했다. 이에 대한 자세한 논증은 다음 장에서 할 것이다.

그들의 범죄는 치밀했고 일단 완벽해 보였다. 그러나 나중에 들통날 수밖에 없었는데, 이유는 비문 변조로 인해 문맥의 충돌뿐 아니라 글자의 배열도 어긋났기 때문이었다. 능비에는 원래 글자를 바르게 정렬하기 위해 위아래로 반듯한 금인 종선(縱線)을 그었다. 그런데 '海'자는 다른 자들에 비해 삼수변 '氵'의 부분이 테두리 선에 걸쳐 있거나 벗어나 있다. 이는 1981년 주운태(周雲台) 탁본에서 선명히 드러났는데, 중국의 사학자 경철화(耿鐵華)**16**가 발견했다. 위대한 영웅의 업적을 기록하는 국가적인 공사에 최고의 서예가와 석공이 작업했다는 것은 당연하다. 그런데 대가들이 참여한 비문

---

16 집안박물관장 『고구려연구 문헌목록』 길림대 출판사(2013) 「高句麗好太王碑-兼記高句麗王朝和好太王」(1984) 외 다수의 논문 발표, "고구려가 중국의 소수 정권"임을 주장하는 동북공정의 대표적인 학자이다.

공사에 글줄이 맞지 않는다는 것은 결코 있을 수 없는 일이다.

한편, 세월의 경과로 변조를 위해 칠했던 석회가 박락되었고, 거기에 원래의 글자가 드러나면서 새로운 사실이 속속 밝혀지고 있다. 어찌 됐든 참모본부에서 치밀하게 변조했지만, 이러한 흠결은 미세하게 남게 됐고, 이것으로 인해 변조의 꼬리가 잡힌 것이다. 완전범죄가 될 뻔했지만 성공하기엔 어쩔 수 없는 한계가 있었다.

현재 일본 황실의 정창원(正倉院) 지하 수장고에는 숨겨진 보물이 많다고 한다. 필자의 생각으론 기록과 근거를 중시하는 일본인의 성격상 사카와가 가져온 변조 되기 전의 최초 탁본이 이곳에 분명히 있을 것이라 본다. 그들이 증거인멸을 위해 완전히 없애지 않았다면 언젠가는 변조되기 전의 탁본이 세상에 나타날 것이다. 어서 그날이 오기를 손꼽아 기다린다.

4.
신묘년 기사의 해석들

흔히 진실은 단순하다고 한다. 그러나 일제의 밀정 사카와가 일본으로 가져간 쌍구가묵본의 신묘년 기사는 단순하지 않고 꼬여 있기에 변조됐다는 의심을 벗어날 수 없다. 요코이 타다나오가 비를 최초로 해석한 1889년 이후 136년을 지나는 동안 한·중·일의 많은 학자가 신묘년 기사의 엉킨 실타래를 풀기 위해 온갖 노력을 기울여 왔다. 하지만 모두가 공감할 만한 해석이 아직 나오지 못한 것도 사실이다.

왜냐하면 기존 대다수의 해석은 부분적으로는 맞는 듯해도 전체적인 맥락을 보면 맞지 않기 때문이다. 그러나 불순한 의도가 아닌 이상, 진실을 규명하기 위해 노력했던 모든 선의의 연구자는 그 결과에 관계없이 존중받아야 마땅하다. 어려운 여건 속에서 분투한 선학(先學)의 연구가 다소 부족한 부분이 있더라도 그 덕분에 후학(後學)은 한 걸음 더 앞으로 나아갈 수 있었다. 그동안 능비를 해석한 주요 선행 연구자들의 주장을 간략하게 살펴보고자 한다.

① 요코이 타다나오(橫井忠直)-왜 침입설(渡海 破), 1889: 百殘新羅

舊是屬民 由來朝貢 而倭以辛卯年來渡海 破百殘□□新羅 以爲臣民 "백잔과 신라는 옛날부터 고구려의 속민이었으며 전부터 조공을 왔다. 그런데 왜가 신묘년에 바다를 건너와서 백잔□□신라를 파하고 신민으로 삼았다."

요코이는 백제, 신라를 파한 주체가 왜라고 해석하며 이를 임나일본부설의 근거로 제시했다. 그러나 임나의 위치를 한반도에 대입해 보면 전혀 맞지 않는다. 그리고 갑자기 왜가 동맹국인 백제를 공파했다는 황당한 내용으로, 신묘년 당시의 정치적 상황뿐 아니라 문맥도 전혀 맞지 않는다. 또한 임나일본부의 근거를 만들기 위해 '以爲臣民' "신민으로 삼으려 했다."를 "신민으로 삼았다."라고 잘못 해석했다.

② **계연수(聯侵)**[17], 1898: 百殘新羅 舊是屬民 由來朝貢 而倭以辛卯年來渡海破 百殘聯侵新羅 以爲臣民 "백잔과 신라는 옛적부터 [우리의] 속민으로 조공을 해 왔었는데, 왜가 신묘년에 [침범해] 오니 바다를 건너가 깨뜨렸다. 백잔이 [왜를] 끌어다가 함께 신라를 침노하니, [왕이] 말씀하시기를 [모두 우리의] 신민이었다."

백제와 신라의 조공에 대한 언급 이후 갑자기 왜가 등장한다는 문맥의 부자연스러움이 있다. 또 해석에 필요 이상의 지문이 등장한다. 일제가 변조한 이후인 1898년에 능비를 답사했기에 '渡海破'를 그대로 인정하고 있다. 그의 제자 이유립 선생이 원문을 전해 받아 필사했으나 원문은 소실했다고 한다. 비문의 첫 해석 후 9년 뒤

17 계연수(桂延壽) 독립운동가. 1920년 일제에 의해 살해됨

에 갔다는데, 오히려 더 많은 글자가 있었다는 모순이 있다. 따라서 변조의 사료적인 증거로 삼기에는 부족하다. 다만 우리나라 사람 최초로 필사하여 석문을 남겼다는 데 의의가 있다.

③ **정인보-고구려 주어설(聯侵), 1930년대 후반**: 百殘新羅 舊是屬民 由來朝貢 而倭以辛卯年來 渡海破 百殘聯侵新羅 以爲臣民 "백잔 신라는 옛날부터 [고구려의] 속민으로서 조공해 왔다. 그런데 왜가 신묘년에 오니 [고구려가] 바다를 건너가 [왜를] 격파하였다. 백잔이 [왜와 통하여] 신라를 침략해 신민으로 삼았다."

이 해석의 문제는 신묘년 한 해 동안 고구려에 패한 왜가 또 백제와 연합하여 신라를 침공해 신민으로 삼았다는 것이다. 일테면 '종로에서 뺨 맞고 한강에서 분풀이한다.'라는 식으로 앞뒤의 논리가 없다. 이때가 을미년인데 을미년이 아닌 4년 전인 신묘년의 전쟁을 기술했다는 것도 편년체로 쓰인 능비의 성격과는 맞지 않는다. 또 주어와 목적어를 한꺼번에 생략했다는 해석도 어색하다. 그러나 북한의 박시형, 김석형은 고구려를 주어로 하는 정인보 선생의 설을 따른다. 박시형은 결실자를 '招倭侵' 또는 '聯侵新'으로 복원했지만, 여전히 해석에 무리가 있다.

④ **이진희-석회도부설(石灰塗付說), 1972**: 그는 참모본부가 스파이를 보내 능비에 석회를 도포하고 변조했기 때문에 변조 이후 나온 모든 탁본은 믿을 수 없다고 주장했다. 당시 한국과 일본 사학계에 엄청난 파문을 몰고 왔다. 그런데 왕건군 소장이 현지답사를 통해 "석회는 발라졌지만, 변조를 위한 의도적인 조작은 없었다."라

고 발표해 그의 주장은 급격히 지지기반이 약해졌다. 또 이 교수는 석회 탁본만 연구했는데, 이후 원석 탁본이 나옴에 따라 특정 부분에서 16~25자가 변조됐다는 그의 주장은 설득력을 잃었다. 그러나 요코이의 최초 해석문 공개 이전 일제에 의한 석회 도부는 사실이었기에 그의 주장이 반은 맞고 반은 틀리게 되었다. 하지만 '금석문은 조작을 못 한다.'라는 이전의 철칙을 깨며 능비 연구에 대한 새로운 인식을 가져오는 소중한 전기를 마련했다.

⑤ **왕건군(王建君)-조공설, 1884:** 百殘 新羅 舊是屬民 由來朝貢 而倭以辛卯年來 渡海破百殘 □□新羅 以爲臣民 以六年丙申 王躬率水軍 討伐殘國 "백제와 신라는 과거 우리 고구려의 속국이었다. 계속해서 우리에게 조공을 해온 것이다. 그러나 신묘년부터 왜구가 바다를 건너 백제와 신라를 쳐서 그들을 신민으로 삼았기 때문에[그때부터 백제와 신라는 우리 고구려에 대해 신하임을 자칭하며 줄곧 해오던 조공을 하지 않았다] 영락대왕 6년 병신년에 호태왕이 몸소 수군을 이끌고 백제를 토벌했다."

그러나 이 해석에는 문맥의 충돌이 있다. 신라의 원군인 고구려가 신라와 백제를 침공한 가해자인 왜가 아니라 피해자 백제를 친다는 모순이 있다. 또한 과도한 추측과 근거 없는 상상력이 필요하다. 그는 '渡海破' 부분도 변조는 없었다고 보았다. 왕건군은 1983년 그의 저서 『호태왕비 연구』에서 이진희의 석회도부설을 강하게 부정했다. 탁본업자인 초 씨 부자가 선명한 탁본을 얻고자 석회 도포를 한 것은 맞지만 의도적인 조작은 아니라고 했다. 하지만 진실은 참모본부가 비문을 공개 전 미리 능비를 변조했고, 관제 사학자 요코이 타다나오를 통해 최초의 해석을 세상에 내어놓았다는 사실이다.

⑥ **손영종-(渡浿破. 東□), 1988:** 百殘新羅舊是屬民 由來朝貢 而倭以辛卯年來 渡浿破百殘 東□新羅 以爲臣民 "백잔과 신라는 옛적에는 속민이었고, 그전부터 조공을 바쳐오던 것인데, [백제의 책동으로] 왜가 신묘년에 왔으므로, [고구려왕은] 패수를 건너가서 백잔을 치고 동쪽으로 신라를 [초유하여] 신민으로 삼았다."

그는 1988년 저서 『광개토왕릉비 왜 관계기사의 올바른 해석을 위하여』에서 위와 같은 주장을 했다. 그러나 이는 과도한 추측이 필요하며 왜가 침입했는데 왜는 놔두고 괜히 백제와 신라를 파한다는 모순이 있다. 이처럼 신묘년 기사를 해석하면 "때문에 영락 6년 병신년 태왕이 몸소 수군을 이끌고 백제를 토벌했다."라고 이어지는 기사와 문맥이 전혀 맞지 않는다. 왜냐하면 신묘년에 파한 백제를 병신년에 또 토벌했다고 하기 때문이다.

⑦ **이형구-(後. 不貢因. 倭寇), 1989:** 百殘新羅舊是屬民由來朝貢 而後以辛卯年來不貢因 破百殘倭寇新羅以爲臣民 "백잔과 신라는 예로부터 [고구려의] 속민으로서 조공을 바쳐왔는데, 그 후 신묘년부터 조공을 바치지 않으므로 [광개토태왕]은 백잔과 왜구와 신라를 파하여 이를 신민으로 삼았다."

그는 1986년의 저서 『광개토대왕릉비 신연구』에서 '倭'를 '後'로, '來渡海'를 '不貢因'으로 변조했다고 주장했다. 그런데 을미년에 공파해 신민으로 삼은 백제를 병신년에 또 토벌했다는 모순이 있다. 그리고 '그 후'를 '而後'로 해석했으나, '그 후'는 '以後'라야 오히려 맞다. 또한 고구려가 속민이 된 백제와 신라가 조공을 바치지 않아 침공했다는데, 이들뿐만 아니라 갑자기 왜까지 쳐서 신민으로 삼는다는 논리적 모순이 있다. 그리고 이 당시 고구려는 신라의 동맹이지 적으로 여겨 공격한 적이 없었다.

⑧ **류승국-(渡每破, 倭) 2004:** 百殘新羅 舊是屬民 由來朝貢 而倭以辛卯年來 渡每破百殘□□新羅 以爲臣民 以六年丙申 王躬率水軍 討倭殘國 "백제와 신라는 예부터 고구려의 속민이었다. 그런 연유 이래로 조공을 고구려에 바쳐왔다. 그런데 왜가 신묘년 이래로 매양 바다를 건너 백잔과□□신라를 파하여 신민으로 삼으려고 하므로, 6년 병신에 친히 몸소 수군을 거느리고 왜적과 잔국을 토벌하였다."

그러나 왜가 매번 바다를 건너와 백제와 신라를 파했다는 사실적인 근거가 부족하다. 게다가 고구려가 가해자인 왜와 피해자인 백제를 모두 정벌한다는 논리적 모순이 있다. 그러나 병신년조 기사에서 대부분 '討伐殘國'으로 보지만, 그는 '討倭殘國'으로 보아 '倭' 자를 도출해 낸 점은 탁월한 안목이다.

⑨ **김병기-(서체오류설. 入貢于) 2005:** 百殘新羅舊是屬民 由來朝貢 而倭以辛卯年來入貢于 百殘□□新羅 以爲臣民 "백제와 신라는 예부터 [고구려의] 속민이었다. 그래서 줄곧 조공을 해왔다. 그런데 왜가 신묘년 이래로 백제와 □□ 신라에 조공을 들이기 시작하였으므로 [고구려는] 왜를 고구려의 신민으로 삼았다."로 해석한다.

김 교수는 서체를 통해 '入貢于'를 '渡海破'로 변조했다고 보았다.

그러나 당시의 상황에 따르면 왜가 백제와 □□, 신라에 조공했다는 것과 고구려의 신민이 됐다는 것은 논리에 전혀 맞지 않는다. 또 '渡'자의 받침에서 '入'자의 근거를 찾을 수 있다고 주장하나 글자의 크기가 서로 달라 일치할 가능성이 거의 없다.

⑩ 기타설- 임기중 교수는 '渡泗破'(도사파)로 이찬구 박사는 '而帝以'(이제이)로 재구(再構)했다. 이외에도 '渡海破' 부분을 **'渡泮破'(도반파)**로 주장하는 학자도 있다. 하지만 해석해 보면 문맥이 복잡해지고, 내용에서 자체 충돌을 일으키고 만다.

한편 작가 김진명은 결락자를 '東□'으로 주장한다. 이는 탁본업자 초천부가 능비에 소똥을 발라 태우기 전 필사해 놓았다는 필사본을 따랐다. 필자의 생각으론 결락자가 '東'으로 보인 까닭은 결락 부분의 원래 글자였던 '倭'를 일제가 지웠다. 그러나 덜 지워져 남겨진 '계집 女'의 아랫부분이 '동녘東'의 아랫부분 '八'과 유사해 초천부는 '東'으로 필사한 것이 아닌가 싶다.

위와 같이 선행 연구들에서 가장 아쉬운 점은 많은 연구자가 '渡海破' 부분의 변조를 알아채지 못했다는 것이다. 또한 '渡海破' 부분의 변조를 주장하는 연구자들이 재구한 글자들도 대입해 해석하면 문맥이 맞지 않는다는 한계가 있다. 따라서 그들은 답이 없는 해석을 붙들고 끝없는 미로를 헤맸다. 일제가 애초에 노린 점이 바로 이것이었다. 답이 없는 문제를 선제적으로 던져두고는 그 늪에 빠지게 하는 전략이었다.

그런데 연구자 대부분이 간과한 점은 영락 5년 을미년과 영락 6

년 병신년의 기사가 서로 연결되어 있다는 것조차 모른다는 점이다. 영락 5년의 원인으로 영락 6년의 결과가 나오기에 영락 5년과 영락 6년을 하나의 사건으로 보아야 한다. 때문에 영락 5년의 문장 풀이만으로는 영락 6년 '고구려의 왜와 백제 정벌'이라는 사건의 전모를 알 수가 없다. 영락 5년을 풀어내는 핵심은 오히려 결과인 영락 6년에 있다는 사실을 모르고 있다. 진실을 눈앞에 두고도 길을 헤매니 안타까울 따름이다.

불교의 한 갈래인 선종(禪宗)에서 '깨달음'으로 칭하는 마음공부의 핵심은 기존의 고정관념을 타파해 그로부터 벗어나는 데 있다. 마음을 묶고 있는 온갖 전제된 고정관념에서 탈피해 '있는 그대로의 사실'을 바로 볼 수 있는 정견(正見)을 갖추면 존재의 본질은 저절로 드러나게 된다. 구도자가 수행 도상에서 관념을 제거해 주는 눈 밝은 스승을 만나면 헤매지 않고 목적지에 도달할 수 있으나, 그렇지 못하면 고생문은 이미 훤히 열려 있다고 봐야 한다.

그러나 살아 있는 좋은 스승을 만나지 못하더라도 목적지에 도달할 방법도 있다. 그것은 성경과 불경 등의 원전(原典)을 통해 성현들의 핵심적인 메시지를 직접 파악해 내는 것이다. 쉽진 않지만 원문 즉, 오리지널이 주는 감흥은 강력하기에 원문을 철저히 연구하면 가능하다. 이와 같이 역사의 진실을 찾아가는 방법도 권위자의 해설서가 아니라 1차 사료인 원문(原文) 연구를 더 중시해야 진실에 한층 가까이 근접할 수 있다. 그 이유는 선행 연구자의 성과물은 후학들에게 약이 되기도 하지만, 때로는 독으로 작용할 수 있기에 냉정한 분별력이 요구된다. 따라서 선행 연구자들의 성과를 존중하되 객관적인 비판도 할 수 있어야 청출어람(青出於藍)이 될 수 있다.

능비와 주위의 겨울 풍광(국립중앙박물관)

능비는 태왕의 업적을 진솔하게 기록했다. 원문은 주어가 누구이냐를 따질 정도로 복잡한 문장도 아니었고 단지 태왕의 업적을 담박하게 기록하였을 뿐이었다. 그러나 나쁜 의도를 가진 일제와 그들이 변조한 줄 몰랐던 우리의 학자들은 그로 인해 오랜 시간 길을 헤매게 되었다. 그렇지만 언젠가 진실이 확연히 드러날 때 동시에 허위도 확연히 드러나게 된다. 명백한 진실에 따라 비문을 해석하면 원래의 내용과 일제의 의도가 무엇인지 분명히 알 수 있다.

3장

비문을 복원하다

비의 북쪽 4면(국립중앙박물관)

1.
신묘년 기사의 복원

광개토태왕릉비의 해석을 두고 한·중·일의 사학계는 첨예하게 대립해 왔으며, 총칼 없는 '비문 전쟁'을 치르고 있다. 그동안 몇 번의 변곡점이 있었지만, 최초의 해석이란 프리미엄을 가진 일본이 현재 유리한 지점에 서 있다. 그러나 진실은 작아 보여도 그 힘은 강하고, 가짜는 대단해 보여도 정곡을 찌르면 한꺼번에 무너진다. 사실, 문제가 되는 신묘년 기사는 얼핏 보면 맞는 말 같지만, 자세히 살펴보면 허점투성이들이다. 요코이 타다나오가 〈회여록〉에 발표한 영락 5년 〈을미년조〉에 등장하는 신묘년 기사의 원문은 다음과 같다.

百殘新羅 舊是屬民 由來朝貢/ 而倭以辛卯年來渡海 破百殘□□新羅 以爲臣民/ 以六年丙申 王躬率水軍 討利殘國

"백잔과 신라는 예로부터 속민이었으며 전부터 조공을 왔다./ 그런데 왜가 신묘년에 바다를 건너와서 백잔□□신라를 격파하고 신민으로 삼았다./ 이에 영락 육년 병신년, 대왕께서 몸소 수군을 이끌고 백잔을 토벌하였다."

여기서 백잔은 백제를 말한다. 그럼 조작하기 전의 원래 글자는 무엇이었는지 밝히겠다. 복원한 글자가 신뢰성을 얻으려면 문맥이 자연스럽고 자체모순이 일어나지 않아야 한다는 것은 당연하다. 영락 5년 을미년과 영락 6년 병신년의 변조 전 원문으로 추정되는 글자를 복원하면 다음과 같다.

百殘新羅 舊是屬民 由來朝貢 而倭 以辛卯年來渡/ **[二]**破 百殘**[倭侵]**新羅 以爲臣民/ 以六年丙申 王躬率水軍 討**[倭]**殘國
"백잔과 신라는 옛날 우리의 속민이었고, 전부터 조공을 왔다. 그러나 왜는 신묘년부터 물을 건너 (조공을) 왔다./ 두 쳐부술 백잔과 왜가 신라를 침공해 신민으로 삼으려 했다./ 때문에 영락 6년 병신년 태왕께서 몸소 수군을 이끌고 왜와 백잔을 토벌했다."

두 해석의 가장 큰 차이는 끊어 읽기이다. 여기에 따라 해석도 완전히 달라진다. 이때 백잔(百殘)은 백제를 말한다. 또 '舊是屬民'에서 '是'는 지시대명사로 '우리' 즉 '고구려'를 지칭한다. 이전의 해석에서는 '是'를 명확히 해석하지 않고 그냥 뭉뚱그려서 (고구려)라는 식의 지문으로 잘못 인식했다. '由來'는 '전부터'이다.

여기서 '以'는 세 가지 뜻이 있다. '以辛卯年'에서는 신묘년'부터'이고, '以爲臣民'에서는 신민'으로서'이며, '以六年丙申'에서는 '때문에'

육 년 병신년으로 해석되어, 유래와 소유 그리고 이유로 세 가지 용법이 모두 다르다. '來'는 '오다'는 뜻으로 '(조공을) 왔다'라는 의미다. 앞 문장에서 백제와 신라의 조공을 언급하였기 때문에 뒤이어 오는 왜에서는 '(조공을)'이란 목적어가 생략되었다. 한자의 특성상 반복되는 주어 또는 목적어는 생략하는 경우가 종종 있다. '渡'는 '물을 건너다'라는 뜻인데 여기서는 '바다를 건너는 것'을 의미한다.

그리고 '破'는 형용사적 의미로는 '쳐부술' 또는 '깨뜨릴'의 뜻이며 명사로는 '파렴치(破廉恥)'를 줄여 쓴 것으로 보인다. 당시에 전해오는 우리의 기록이 없어 용례를 찾을 수 없었으나 부정적 표현임은 분명하다. 후대의 기록이긴 하지만 서기 923년에 세워진 창원의 봉림사지 진경대사탑비에 의하면 '二破'처럼 '二敵'이란 표현이 있다. '終平二敵 永安兎郡之人', "마침내 두 적[二敵](고구려와 백제)을 평정하여 토군(兎郡)의 사람들을 길이 편안하게 하였다."

이때 '二敵'은 당시 신라의 적이었던 고구려와 백제를 말하지만, 능비에서 말하는 '二破'란 두 쳐부술(파렴치) 국가인 백제와 왜를 말한다. 그 이유는 고구려의 입장에서 보면 한 수 아래의 백제와 왜가 고구려 몰래 신라를 공격하니 쳐부술 놈 또는 파렴치한 놈들로 보였던 것이다.

백잔(百殘)에서 '殘'의 뜻은 '죽일', '쳐부술', '무너뜨릴'의 뜻이다. 때문에 '破'와 '殘'은 '쳐부순다'는 같은 의미이며 '떨거지', '찌꺼기'쯤의 부정적 표현으로도 사용되었다. '二破'에서 '破'는 '殘'과 같은 뜻이 있으나 뒤에 오는 '百殘'의 '殘'과 중복을 피하고자 '破'를 쓴 것으로 보인다.

또 변조되었다고 말하는 신묘년 기사의 '渡海破'는 이렇게 복원된

다. '渡 ⇒ 渡' 그대로이고 '海 ⇒ 二'로 바뀐다. '破 ⇒ 破'도 그대로다. 변조된 글자는 '渡海破'의 세 글자가 아니라 '海' 한 글자뿐이다. 그리고 결락된 두 글자는 '倭侵'이다.

여기에서 '殘國'은 '百殘' 즉 백제를 지칭한다. 능비에서 왜를 '倭寇', '倭賊'으로 기술한 것처럼, 백제를 비하해 '百殘', '殘國'으로 표현했다. 그리고 병신년의 '討伐殘國'은 '討倭殘國'으로 왜 단독이 아니라 '왜와 백제' 두 나라를 토벌했다고 바뀐다.

진실은 이처럼 단순했으며, 절대 복잡하지 않았다. 그러나 첫 단추를 잘못 끼우거나 자신의 아집에 빠진다면 진실을 보여주고 말해줘도 믿지 못한다. 사실 광개토태왕릉비에 대한 사전 지식이 없거나 깊이 들여다보지 않은 일반인들에게 여러 명의 연구자가 각각의 주장을 말하면 모두가 그럴싸하게 들린다. A 학자든 B 학자든 C 학자든 나름대로 논리를 갖추고 있기 때문이다.

그러나 이 비문 연구에 있어서 신묘년 기사의 글자 풀이 정도로는 결코 진실에 접근하지 못한다. 적어도 편년으로 기록된 태왕의 일생에 대한 전반적인 이해와 당시 각국의 역학 구도를 알아야 한다. 연구에서도 탁본을 통한 증거를 제시하지 못하면 신뢰성은 현저히 떨어질 수밖에 없다. 또 나름대로 논리를 갖춘 주장이라 해도 각각의 주장들을 서로 비교해 보면 연구의 수준이 확연히 드러난다. 진검승부를 해보면 우위가 뚜렷이 드러나게 되는 것이다.

❀ '渡海破'의 변조 이유와 과정

일제는 '海'자 속에 숨어있는 '두 二' 자처럼 획이 적은 글자를 선택해 변조하기로 한다. 그 까닭은 단순한 글자는 가획(加劃)하여 쉽게 변조시킬 수 있지만 '渡'나 '破'의 경우 획수가 많아 가획할 수 없었기에 그대로 두었다. 또한 이 글자들은 변조하지 않아도 일제에 유리하게 해석될 수 있었으므로 '渡'나 '破' 두 글자는 그대로 살렸다. 그들은 원래의 글자였던 '渡 二破' 부분의 변조를 위해 오랜 시간 많은 글자를 대입해 보았고 결국 선택된 재료는 '二' 였다.

사실 비의 원문은 태왕의 공적을 연대순으로 기록하고 있었으므로 결코 복잡한 문장이 아니었다. 하지만 일제의 교묘한 변조로 복잡하게 꼬여 버렸다. 원문은 간단명료했지만, 그것을 변조해 거짓을 억지로 끼워서 맞추려 하다 보니 문맥도 맞지 않고 문장이 복잡해졌다. 결국, 일제는 '二'를 '海'로 바꾸어 최소 변조로 최대의 성과를 거두었다.

필자가 신묘년 기사의 변조 부분을 규명하게 된 실마리는 『삼국유사』 〈금관성 파사석탑조〉에서 찾을 수 있었다. 1902년 도쿄제국대학교의 사학자 쓰보이 구메조(坪井九馬三)와 구사카 히로시(日下寬)는 삼국유사를 일본어로 번역했다. 그때 이들은 여기에 나오는 [然于時海東末 有創寺奉法之事] "그러할 때 해동의 끝(금관성-김해)에는 절을 짓고 불법을 받드는 일이 있었다."를 [然于時海東 末有創寺奉法之事] "그러할 때 해동(우리나라)에서는 아직 절을 세우고 불법을 받들지 않았다."로 왜곡시켰다. 즉 '海東末'에서 '末'을 '海東' 뒤에 붙이지 않고 '끝 末'을 '아닐 未'로 바꾸어 '有創寺' 앞에 붙여 '未有創寺'로 변

조했다. 글자 하나 바꾸어 '불교가 들어왔다.'라는 역사적 사실을 '불교가 들어오지 않았다.'라는 것으로 180도 뒤집어 버렸다. 한 글자를 변조해 최대 효과를 얻은 것이다.

마찬가지로 신묘년 기사 또한 문맥이 맞지 않아 필자는 의심하였고, 분명히 변조됐을 것이라 판단해 '渡海破'의 글자 하나하나를 분석해 보았다. 탁본을 자세히 살펴보니 '渡'와 '破'는 변조된 흔적이 없었고, '海'는 변조의 흔적이 남았기에 '海 한 글자만 변조됐다.'라는 결론에 도달했다. 변조의 방법은 간단한 글자에 획을 더하는 가획이 유력할 것이라 보고 '海' 속에 있는 글자를 파자(破字)해 보니 '二'의 흔적이 어렴풋이 보였다.

그래서 사카와의 쌍구가묵본을 살펴보는데 문득, 1면 5행 1열의 '二九登祚'(이구등조)의 '二' 자가 눈에 확 들어왔다. 그래서 반투명의 얇은 문종이로 '海'자 안에 보이는 '二'를 베껴서 '二九登祚'의 '二' 자에 맞춰보니 획의 크기와 위치가 거의 일치함을 보고는 놀라움을 금할 수 없었다. '海'의 원래 글자를 찾은 것이다.

海의 변조 과정

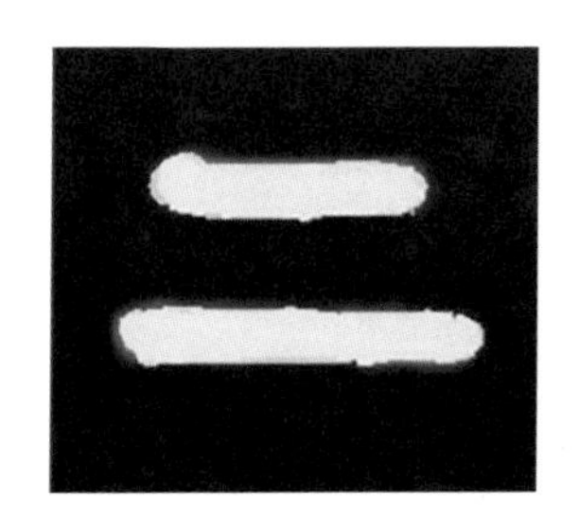

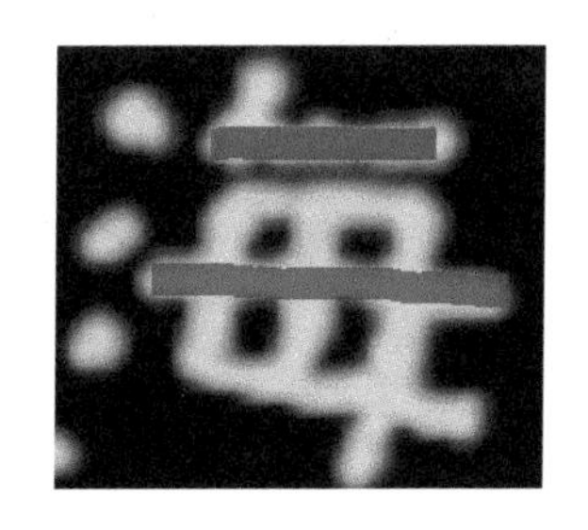

二九登祚'의 '二'와 '渡海破'의 '海' 속 '二'는 같은 위치에 있다 (사카와본)

관제 사학자 요코이 타다나오, 에오이 슈 등은 참모본부에서 비문 변조의 명령을 하달받은 후 오랜 연구 끝에 '두 二'를 '매양 每'에서 '바다 海'로 바꾸었다.

이후 필자가 〈을미년조〉 결실자 '倭侵'(왜침)과 〈병신년조〉의 '倭' 자를 찾아 해석해 보니 비로소 문맥이 당시의 상황과 맞아떨어졌다, '海'의 변조 과정은 다음과 같다.

① '渡海破'가 새겨진 부분의 '海' 자는 같은 면인 1면 5행 22열의 '海' 자와 자형(字型)이 다르다. 또 '海'의 삼수변이 종선에 걸쳐 있고 처음부터 많이 훼손되어 있었다.

② 海의 원래 글자는 '二' 자다. '二' 자는 다른 글자와 같이 중심선이 일치한다.

③ 원래 새겨져 있던 '二'에 가획을 하면 '每'로 바뀐다.

④ '每'에서 '氵'을 더해 '海' 자로 변조한 후 비에 새겼다. 그 결과 종선을 벗어났다.

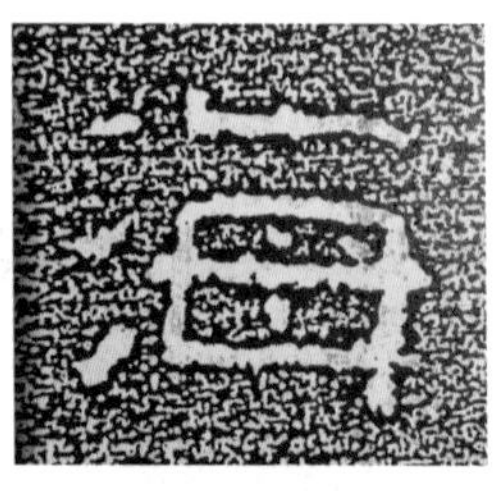

〈1면 5행 22열의 海〉

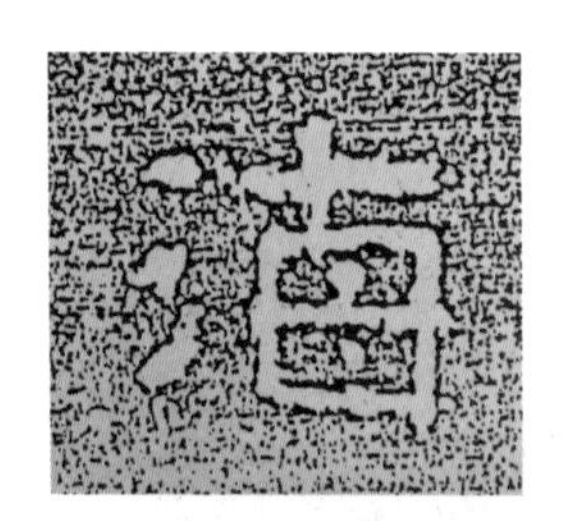

〈3면 8행 32열에 있는 海〉

【광서기축본(청명본) 1889년】

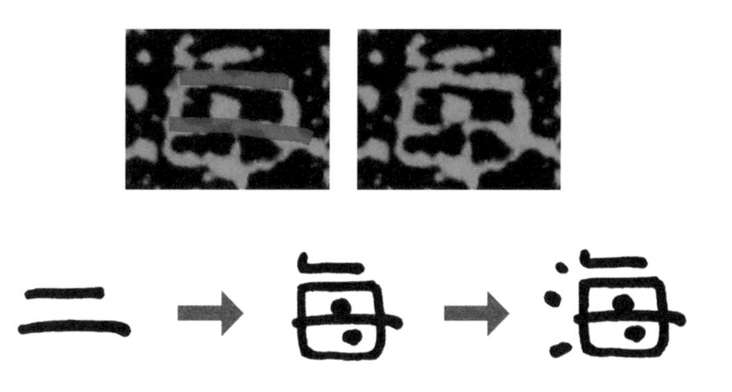

'二' 자 위치 오류의 예, 원래의 二에서 海로 바뀌는 과정(석회 탁본)

그런데 위의 그림처럼 원석 탁본이 아닌 석회 탁본 속 '毋' 자에도 '二'의 흔적이 있다. 하지만 이것은 탁본업자들의 반복되는 채탁으로 '海'자가 훼손되었을 때, 그들이 석회를 채우고 자의적으로 글자를 써넣었기 때문에 이후 글자의 모양이 달라진 것이다. 위의 그림처럼 원래의 '二' 자는 '毋'자 속 위의 짧은 획과 가운데 긴 획으로 이루어졌다. 하지만 쌍구가묵본이나 원석 탁본의 '二' 자를 보면 짧은 획은 '每' 자 위의 '一' 자이고 긴 획은 '毋' 자 속의 중간의 긴 '一' 자임을 정확히 알 수 있다.

그런데 탁본을 잘 살펴보면 능비의 글씨체가 반듯한 데 비해 쌍구가묵본과 원석 탁본에 나타난 초기의 '海' 자는 '毋' 부분이 기울어져 있다. 그 이유는 변조범들이 능비의 글자체를 완벽하게 인지하지 못했기 때문에 일어난 촌극이다. 그들은 무의식적으로 1800년대 후반 당시 일본에서 일반적으로 사용하던 기운 글씨체의 명조

체에 의거해 가획했다.[18] 따라서 자획이 비스듬하게 되어 변조의 흔적을 남길 수밖에 없던 것이다.

그런데 여러 번의 탁본 때문인지 의도적 훼손인지 몰라도 1900년대 이후의 석회 탁본에서는 위의 그림처럼 '어미 毋' 부분이 비문의 글자체처럼 반듯하게 쓰인 것을 볼 수 있다. 이는 변조한 '海' 자가 마멸된 이후 탁본가들이 석회를 칠해 비문의 반듯한 글자체로 '海'를 새겨 넣었기 때문이다.

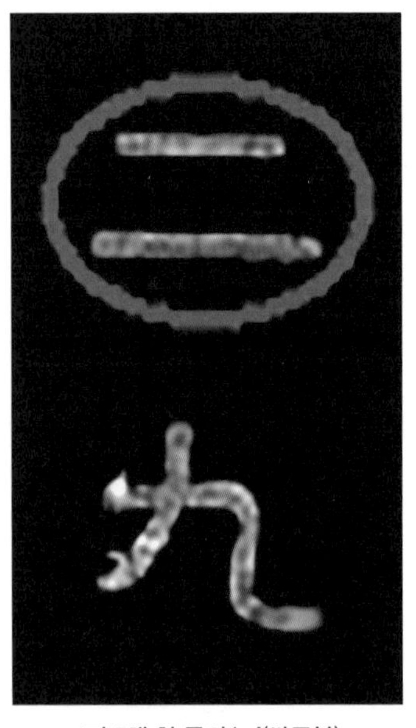

1면 5행 첫 줄의 '二'(쌍구본)

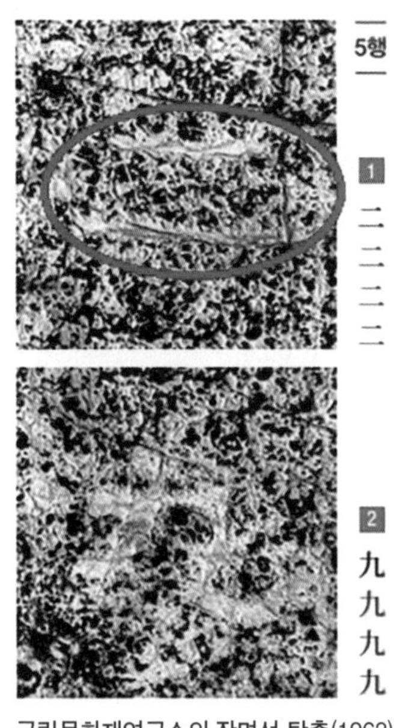

국립문화재연구소의 장명선 탁출(1963)

18 김병기『사라진 비문을 찾아서』학고재, 2020.

'海' 속에 숨은 '二'와 동일한 '二九登祚'의 '二'
(사카와 쌍구가묵본 1889)

비문에서 원문을 찾아내는 핵심은 올바른 끊어 읽기와 문맥에 대한 바른 이해 그리고 탁본을 근거로 변조의 증거를 규명하는 데 있다. 한자는 끊어 읽기가 매우 중요한데, 잘못 끊어 읽으면 "아버지가 방에 들어가셨다."라는 문장이 "아버지 가방에 들어가셨다."라는 식으로 된다. 일제가 원래의 '二' 자를 '海' 자로 변조시킨 결과, 끊어 읽기도 달라져 문맥은 꼬여 버렸지만 그래도 진실은 끝내 숨길 순 없었다.

역사는 사학자의 전유물이 아니다. 등소평이 말한 흑묘백묘(黑描白描)론은 '검은 고양이든 흰 고양이든 쥐를 잘 잡으면 된다.'라는 것이다. 이처럼 역사의 진실을 밝히는 데에도 전공이나 경력만이 전부가 아니다. 역사를 대하는 진정성과 중단 없는 탐구의 자세를 갖추면 누구나 자격은 이미 충분하다.

대개 학문을 추구하는 사람들이 좋은 대학을 가는 목적은 실력 있는 스승과 많은 자료가 있는 좋은 환경 속에서 의미 있는 연구 성과를 만드는 데 있다. 하지만 그러한 여건이 주어지지 않아도 시절 인연과 개인의 노력 그리고 주변의 도움으로 인해 때때로 좋은 연구 결과물을 만들 수도 있다.

❀ 결락자 왜침(倭侵)

어떤 분야든 새로운 사실을 발견하는 데에는 세심한 관찰력과 전체를 이해하는 통합적인 사고가 요구된다. 이처럼 능비의 진실을 알기 위해선 기존의 방식을 뒤집어 볼 수 있는 발상의 전환도 필요하다. 신묘년 기사도 '而倭以辛卯年來度海破(이왜이신묘년래도해파)'가 아니라 '而倭(이왜) 以辛卯年來度(이신묘년래도) 海破(해파)'로 끊어 읽어야 한다. 그리고 이어지는 '海破'의 원래 글자는 '二破'였다. 이처럼 고구려인은 습관적으로 문장을 '來度', '二破'처럼 대개 둘이나 넷, 여섯 등 짝수로 끊어 읽었다. 다만 인명이나 지명 또는 '辛卯年'같은 기년의 경우에는 홀수로도 끊어 읽었다.

그런데 신묘년 기사를 언급하면 으레 '渡海破'라고 습관적으로 말해왔다. 그래서 '以辛卯年來渡海破'가 고정관념처럼 자리 잡아 '以辛卯年來渡'라고 끊으면 처음에는 이상하게 느껴지기도 한다. 그러나 자꾸 읽다 보면 이렇게 읽는 것이 더욱 자연스럽다는 것을 알게 된다. 왜냐하면 이렇게 돼야 문맥이 맞는 본래의 비문이기 때문이다. 일제는 비문을 세상에 공개하기 전 '二'를 '海'로 변조했다. 하지만 잘못된 것이라도 오래되면 사람들은 그것에 익숙하게 되고 당연한 듯 착각을 불러일으킨다. 마치 부분의 잘못된 해석 때문에 전체를 오판하게 만드는 것과 같다.

원래 신묘년 기사는 세 문단으로 구성되어 있었다. 첫 문단은 서론으로 백제와 신라 그리고 왜의 조공에 대한 내용이다. '百殘新羅 舊是屬民 由來朝貢 而倭 以辛卯年來渡'까지로, 의역하면 "백잔·신라·왜는 과거 우리 고구려에게 조공 왔던 한 수 아래 나라들이었다." 두 번째 문단은 본론으로 '二破 百殘倭侵新羅 以爲臣民', "그런데 두 쳐부술(파렴치한) 백잔과 왜가 신라를 침략해 신민으로 삼으려 했다." 셋째 문단은 결론으로 '以六年丙申 王躬率水軍 討倭殘國', "때문에 영락 6년 병신년 태왕께서 신라를 구하기 위해 몸소 수군을 이끌고 왜와 잔국(백제)을 토벌했다."

이처럼 신묘년 기사는 문단마다 고구려·백제·왜·신라가 함께 등장한다. 그 이유는 고구려가 신라를 구하기 위해 백제와 왜를 토벌하는 명분과 과정을 합리적으로 설명했기 때문이다. 비문은 4국이 함께 어우러져 모종의 사건을 만들고 있다. 그런데 기존의 모든 해석은 이야기의 일관성이 전혀 없었다. 각각의 문단을 나누어 4국과 관련한 조공기사와 침공 기사를 별개로 해석하였기 때문이다. 하지만 필자가 새로 재구성한 문장을 보면 4국의 조공기사와 침공 기사가 자연스럽게 연결된다. 왜냐하면 진실은 단순했기 때문이다.

신묘년 기사 '二破 百殘□□新羅'에서 '百殘' 뒤의 결락자 □□ 부분에 들어갈 글자는 '倭侵'이다. 해석하면 "두 쳐부술 또는 두 파렴치인 백잔과 왜가 신라를 침공하였다."라는 내용이다. 결락자가 '倭侵'인 이유는 뒤 문장의 결과인 "때문에 영락 6년 병신년 태왕께서 몸소 수군을 이끌고 왜와 잔국을 토벌했다"라는 것에 대한 원인을 말하고 있기 때문이다. 일제의 입장에서 보면 신묘년 기사는 '임나일본부설'을 주장할 중요한 근거였다. 그래서 그들은 "왜가 신묘년에 바다를 건너와서 백잔□□신라를 격파하고 신민으로 삼았다."라는 문장으로 만들기 위해 '二破'를 '海破'로 변조했다.

그리고 왜가 백잔과 신라를 파하는 주어가 되려면 '百殘倭侵'에서 백잔 뒤에 있었던 '倭侵'은 지워져야만 했다. 왜냐하면 백잔 뒤에 '倭'가 남아있으면 '而倭 以辛卯年來渡海 破百殘倭侵新羅' 즉 "그런데 왜가 신묘년에 바다를 건너와서 백잔, 왜를 격파하고 신라를 침공했다."처럼 주어인 왜가 목적어인 왜를 치는 우스운 꼴이 되어 도무지 문맥이 맞지 않기 때문이었다. 자기가 자기를 공격하는 말도 안 되는 모양새가 된다. 이처럼 일제는 왜를 침략의 주체로 만들기 위해 주어인 '而倭'는 그대로 두고 목적어인 '倭侵'은 아예 삭제했다.

대일항전기의 장군총 전경(국립중앙박물관)

2.
변조의 핵심 〈병신년조〉의 '討倭殘國'

한편, 병신년 기사의 '討伐(利)殘國(토벌(리)잔국)'은 '討倭殘國(토왜잔국)'으로 바로 잡는다. 기존 대부분의 연구자는 '두 번째 글자를 '伐' 또는 '利'로 해석했으나 류승국 박사와 이찬구 박사는 '倭'라고 주장했다. 주운태와 구로다 탁본을 보면 이후의 그림에서 복원되는 것처럼 '倭'가 분명하다. 이어지는 영락 6년의 기사에서 고구려가 징벌하는 대상인 '두 파렴치한 놈들' 또는 '두 쳐부술 놈들'은 백잔과 왜이기 때문에 토벌된 대상도 당연히 백잔과 왜일 수밖에 없다.

그러나 '倭'를 '伐'로 대입하면 '討伐殘國' 즉, 殘國(백제)만 토벌한다고 한정된다. 하지만 왜와 백제가 신라를 침공했으니, 토벌의 대상에도 반드시 왜가 들어가야만 한다. 그러나 '倭'가 그 자리에 있게 되면 태왕이 토벌한 두 파렴치 왜와 백잔이 드러나고, 이는 뒤의 결과를 바탕으로 앞의 원인과 연결할 수 있는 개연성이 생긴다. 때문에 왜의 패배가 드러나는 이 사실을 숨기기 위해 참모본부가 '倭'를 최초에는 '利'로 변조했는데, 나중에 '伐' 자처럼 변하게 된 것이다.

만약 '討□殘國' 자리의 빈 곳에 '倭'가 있어 왜가 고구려에 토벌당하게 되면 애초에 일제가 목표한 임나일본부는 아예 불가능하다. 그 이유는 한반도 남부를 왜가 정복해야만 그들이 원하는 임나일본부를 세울 수 있는데, 만약 한반도 남부에 있는 백제·신라·가야 중 어느 나라에라도 왜가 토벌당한다면 그것이 불가능하기 때문이다. 그런데 원래의 글자인 '倭'가 주운태 탁본에서 보이는 것처럼 시간이 가면서 이전에 메워 놓았던 석회의 일부가 떨어져 '伐' 자처럼 보인다. 따라서 대부분의 연구자는 '伐'로 보지만 원래는 '倭' 자가 분명하다.

일제가 사카와 탁본처럼 '倭'를 먼저 '利'로 변조한 중요했던 또 하나의 이유는 '討倭殘國' 뒤의 '軍至窠首 攻取壹八城' "군이 [왜의] 소굴에 이르러 일팔성을 친다."라는 내용과 연결되므로 그 흐름을 끊기 위해서라도 '倭'를 '利'로 변조해야만 했다.

또 비문에서는 영락 14년 갑진년과 영락 20년 경술년에 걸쳐 "왕이 몸소 [군사를] 이끌고 그곳을 토벌했다"라는 두 번의 '王躬率住討'가 나온다. 여기에서도 '討伐'이라 쓰지 않고 '討' 한 글자만 쓰고 있다. 따라서 변조된 글자인 '討利' 즉 "토벌해 승리했다"라는 식의 중복된 내용의 해석은 문맥에 맞지 않고, 한자에서 쓰인 용례도 없다. 왜냐하면 '討'라는 글자 속에 이미 '토벌' 또는 '정벌'이라는 승리에 대한 의미를 담고 있기 때문이다. 이처럼 변조의 미세한 흔적이 남았기에 진실은 숨기려야 숨길 수 없었다.

伐 → 倭 → 倭

언뜻보면 '伐' 자로 보이지만 복원하면 '倭' 자가 분명하다

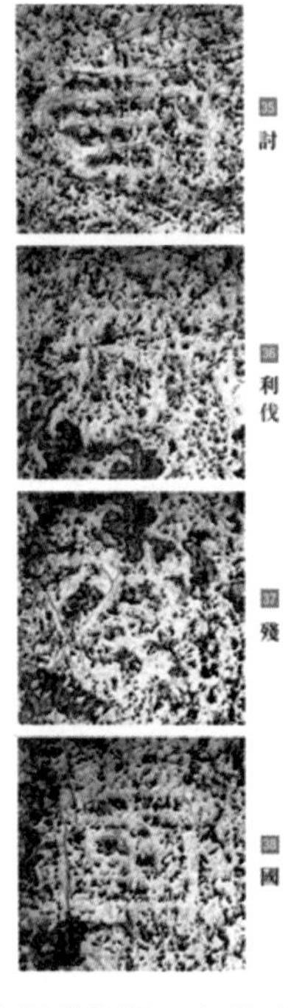

국립문화재연구소의 討倭殘國
장명선 탁출(1963)

討倭殘國의 '倭'
(구로다탁본, 이찬구 제공)

능비에는 현재 10개의 '倭' 자가 보인다. Ⅰ-9-6, Ⅱ-6-40, Ⅱ-7-15, Ⅱ-8-31, Ⅱ-8-39, Ⅱ-9-9, Ⅱ-9-36, Ⅲ-1-40, Ⅲ-3-13, Ⅲ

-4-13에 걸쳐 1면 1개, 2면 6개, 3면 3개의 '倭' 자가 등장한다. 모든 '倭' 자는 아래와 같이 모두 동일한 서체로 쓰여 있다. 따라서 결코 '伐' 자일 수 없다.

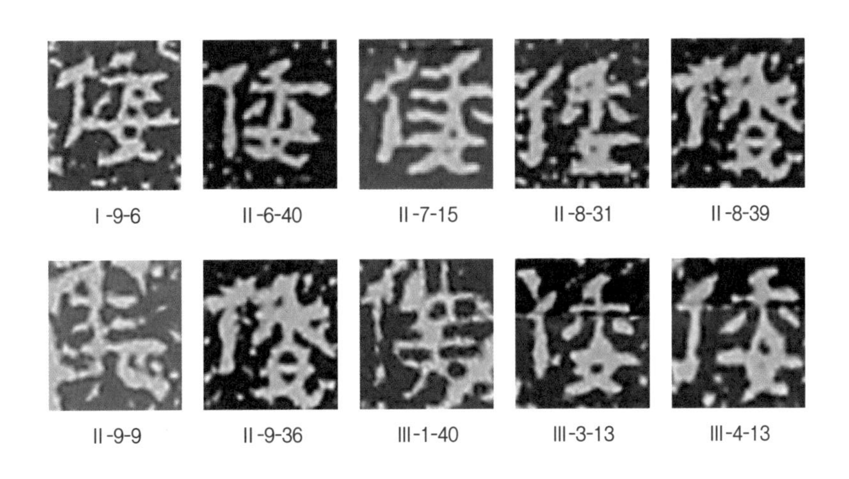

능비에 등장하는 10자의 倭

변조를 밝히는 핵심은 〈병신년조〉

그동안 한일 간 역사 왜곡의 문제로 논란이 되는 최전선에는 광개토태왕릉비 〈을미년조〉의 '渡海破'가 있었다. 그리고 덜 중요하게 여기는 부분이 〈병신년조〉의 '討倭殘國'이었으며, 많은 연구자가 '利' 또는 '伐'로 잘못 알았던 글자는 본래 '倭'였다. 그러나 좀 더 깊게 탐색해 보면 이 하나의 글자가 능비에 미치는 영향이 얼마나 큰지 깜짝 놀라게 된다. 그러나 대개의 연구자는 이 글자가 원래

'利'나 '伐' 또는 '倭'냐 하는 것에만 의미를 부여하고 있는 실정이다.

하지만 문장 전체를 보면 이 부분이 어떤 글자이냐에 따라 을미년과 병신년의 역사적 사실뿐 아니라 당대 고구려·백제·신라·왜 4국의 입지가 완전히 달라지는 상황이 발생한다. 단적인 예로 신묘년 기사에서 '渡海破'의 주어 즉 바다를 건너간 주체가 '고구려인가' 또는 '왜인가'의 결과에 따라 당시 국제관계의 상당 부분이 달라진다. 사실 신묘년 기사의 '渡海破'는 '공격의 주체가 누구였는가?'라는 내용이 아니라 '왜가 바다를 건너 고구려에 조공 왔다.'라는 점을 말하고 있다. 당시 일제는 문맥에서 혼란을 야기하기 위해 능비를 변조했는데 결국 그들의 뜻대로 되었다.

사실 역사 왜곡에는 언제나 목적이 있는데 자국은 높이고 상대국은 낮추어 상대의 자존감을 떨어뜨리는 것이다. 그런데 많은 연구자가 아직 그 농간에 속고 있다. 다음은 일제가 관변학자 요코이 타다나오와 아오에 슈 등을 시켜 변조한 〈을미년조〉와 〈병신년조〉의 최초 해석문이다.

百殘新羅 舊是屬民 由來朝貢 而倭以辛卯年來渡海 破百殘□□新羅 以爲臣民 以六年丙申 王躬率水軍 討利殘國

백잔과 신라는 옛날부터 고구려의 속민이었으며 전부터 조공을 왔다. 그런데 왜가 신묘년에 바다를 건너와서 백잔과 신라를 파하고 신민으로 삼았다. 때문에 영락 6년 병신년 대왕께서 몸소 수군을 이끌어 잔국을 토벌했다.

반면 이를 복구한 원문은 다음과 같다.

百殘新羅 舊是屬民 由來朝貢 而倭 以辛卯年來渡/ 二破 百殘**倭侵**新羅 以爲臣民/ 以六年丙申 王躬率水軍 討**倭**殘國

백잔과 신라는 옛날 우리의 속민이었고, 전부터 조공을 왔다. 그러나 왜는 신묘년부터 물을 건너 [조공을] 왔다./ 두 쳐부술 백잔과 왜가 신라를 침공해 신민으로 삼으려 했다./ 때문에 영락 6년 병신년 태왕께서 몸소 수군을 이끌고 왜와 백잔을 토벌했다.

일제는 먼저 〈을미년조〉와 〈병신년조〉를 통해 왜의 존재를 크게 부각해 임나일본부의 근거를 마련하고자 했다. 그리하려면 **세 군데의 주요 포인트를 변조해야 했다. 첫 번째는 '渡 二破' 부분이고, 두 번째는 결락된 '□□' 즉 '倭侵' 부분이며, 세 번째는 '討倭殘國' 부분이었다.**

그들은 많은 고심을 한 것으로 보이는데, 이 세 부분 가운데 한 곳이라도 어긋나면 능비의 변조는 금방 탄로 날 것이기 때문이었다. 그래서 그들은 요코이를 비롯한 여러 명의 뛰어난 관변 사학자를 동원했다. 하지만 전체의 흐름을 거슬리지 않고 문장을 변조한다는 것은 쉬운 일이 아니었다. 그럼에도 그들은 완벽에 가깝게 우리를 속였다.

일제는 사대주의 노론 사관으로 인해 얼이 빠진 대한제국을 침략했고, 그 명분을 광개토태왕릉비에서 찾았다. 그들은 〈을미년조〉와 〈병신년조〉를 변조해 고토회복이라는 허깨비를 불러냈다. 그런데도 일각에선 능비가 변조되지 않았다는 어리석은 주장을 한다.

그리고 능비가 변조됐다는 연구자들 또한 〈을미년조〉의 변조된 '渡海破'만 중요하게 여길 뿐, 변조 전 〈병신년조〉의 '討倭殘國'이 변조의 실마리를 푸는 핵심 키인지 모르고 있다. 형태로 보았을 때 〈을미년조〉가 줄기이고 〈병신년조〉가 잎이라면, 역할로는 〈병신년조〉가 줄기이고 〈을미년조〉는 잎이 된다. 여기 〈병신년조〉의 '倭'는 문맥 전체를 바로잡는 좌표 역할을 한다.

을미년과 병신년 기사에 대한 하나의 비유를 들어 보겠다. 옛날 어떤 부자가 멋진 소리를 내는 보물 피리를 가지고 있었다. 그는 아들이 셋 있었고, 피리를 세 등분해 나눠 주었는데, 세 조각을 모두 합쳐야 소리를 낼 수 있게 만들었다. 그러던 어느 해 전쟁이 일어나서 아버지는 세 아들을 모두 잃어버렸다. 세월이 한참 지나 첫째와 둘째는 찾았는데 셋째는 찾지 못해 피리 소리를 낼 수가 없었다.

물론 비유를 위해 지어낸 이야기다. 이처럼 셋째 아들이 소리를 내는 열쇠이듯 〈병신년조〉의 '倭'가 그 역할을 한다. '渡海破'라는 첫 번째 문제와 결락된 '□□' 두 번째 문제, 그리고 '討利殘國'이란 세 번째 문제는 세 아들과 비슷하다. 그래서 먼저 문제를 풀기 위해선 확실한 사실을 바탕으로 시작해야 한다. 위에서 언급했지만, 기존에 인식했던 '討利(伐)殘國'의 '利(伐)'는 본래 '倭'였다. 물론 원석 탁본에는 '利'로 나오고, 주운태 탁본에는 '伐'로 보인다. 하지만 원래의 '倭' 자에 석회를 덮어 '利'로 변조시켰고 이후 '伐'처럼 변한 것이었다. 다음은 〈병신년조〉에 있던 원래의 '倭' 자가 '利'에서 '伐'로 변조되는 과정이다.

◆ '倭'에서 '伐'로 변조되는 과정

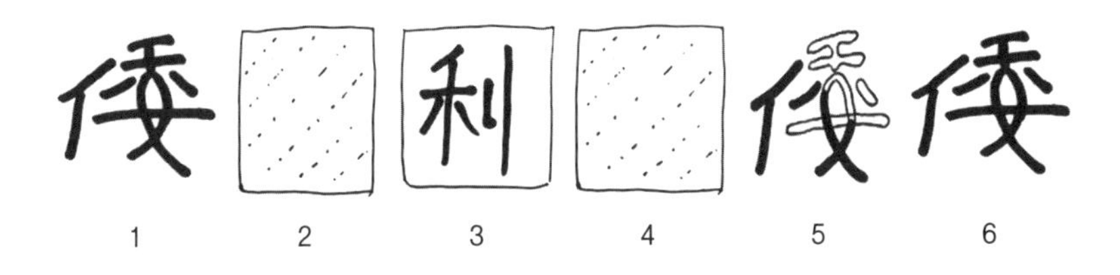

1. 원래는 '倭' 자였다.
2. 위에 석회를 칠한다.
3. '利' 자를 새긴다.
4. 시간이 지남에 따라 '利' 자가 완전히 떨어져 나간다.
5. '倭'자 안의 석회도 일부 떨어져 나가 '伐' 자처럼 보이게 되었다.
6. 나머지 석회가 떨어지면 원래의 '倭' 자가 드러난다.

〈병신년조〉 '討倭殘國'에서 일제가 처음 석회를 덮어 변조한 글자는 '利'였다. 그러나 세월의 풍화 속에 '利' 자 전체가 떨어져 나갔다. 그런데 석회를 칠할 때 음각된 원래의 '倭' 자 안에도 석회가 메워졌는데, 시간이 지남에 따라 '倭' 자에 남아있던 석회의 일부도 떨어져 나갔다. 그리고 의도하지 않았지만 떨어져 나간 부분이 마치 '伐' 자처럼 보인 것이다. 즉 倭 > □ > 利 > □ > 伐 순으로 됐다. 앞으로 시간이 흘러 '伐' 자에서 나머지 석회가 떨어져 나가면 원래의 '倭' 자가 분명히 나타날 것이다.

필자도 처음엔 일제가 '倭' 자를 '伐' 자처럼 속이기 위해 강력한 특수 시멘트로 '倭' 자의 획 일부를 메꾼 줄 알았다. 그러나 자세히 살펴보니 이들은 오히려 '利' 자를 만들기 위해 그들이 변조하고자 하는 글자 '倭' 자 전체를 모두 메우고, 그 위에 석회를 약간 발라 원하는 글자 '利'를 써넣는 방식을 취했었다. 필자는 최근 국내의 초기 원석 탁본이라는 <청명본>과 <혜정본>을 자세히 살펴보니, 일제의 의도와 함께 변조의 과정까지도 적나라하게 보였다.

사실, 일제가 비를 변조한 목적은 '임나일본부설'의 근거를 마련하기 위함이었다. 그러기 위해선 '渡 二破'를 '渡海 破'로 변조해 왜가 고구려군에게 '토벌된 대상'이 아니라 오히려 백잔과 □□ 그리고 신라를 '토벌한 주체'로 둔갑시켜야 했다. 그런데 문제는 원래의 문장인 '百殘倭侵新羅'에서 나오는 '倭侵'처럼 □□ 부분에 '왜가 등장' 하게 되면 그들이 원하는 임나(任那)를 □□에 넣을 수 없게 된다. 그리고 여기에 왜가 등장하게 되면 그들이 변조했던 문장에서 말한 것처럼 신묘년에 바다를 건너와 백잔을 깨뜨린(渡海破) 주체는 왜가 될 수 없는 딜레마에 빠진다. 그 이유는 '渡海破'의 주어인 공격자 왜가 피해자인 백잔과 왜를 깨뜨려, 주어인 공격자 왜와 목적어인 피해자 왜가 같아지는 오류가 발생하기 때문이다. 그래서 그들은 백잔 뒤에 있었던 원래의 두 글자 '倭侵'을 아예 지워 버렸다.

일제는 또 왜가 백제나 신라를 침략할 정도로 강력했다는 이미지를 만들기 위해 비를 변조했다. 그래서 <병신년조> '討倭殘國'에서 '倭'를 지우고 '利'를 넣어 '討利殘國'으로 변조해 왜가 고구려군에게 토벌되지 않았고, 오직 殘國(백제)만 토벌된 것처럼 꾸몄다. 그래야만 '□□'안에 '倭侵'이 아니라 '任那'를 넣을 가능성이 생기고, '渡海破' 즉 바다를 건넌 주체가 왜라고 억지를 부릴 수 있었다. 이처럼 임나일본부의 조건이 성립되려면 반드시 '倭'를 빼야만 했다. 그 이유는 만약 왜가 한반도 남부에서 고구려군에게 토벌된다면 왜가 임나일본부를 통해 한반도 남부를 통치했다고 우기던 그들의 모든 주장은 거짓이 되기 때문이다.

한편, 원래의 병신년 기사를 보면 처음 왜가 패한 지역은 한반도 남부의 신라였다. 그런데 경자년 기사를 보면 왜가 쫓겨간 곳이 '임나가라'로 칭했던 '대마도'였다. 이처럼 두 전투 모두 '한반도 남부나 대마도와 열도에서 패하면 안 된다.'라는 임나일본부의 조건과 전혀 맞지 않아 일제에 전적으로 불리한 내용이었다. 그래서 비문을 변조하지 않고는 도저히 임나일본부설의 조건을 맞출 수 없었다. 때문에 그들은 음흉하게 비문 변조범이 되는 길을 택했다.

병신년, 태왕은 '討倭殘國'이란 기사처럼 왜를 먼저 친다. 그리고 바로 뒤에는 '軍至窠窅 攻取壹八城' 즉 "군이 [왜구의] 소굴에 이르러 일팔성을 친다."라는 내용이 나오는데, 사전에서 '보금자리'를 뜻하는 '窠窅(과요)'를 故 류승국 박사는 '窠臼(과구, 왜의 소굴)'로 보았다. 하지만 탁본을 자세히 살펴보면 '窠臼'보다 '窠窅'로 보아야 한다.

그렇다면 이때 '窠窅'인 왜의 소굴 또는 전초기지가 위치한 곳은 어디일까? 두 가지 가설을 세워보고자 한다. 하나는 백제가 자국에서 용병처럼 활동하던 왜에게 근거지로 삼으라고 고구려와 인접한 국경 부근의 성을 하나 또는 몇 개 주었는데, 태왕이 병신년 백제 공격에 앞서 왜의 근거지를 먼저 타격했다는 가설이다. 이때 '窠窅'의 위치는 한반도 남부가 아닌 중부로 '한반도 남부'라는 임나일본부의 전제 조건과는 무관하다. 중부에서는 고구려에 패해도 임나일본부설을 세우는 데에는 아무 문제가 없었다는 말이다.

그런데도 일제가 신묘년 기사를 변조할 수밖에 없었던 이유는 무엇일까? 그것은 아마 결실자에 '任那'를 넣어 왜에게 공파(攻破) 당한 나라를 백제·임나(가라)·신라로 만들어 '한반도 남부'를 점령했다는 임나일본부의 조건을 맞추기 위해서가 아닐까 싶다. '渡海 破百殘□□' 즉 왜가 바다를 건너 한반도의 백제를 침공했다는 것과 또 결실자에 '任那'를 넣고 싶은 유혹을 떨치지 못했기 때문일 것이다.

또 다른 가설은 '窠窅'라는 왜의 소굴을 대마도로 보는 것이다. 태왕은 백제와 연합한 왜의 보급로를 끊기 위해 먼저 왜의 근거지인 후방의 대마도를 치고 난 이후 백제를 쳤다는 가설이다. 만일 이렇게 되면 '왜가 한반도 남부에서 이겨야 된다.'라는 임나일본부설은 불가능해진다. 그래서 일제는 임나일본부를 세우기 위해 비문을 변조할 수밖에 없었다던 것은 아닐까?

ꕥ 변조의 원칙

그런데 원문에서 만약 '왜가 한반도 남부에서 이긴 것'이 아니라 거꾸로 '대마도나 일본열도에서 패한 내용이 나왔다.'라고 한다면 이 또한 임나일본부는 성립될 수 없다. 따라서 을미년과 병신년 기사의 원문은 변조되어야만 했다. 어쨌든 이 당시의 모든 사건이 임나일본부의 기간(369~562) 안에 포함되기 때문에 왜가 한반도 남부에서 패했다는 비문의 내용은 어떻게 해서라도 다른 내용으로 비틀어야 했다.

일제의 범죄를 재구성해 보면 그들은 나름대로 원칙을 세워 놓고 비문을 변조했다. 첫째, 정한론에 의거하여 임나일본부설을 세운다. 둘째, 광개토태왕릉비 경자년에 있는 '임나가라'를 발견하고 변조를

계획한다. 셋째, 임나일본부의 기간 중 왜가 한반도 남부의 백제·임나(가야)·신라를 공격해 신민으로 삼았다고 변조한다. 넷째, 왜가 이긴 지역은 반드시 그들이 임나로 만들려는 한반도 남부여야만 한다. 다섯째, 왜가 패하더라도 상대는 고구려 여야만 하며, 패한 지역이 한반도 중부나 북부는 괜찮다. 그러나 한반도 남부나 대마도 그리고 일본 열도이면 결코 안 된다는 원칙이다. 일제는 이 원칙에 의거해 치밀하게 변조했고, 역사적 사실은 완전히 뒤집혔다.

원래의 비문을 보면 신묘년은 고구려에 대한 백제·신라·왜의 조공기사였고, 을미년과 경자년 기사 또한 왜의 한반도 통치에 대한 근거가 있었던 게 아니었다. 오히려 왜가 백제와 연합해 신라를 침공했다가 고구려에 패배하는 내용만 있었다. 그래서 일제는 이 사실을 숨기기 위해 '討倭殘國'을 '討利殘國'으로 변조할 수밖에 없었다.

물론 자세히 보면 문맥이 맞지 않는 문제가 있었지만, 대부분의 사람은 이들에게 속아 넘어갔다. 능비 변조의 핵심은 '渡 二破' 부분이지만 그 시작은 일제가 '討倭殘國'의 '倭'를 '利'로 바꾸는 데서부터였다. 앞이 아닌 뒤에서부터 변조해 논리를 꿰맞추어 갔다. 즉 후년인 병신년에서 전년인 을미년으로 변조해 갔던 것이다.

그런데 경자년 기사를 보면 신라를 공격한 왜가 신라의 구원군인 고구려군에게 쫓겨 신라에서부터 임나가라까지 도망가면서 공파당하는 내용이 나온다. 그런데 이는 일제가 '한반도 남부에서 왜가 패하면 안 된다.'라는 임나일본부설의 원칙을 깬 것으로, 왜가 패한 곳이 임나가라이며, 그곳이 바로 김해 혹은 고령이라는 자충수를 둔다. 예외적인 일이지만 이들의 목적은 오직 임나일본부설을 세우는 것이었고 논리적 일관성이 약간 결여되어도 목적이 우선이었다. 역사를 통합적인 시각에서가 아니라, 을미년은 을미년대로, 경자년은 경자년대로 분절적으로 보고 약간의 문제는 있어도 힘으로 밀어붙여 무시했다. 그래서 얼핏 보면 문제없어 보이지만, 조금만 들여다보면 허점투성이들이다.

사실 아무리 그들의 의도대로 변조한다고 해도 비문을 30% 정도 삭제하지 않고는 완전범죄가 불가능하다. 역사 왜곡의 핵심인 시간과 공간을 100% 일치시킬 순 없기 때문이다. 따라서 일제가 〈을미년조〉 기사에서는 '왜의 한반도 침공'이라는 데 기준을 잡아 나머지 부분적인 모순은 애써 무시하거나 우기기로 하였다. 또한 〈경자년조〉 기사의 경우 '임나가라가 한반도에 있었다.'라는 것이 변조의 요지였기에 '왜가 한반도나 대마도, 일본열도에서 패하면 안 된다.'라는 원칙조차 일시적으로 무너뜨릴 수밖에 없었다.

만약 임나가라가 한반도 남부나 대마도 또는 일본열도가 되어 거기에서 패하면 임나일본부는 고사하고 그들이 자랑하는 천황가의 만세일계는 여지없이 깨어진다. 하지만 '대(大)를 위한 소(小)의 희생'은 그들의 어쩔 수 없는 선택이었다. 이처럼 역사 왜곡은 일관성을 가지기 어려우며, 하나가 맞으면 하나가 틀리고, 여기가 맞으면 저기가 틀리는 식이 된다. 일제가 최초의 해석문 발표까지 5년이 걸렸던 이유는 이러한 복잡한 과정이 있었기 때문이다. 일제의 수법은 우선 증거를 변조하거나 없애고, 선제적으로 프레임을 씌운 다음에는 주장을 선점해 맞지 않는 부분은 그냥 우기는 방식이다. 어쨌든 그 당시에는 이게 먹혔다. 그들이 사료와 유물뿐 아니라 그에 대한 해석까지 독점했기에 가능했다.

❀ '討倭殘國'의 중요성

세상 모든 분야에는 이치(理致)라는 것이 존재한다. 또한 이치의 가장 큰 부분은 도의 이치인 도리(道理)일 것이다. 도리란 인간이 행해야 할 바른길이기도 하지만 존재의 근원을 밝히는 것을 말하기도 한다. 다른 모든 분야와 마찬가지로 학문도 본연의 도리가 있는데 그것은 진실의 규명이다. 이처럼 글 속에도 바른 이치와 논리가 있어야 하며 특히 문장에서는 서론·본론·결론이 명확해야 올바른 문장이라 할 수 있다. 그런데 이 세 가지가 서로 연결되지 않고 따로 논다면 그것은 문자는 될 수 있어도 문장이 아닌 비문(非文)이 된다.

가깝고도 먼 나라 일본은 우리에게 애증이 뒤섞인 불가근불가원의 묘한 사이다. 이웃으로서 친하게 지내야겠지만 과거의 행태로 보아 항상 예의주시해야 한다. 특히 역사 분야는 우리를 직접적으로 위협하는 흉기와 같다. 그들이 과거에 사용했던 전술은 고토를 회복한다느니 또는 한반도에 있지도 않았던 임나의 위치를 자기네 마음대로 한반도에 비정한다든지 하는 방법들이었다. 이는 결코 우리가 타협하거나 용인해선 안 될 문제다. 만일 우리가 그 누구로부터 노예가 아닌 자유인으로 살고자 하면 다른 부분은 몰라도 이 부분만큼은 어떠한 경우라도 확고부동한 의지로 지켜내야만 한다. 강도가 들어오기 전에 미리 막아야 하지 않겠는가. 이제는 역사에 깨어있는 국민들이 CCTV 같은 역할을 할 것이다.

옛날 중국의 전설적인 명의 편작에게 군주가 "누가 가장 뛰어난 명의냐?" 하고 물었다. 그는 삼 형제 가운데 맏형이 가장 유능한 의 사라고 말하며, "유능한 의사는 병나고 나서 잘 고치는 것이 아니라 병이 나기 전 그 원인을 제거하는 사람입니다."라고 했다. 소위 예방의학의 중요성을 갈파한 명언이다. 고대에도 이미 예방의학의 개념이 있었던 것이다. 전쟁이 일어나고 나서 이기거나, 나라를 잃고 나서 나라를 되찾는 것도 중요하지만 전쟁이 일어나지 않게 하고, 나라를 잃지 않는 것이 더욱 중요하다는 것을 일깨워 주는 일화이다.

구한말 우리는 군사적 우위에 있던 일본 제국주의에 의해 나라를 잃은 경험이 있다. 망국의 원인은 한둘이 아니지만, 그래도 가장 큰 원인의 하나는 통치자들의 안일한 사대주의 의식이었다. 이들은 과거 오랫동안 중국에 사대했던 습성으로 인해 자주 의식을 상실했고, 섬길 대상도 어제의 중국에서 오늘의 일본이면 그만이었다. 국가와 백성의 안위보다 내가 어떻게 자리보전하고 잘 사느냐만이 그들의 지상목표였다.

일제는 우리의 역사를 마음대로 침탈했고 그 명분을 광개토태왕릉비에서 찾았다. 그들은 〈을미년조〉와 〈병신년조〉 그리고 〈경자년조〉를 변조해 고토 회복이라는 유령을 불러냈다. 능비 변조는 당시의 정황뿐 아니라 남아있는 명백한 근거가 있는데도 불구하고, 아직도 일각에선 능비가 변조되지 않았다는 어리석은 주장을 한다.

사실, 능비 변조의 핵심은 '渡 二破' 부분이지만 그 시작은 일제가 '討倭殘國'의 '倭'를 '利'로 바꾸는 데서부터였다. 앞이 아닌 뒤에서부터 변조해 논리를 맞춘 것이다. 이처럼 이 부분을 바르게 해석하려면 뒤에서부터 인과관계를 규명해야 한다. 먼저 '군이 왜의 소굴에 이르러 일팔성을 공격해 취했다.'라는 결과는 앞에 나오는 병신년

'討倭殘國'의 구체적 설명이다. 또 '왜와 백잔을 토벌했다.'라는 이 결과는 그 앞의 '두 쳐부숱(파렴치) 백잔과 왜가 신라를 침공해 신민으로 삼으려 했다.'라는 원인 때문이다. 그리고 '二破 百殘倭侵新羅 以爲臣民'이란 결과는 그 이전 '백잔과 신라는 옛날 우리의 속민이었고 전부터 조공 왔는데, 왜는 신묘년부터 늦게 조공이나 온 한 단계 낮은 나라'(百殘新羅 舊是屬民 由來朝貢 而倭 以辛卯年來渡)라는 게 전제가 된다.

그동안 이 부분을 강조한 것은 이 부분이 변조의 증거를 잡는 핵심이기 때문이다. 글로 모든 것을 설명하자니 한계가 있을 수밖에 없지만 눈 밝은 이는 충분히 알 수 있을 것이다. 필자는 이제 능비의 비밀이 완전히 풀렸다고 생각한다. 그러나 만약 누가 이러한 논리와 증거보다 앞서는 연구를 제시한다면 필자는 그에게 절하며 손을 맞잡고 춤이라도 추겠다. 만약 그렇지 못하다면 필자는 그에게 친절히 설명해 줄 것이다.

요코이 다다나오가 비문을 발표한 회여록

⊗ 〈병신년조〉의 복원 방식

한민족 최고의 영웅이라는 광개토태왕은 그 이름에 걸맞은 대접을 받지 못하고 있다. 여러 가지 이유가 있겠지만 크게는 세 가지 정도이다. 첫째, 고구려는 세계사에서 보기 드문 700년 역사의 왕조였지만, 자국과 태왕에 대한 기록이 거의 남아 있지 않다. 둘째, 그나마 그에 대한 행적이 기록된 능비조차 현재 중국 땅에 있고 동북공정으로 인해 적극적인 연구가 어렵다. 셋째, 과거 일제가 비문을 변조했는데, 그 기조가 지금까지도 유지되어 올바른 해석을 하지 못하고 있기 때문이다.

비문의 변조 시기는 일제의 스파이 사카와 중위가 쌍구가묵본을 일본에 가져간(사카와가 가져간 것은 원석 탁본일 가능성이 있고, 쌍구가묵본은 일본의 참모본부에서 만들어 사카와가 가져온 것으로 발표했을 가능성이 있다.) 1884년에서 요코이가 비문의 해석문을 공개한 1889년 사이 어느 때인 것으로 보인다. 그들은 수년간에 걸쳐 비문을 샅샅이 해부했고, 을미년과 병신년 그리고 경자년 기사를 변조했다. 변조의 방법은 삭제와 가획 그리고 능비 원석에서 삭제나 가획이 곤란할 때 석회를 바른 후 글자를 변조해 새겨넣는 석회도부였다. 그들은 완전범죄를 꿈꿨다. 하지만 이제 진실을 규명하려는 눈 밝은 이들로 인해 숨겨졌던 그들의 만행이 차차 드러나고 있다.

대개 세상의 문제 해결 방식은 두 가지인데 핵심에서 지엽으로 가는 방식과 지엽에서 핵심으로 들어가는 방식이다. 광개토태왕릉비의 변조를 해결하는 방식은 후자에 속한다. 예를 들면 영락 5년 〈을미년조〉의 '渡海破'와 결락된 □□ 부분을 해결하는 열쇠는 1년 뒤인 영락 6년 〈병신년조〉 '討倭殘國'의 '倭'로부터 시작된다. '倭'를 이전에는 대다수 연구자가 '利' 또는 '科'로 보았다. 그러나 석회가 떨어져 나간 후인 1981년의 주운태 탁본을 근거로 왕건군 소장이 '伐' 자로 주장한 이후에는 모두가 '伐'로 보고 있다. 그러나 필자가 비문에 나오는 10개의 모든 '倭' 자를 검토한 결과, 현재 드러난 '伐'의 원래 글자는 '倭'가 분명했다.

능비의 비밀을 밝히는 데에는 세 곳의 주요한 포인트가 있다. 첫 번째는 '渡海破'이고 두 번째는 결락된 '□□'이며 세 번째는 '討倭殘國'이다. 그리고 또 하나의 포인트를 덧붙이자면 '軍至窠窅 攻取壹八城(군지과요 공취일팔성)'이다. 이 네 포인트는 원인과 결과로 서로 연결돼 있어 이를 규명하면 원래의 문장이 무엇이었는지 명확히 알 수 있다.

영락 5년 〈을미년조〉와 〈병신년조〉의 변조 전 원문을 복원하면 다음과 같다.

"百殘新羅 舊是屬民 由來朝貢 而倭 以辛卯年來渡 二破 百殘倭侵新羅 以爲臣民 以六年丙申 王躬率水軍 討倭殘國 軍至窠窅 攻取壹八城"

"백잔과 신라는 옛날 우리의 속민이었고, 전부터 조공을 왔다. 그러나 왜는 신묘년부터 바다를 건너 [조공을] 왔다. 두 쳐부술 백잔과 왜가 신라를 침공해 신민으로 삼으려 했다. 그 때문에 영락 6년 병신년 태왕께서 몸소 수군을 이끌고 왜와 백잔을 토벌했다. 군이 [왜구의] 소굴에 이르러 공격해 일팔성을 빼앗았다."

먼저 "군이 왜의 소굴에 이르러 공격해 일팔성을 빼앗았다."라는 결과는 앞에 나오는 병신년 '討倭殘國'의 구체적 설명이다. 또 "왜와 백잔을 토벌했다."라는 이 결과는 그 앞의 "두 파렴치 백잔과 왜가 신라를 침공해 신민으로 삼으려 했다."라는 원인 때문이다. 그리고 '二破 百殘倭侵新羅 以爲臣民'이란 결과는 그 이전 "백잔과 신라는 옛날 우리의 속민이었고 전부터 조공 왔는데, 왜는 신묘년부터 늦게 조공이나 온 나라"라는 게 전제가 된다.

사실 이 부분을 바르게 해석하려면 뒤에서부터 인과관계를 규명해야 한다. 그래서 신묘년 기사의 변조와 결실 자를 복원하기 위해서는 '왜와 백제가 고구려에 의해 토벌되었다.'라는 결과로부터 원인을 역추적할 필요가 있다. 즉, 셋째 단락의 내용인 '태왕이 몸소 수군을 이끌고 와서 왜와 백제를 토벌했다.'라는 결과는 둘째 단락의 '백제와 왜가 신라를 침공해 기존의 질서를 무너뜨렸기 때문이다.'라는 게 원인이 되었고, 이러한 결과는 첫 단락 '옛날 우리 고구려에 조공이나 오던 세 나라'라는 기존의 위계질서가 있었다는 것을 말하고 있다.

한편 '而倭 以辛卯年來渡'를 기존 대부분의 해석에서는 "그런데 왜가 신묘년부터"로 해석한다. 앞 문장에서 신라와 백제의 조공에 대해 언급하다가 갑자기 '倭'가 등장하면서 국면이 전환된다. 변조되었기 때문에 사전 설명 없이 '갑자기 신묘년부터 왜가 바다를 건너와 백제와 신라를 파했다.'라는 식으로 문맥이 달라져 버린 것이다. 그렇지만 '而倭 以辛卯年'은 "그러나 왜는 신묘년부터"라고 해석해야 한다. 그 이유는 "백제와 신라는 옛날부터 조공을 왔다. 그러나 왜는 신묘년부터 조공을 왔다."라고 전환이 아닌 역접의 형식으로 해석되어야 문맥이 자연스럽기 때문이다.

비문의 동일한 서사 구조

과거 일제는 대륙에 있던 한사군의 위치를 한반도로 옮기고 점제현신사비를 조작하는 등 우리의 역사를 숱하게 훼손시켜 왔다. 하지만 황국사관에 입각해 저지른 그들의 모든 악은 정당화되었다. 또 해방 후에는 그들에게 세뇌된 우리의 사학자들이 〈실증사학〉이란 이름을 내걸고 우리 역사학계를 어지럽혔다. 실증이란 '사실에 근거하여 증명한다.'라는 좋은 뜻의 용어이나, 그 속내는 우리의 역사를 없애거나 조작한 후에 '증거가 있어야 믿을 수 있다.'라는 것으로 악용됐다. 겉은 역사를 객관적으로 규명하는 것 같았지만 실지에 있어선 우리 역사를 축소·왜곡하기 위한 명분으로 삼았던 교묘한 학문적 방법론이었다. 그런데 우리의 주류 사학계는 아직도 그 방법론을 계승한 〈단군 신화설〉이나 〈임나 가야설〉 그리고 〈가야불교 부정론〉 등을 부르짖고 있다.

원래의 신묘년 기사 '百殘倭侵新羅 以爲臣民'은 "백제와 왜가 신라를 침공해 신민으로 삼았다."가 아니라 "신민으로 삼으려 했다."라는 의도적 입장에서 해석해야 한다. 다른 어느 문헌에서도 백제와 왜가 신라를 '신민으로 삼았다.'라는 근거가 전혀 없기 때문이다. 비문에도 백제와 왜가 신라를 침공해 신민으로 삼으려 하다가 고구려에 완전히 패배했다는 기록밖에 없다.

그리고 이어지는 영락 6년의 '以六年丙申 王躬率水軍 討倭殘國'이란 기사를 보면 다른 정벌 기사에 없고 오직 영락 6년 기사 앞에만 '以'자가 붙어 있는데, 이는 '때문에'라는 뜻으로 영락 5년의 원인 때문에 영락 6년 태왕께서 몸소 출정한다는 경위를 말하고 있다. 다른

조의 기사에서는 일어난 사건이 하나로 일단락되지만 유독 영락 5년과 6년은 '때문에'라는 뜻의 '以'가 있으므로 해서 실제로는 을미년과 병신년이 하나의 사건이며, 하나의 문단으로 연결되어 있다는 것을 표현하고 있다. 물론 영락 9년과 영락 10년이 유사한 구조이나 '以'를 쓰지는 않았다.

한편, 위 신묘년 기사를 보면 백제와 신라는 오래전부터 고구려의 속민이 되어 조공을 해왔다. 하지만 왜는 4년 전, 태왕 자신의 즉위한 신묘년이 되어서야 뒤늦게 조공을 왔다고 말하고 있다. 고구려의 눈치를 보느라 늦었다는 것이다. 그런데 고구려 입장에서 보면 서열 아래 위치의 쳐부술(파렴치한) 두 나라(二破)인 백제와 왜가 허락 없이 자기 영향력 아래에 있던 신라를 침공했다. 그러므로 다음 해인 영락 6년 병신년에 화가 난 태왕이 친히 수군을 이끌고 가서 신라 침공의 주적인 백제와 그에 조력한 왜를 토벌했다는 것이다. 이 뒤에 이어지는 내용은 토벌에 대한 좀 더 구체적인 기사가 등장하며 고구려가 끝내 승리했다는 식으로 마무리된다.

이처럼 능비 전체에서 하나의 사건을 기록할 때는 일정한 패턴을 가지고 있다. 고구려가 타국을 침공할 때는 먼저 명분을 분명히 말한 다음 침공을 하고 승리한다. 이후 승리에 대한 과정과 전리품의 규모에 대해 언급하는 식으로 기록하고 있다. 마찬가지로 신묘년 기사도 동일한 서사구조를 가지고 있다. 첫 단락에서는 백제와 신라는 속민으로 전부터 조공을 오던 나라였다. 그런데 왜는 좀 늦게 영락 1년 신묘년이 되어서야 조공을 왔다. 둘째 단락에서는 그런데 영락 5년 을미년, 나에게 조공이나 오던 백제와 왜가 연합해 내 허락 없이 나의 속민인 신라를 공격했다. 셋째 단락은 그래서 영락 6년 병신년, 태왕께서 몸소 수군을 인솔하고 출정하시어 왜를 토벌하고, 완강히 저항하던 백제를 이긴 후 백제왕으로부터 완전한 항복을 받아냈다. "이때 태왕은 그들이 처음에 잘못한 허물을 널리 용서하시고"라며 태왕의 덕을 칭송하는 서사구조로 이루어져 있다.

위의 세 단락을 보면 기존 해석들은 숨겨진 주어와 목적어를 찾아내야 하거나 상황 설명을 위한 과도한 추측과 상상이 있어야 하는 부담이 따른다. 그러나 새로 재구된 글자 '二'와 '倭侵' 그리고 '倭'를 넣어 해석하면 문맥은 자연스럽고 여타의 추측이나 상상이 필요 없다. 그 이유는 능비가 복잡한 성격의 비문이 아니라 선왕의 업적을 사실에 입각해 담박하게 기록한 전기 성격의 훈적비(勳籍碑)였기 때문이다.

3.
신묘년과 경자년 기사의 문헌 기록들

❀ 신묘년 기사의 문헌 기록

인간이 살아온 삶의 궤적을 정리한 학문이 역사이다. 그런데 문제는 남아있는 역사마저 완전한 객관성을 담보하지 못하는 승자의 기록이 많은지라 "과연 어디까지 믿어야 하나?"라는 의문이 들기도 한다. 하지만 약자도 그들 나름의 입장에서 역사를 남기기도 하기에 후대의 학자들은 이러한 시대적 상황을 고려하여 진위를 가리기도 한다. 역사학에 있어 우선하여 연구하는 대상은 문헌이다. 역사의 진실을 찾기 위해 우선 남겨진 기록을 검토하고 거기에 따라 유물과 유적을 발굴해 사실을 입증하는 과정을 거친다.

우리 민족을 일컬어 기록의 민족이라고 한다. 고려의 팔만대장경이나 조선의 왕조실록 그리고 세계 최초로 금속활자를 만든 우리 조상님들을 생각하면 "정말 대단하다!"라는 감탄사가 절로 나온다. 이렇듯 우리 선조들은 기록을 남기는 데 뛰어난 자질을 가지고 있었다. 그러므로 우리 선조가 남긴 『삼국사기』나 『삼국유사』는 비록 후대의 기록이기는 하나 매우 신뢰할 수 있는 역사서이다. 하지만 대일항전기인 1925년 일제가 만든 역사 조작 기관인 〈조선사편수회〉가 우리 역사를 난도질한 후부터 우리 역사는 뿌리부터 흔들리게 되었다. 물론 그 이전 일제는 '임나일본부'를 고착하기 위해 광개토태왕릉비도 교묘히 변조시켰다.

변조의 중심에는 신묘년 기사가 나오는 영락 5년 〈을미년조〉와 영락 6년 〈병자년조〉 그리고 '임나가라'가 나오는 영락 10년의 〈경자년조〉가 있다. 〈을미년조〉에는 문제의 '渡海破' 기사가 있다. 요코이는 첫 해석은 다음과 같았다. '百殘新羅 舊是屬民 由來朝貢 而倭以辛卯年來渡海 破百殘□□新羅 以爲臣民' "백잔과 신라는 옛날부터 고구려의 속민이었으며 전부터 조공을 왔다. 그런데 왜가 신묘년에 바다를 건너와서 백잔과 신라를 파하고 신민으로 삼았다."라고 했다. 하지만 위의 해석은 일제가 비문을 변조한 후에 왜곡된 내용으로 해석한 것이다. 왜냐하면 신묘년에 백제와 신라는 왜와 싸웠다는 문헌의 기록이 전혀 없기 때문이다. 『삼국사기』「고구려본기」〈광개토왕조〉에는 신묘년을 다음과 같이 기록하고 있다.

"광개토왕(廣開土王)의 이름은 담덕(談德)이며, 고국양왕(故國壤王)의 아들이다. 그는 태어나면서부터 체격이 크고, 생각이 대범하였다. 고국양왕 3년(서기 386)에 태자가 되었다. 9년에 임금이 돌아가시자, 태자가 왕위에 올랐다. 가을 7월, 임금의 병사가 남쪽으로 백제를 공격하여 10개의 성을 점령하였다. 9월, 임금이 병사를 보내 북쪽으로 거란을 공격하여 남녀 5백 명을 사로잡고, 또한 본국에서

거란으로 도망갔던 백성 1만 명을 달래어 데리고 돌아왔다."[19]

라고 기록하고 있다. 이처럼 태왕이 즉위한 신묘년에 백제는 고구려군과 치열하게 싸우고 있었고 왜와는 아무 일이 없었다. 백제와 왜 두 나라는 언제나 동맹이었지 적이었던 때는 단 한 번도 없었다. 그럼 「백제본기」에서는 신묘년을 어떻게 기록하고 있는지 살펴보자. 이때는 진사왕 재위 8년으로

"여름 5월, 초하루 정묘일에 일식이 있었다. 가을 7월, 고구려왕 담덕(談德, 광개토왕)이 4만 명의 병사를 거느리고 와서 북쪽 변경을 침범하여 석현성(石峴城) 등 10여 개의 성을 함락시켰다. 임금은 담덕이 병사를 부리는데 능하다는 말을 듣고 나가 막지 않았기에 한수 북쪽의 여러 부락이 함락된 것이다. 겨울 10월, 고구려가 관미성(關彌城)을 공격하여 함락시켰다. 임금이 구원(狗原)에 사냥을 나가 열흘이 지나도록 돌아오지 않았다. 11월, 임금이 구원의 행궁에서 돌아가셨다."[20]

라고 「고구려본기」와 동일한 내용을 기록하고 있다. 그런데 참으로 이상한 일이다. 요코이의 해석대로라면 백제는 신묘년 왜에게 패

---

19 廣開土王 諱談德 故國壤王之子 生而雄偉 有倜儻之志 故國壤王三年 立爲太子 九年 王薨 太子卽位 秋七月 南伐百濟 拔十城 九月 北伐契丹 虜男女五百口 又招諭本國陷沒民口一萬而歸 冬十月 攻陷百濟關彌城 其城四面峭絶 海水環繞 王分軍七道 攻擊二十日 乃拔

20 八年 夏五月丁卯朔 日有食之 秋七月 高句麗王談德 帥兵四萬 來攻北鄙 陷石峴等十餘城 王聞談德能用兵 不得出拒 漢水北諸部落 多沒焉 冬十月 高句麗攻拔關彌城 王田於狗原 經旬不返 十一月 薨於狗原行宮

해 신민이 되었다고 했는데, 「백제본기」에서는 왜가 아니라 고구려 군의 공격을 받아 관미성을 잃었다고 하지 않았는가? 또 요코이의 해석에는 백제가 왜의 신민이 되었다고 했는데, 어떻게 백제의 아신왕은 재위 2년, 3년, 4년 계속하여 단독으로 고구려와 싸울 수 있었단 말인가? 왜의 신민인 백제가 어떻게 자기 마음대로 고구려와 싸울 수 있었을까? 또 고구려와 정면 대결할 정도로 강력한 백제가 어떻게 이유도 없이 왜의 신민이 되었는지 도무지 설명이 안 된다.

한편, 서기 391년인 신묘년 신라에서는 과연 어떤 일이 일어났을까? 서기 391년 신묘년 당시 신라의 왕은 내물이사금으로 재위 36년 되던 해이다. 『삼국사기』「신라본기」 〈내물이사금조〉에는

"34년(서기 389) **봄 정월, 서울에 전염병이 크게 번졌다. 2월, 흙비가 왔다. 가을 7월, 메뚜기떼가 생겨 곡식이 여물지 않았다."**[21]

라는 기록 이후 바로

"37년(서기 402) **봄 정월에 고구려에서 사신을 보내왔다. 고구려가 강성하였으므로 임금은 이찬 대서지**(大西知)**의 아들 실성**(實聖)**을 볼모로 보냈다."**[22]

라는 기사로 넘어간다. 신묘년인 〈내물이사금 36년조〉의 기록

21 三十四年 春正月 京都大疫 二月 雨土 秋七月 蝗 穀不登

22 三十七年 春正月 高句麗遣使 王以高句麗强盛 送伊飡大西知子實聖爲質

이 아예 통째로 빠져있다. 즉 신묘년에 신라는 아무런 일이 없었다. 왜의 공격이 없었다는 사실이다.

이런 명백한 우리의 기록에도 불구하고, 주류 사학계에서는 일제의 왜곡된 해석을 따라 "임나는 김해다. 경자년 기사에 등장하는 종발성(從拔城)은 김해의 분산(盆山) 또는 부산의 배산(盃山)이다."라는 전혀 근거 없는 낭설을 늘어놓고 있다. 우리 고대사는 우리 민족 공동의 유·무형적 자산이다. 앞서간 선열과 국민이 지금 보고 있다. 학문의 자유라는 이름으로 함부로 조상이 남긴 기록을 폄하하고 국민을 속여선 안 된다. 이제 주류 사학계는 바른 얼을 차려 일제의 식민사학을 걷어내고 역사 왜곡의 망령에서 하루속히 벗어나야 할 것이다.

✿ 신묘년 기사의 문맥과 문단

오랜 옛날 인간은 지구상의 동물 가운데 가장 강력한 힘을 가진 존재는 아니었다. 그러나 언어를 통해 소통을 원활히 하고 불과 도구를 사용함으로써 생존에서 가장 유리한 고지에 오르게 되었다. 언어의 발달과 함께 인간의 생존을 도운 또 하나의 소통 방식은 문자였다. 처음에 생존과 제사 의식을 위한 단순한 표식으로 시작한 문양(文樣)이 이윽고 체계를 갖춘 문자로 발전하였다. 언어는 현장에서 즉시 사용한다는 장점이 있지만, 휘발성이 강하다는 단점이 있다. 반면 문자는 즉흥성은 언어에 비해 떨어지지만, 시간과 공간의 제약 없이 전달할 수 있으며 지속성이 좋다는 강점이 있다. 시간의 경과에 따라 문자 체계는 더욱 정교해졌고 전달력도 좋아졌다.

그 과정에서 문장의 흐름을 연결하는 문맥(文脈)과 글을 하나로 묶는 단위인 문단(文段)의 중요성이 대두되었다. 이에 따라 의사소통을 위한 의미의 전달은 물 흐르듯 자연스러워야 했고, 문단 또한 적당한 곳에서 끊어져야 의미의 전달이 분명해진다는 것을 알게 됐다. 글도 말과 같은 호흡이 있어 만약 문단이 너무 짧거나 길어지면 읽는 사람의 마음 또한 급해지거나 지루해진다. 품격 있는 글은 문맥이 자연스럽고 문단의 장단도 적절하게 조절되어 있는데, 시대를 막론하고 동서양에서는 이러한 조건을 충족하는 많은 명문(名文)이 있었다.

한편, 글은 돌과 나무, 종이, 천 등에 쓰는데, 돌에 새긴 글을 금석문(金石文)이라 한다. 우리의 역사에선 시기적으로 가장 오래되고 역사적 가치를 가진 금석문의 하나가 광개토태왕릉비에 새겨진 비문(碑文)이다. 이 비문의 성격을 분류하면 태왕의 위대한 공적을 기록한 훈적비이다. 따라서 이 비문은 유려한 필체를 뽐내기보다 태왕의 일생과 업적을 담백하고 정연하게 기록하였다. 태왕의 일생을 시간에 따라 서술해 복잡할 필요가 전혀 없는 글이었다. 그러나 한일 역사 갈등의 중심에 있는 논란의 신묘년 기사로 오면 이야기가 달라진다. 왜냐하면 갑자기 문맥이 전환되어 자연스럽지 않고 앞뒤 문장이 서로 충돌하기 때문이다.

고구려가 능비를 세운 목적은 선왕의 위대한 공적을 남겨 당대의 백성들과 미래의 후손들에게 고구려의 강대함과 선대왕의 위대함을 선양하고 계승하기 위해서였다. 그러나 일제가 비를 변조한 목적은 '임나일본부'를 세우기 위해서였다. 임나일본부의 핵심은 첫째 야마토 왜가 한반도 남부 지역을 서기 369년부터 562년까지 200여 년간 지배했다는 것과 둘째 그 지역이 바로 김해 또는 고령이라는 것이다. 그래서 이 조건을 맞추기 위해 〈을미년조〉 기사에서 '二破(이파)'를 '海破(해파)'로 변조하고 '倭侵(왜침)'을 삭제했다. 그리고 문장 전체의 주어를 왜로 바꾸는 역사 공작을 자행했다. 또 〈병신년조〉 '討倭殘國(토왜잔국)'을 '討利殘國(토리잔국)'으로 변조해 왜가 패배한 역사를 지웠다. 그뿐만 아니라 능비에 나오는 '任那加羅(임나가라)'가 곧 한반도 남부의 가야라는 억척을 부리며 '임나가야설'을 만들어 냈다.

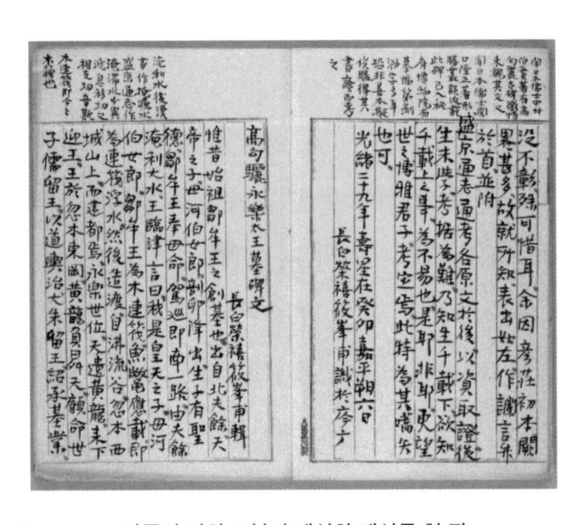

만주인 영희 소봉이 해석한 해석문 첫 장

당대의 역사적 사실과도 어긋나고 문맥도 맞지 않았지만, 일제는 당시의 혼란한 동북아의 국제 정세를 이용해 이러한 논리를 고착시켰다. 때문에 요코이의 첫 해석 이후 삭제된 두 글자가 '任那'라고

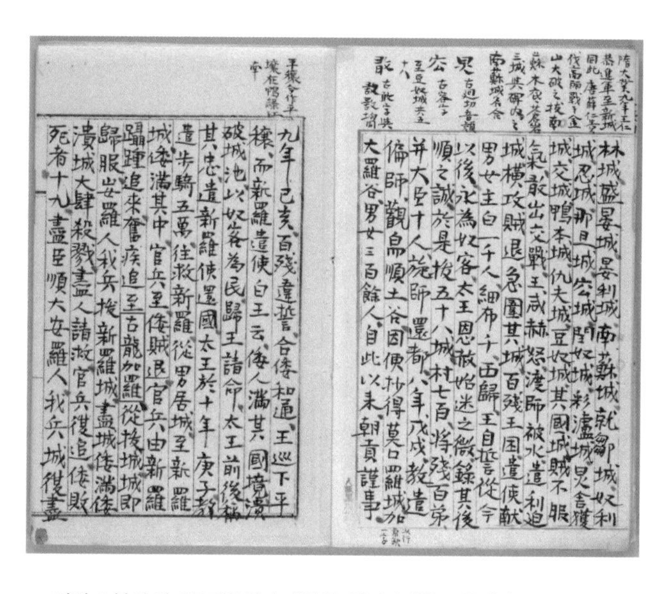

林城盛婁城婁利城南蘇城就鄒城奴利
城忍城那旦城宍城閏奴城彡盧城
城交城鴨本城仇夫城豆奴城其國城賊不服
氣敢出交戰王威赫怒渡師被水遣利迫
城橫攻賊退急圍其城百殘王困遣使獻
男女生白一千人細布千匹歸王自誓從今
以後永為奴客太王恩赦始迷之愆錄其後
順之誠於是拔五十八城村七百將殘百弟
并大臣十人旋師還都八年戊戌教遣
偏師觀帛慎土谷因便抄得莫□羅城加
太羅谷男女三百餘人自此以來朝貢論事

九年己亥百殘違誓合倭和通王巡下平
穰而新羅遣使白王云倭人滿其國境潰
破城池以奴客為民歸王請命太王前後稱
其忠遣新羅使還國太王於十年庚子教
遣步騎五萬往救新羅從男居城至新羅
城倭滿其中官兵至倭賊退官兵由新羅
躡踵追來奮疾追至古龍加羅從拔城城即
歸服安羅人我兵拔新羅城盡城倭滿倭
潰城大肆殺戮盡人請救官兵復追倭敗
死者十九盡臣順大安羅人我兵城復盡

영희 소봉의 광개토태왕릉비 해석문, 임나가라를 고룡가라로 오기했다
(박장호 제공)

주장하는 나가 미치오(那可通世)의 주장이 등장했다. 또 그 주장을 이어 이병도 박사는 결실된 부분이 '任那加羅'라고 주장했다. 그러나 비문에서 나타나듯 '百殘□□斤羅'의 결락된 두 글자의 뒷글자 받침에 '날 斤(근)'이 남아있는 관계로 이 박사의 주장은 맞지 않는다. 참으로 무책임하고 안목 없는 주장이다. 요코이나 나가 미치오 그리고 이병도 박사가 주장하는 신묘년 기사가 역사적 사실로 인정받으려면, 당시의 국제 정세와 부합해야 하고 문맥부터 맞아야 한다. 그러나 이러한 해석을 살펴보면 문제점이 한두 군데가 아니라 총체적 문제를 안고 있다.

❀ 경자년 기사의 문헌 기록

국가와 민족의 정체성은 역사로부터 온다. 또한 그 정체성에 따라 한 국가의 성격과 품격이 정해진다. 그래서 동서양을 막론하고 역사서를 편찬할 때면 자국을 높이고 상대를 낮추기 마련이었으며, 상황에 따라선 역사를 축소하고, 왜곡하는 경향까지 있었다. 따라서 구전되는 민담과 설화는 물론 일부 전해지는 비사(祕史)까지 참고해야 당시의 역사적 진실에 더욱 가까워질 수 있다.

인간은 역사를 통해서도 생존에 대한 방어기제가 민감하게 작동하기에 후대인들도 '자국 중심으로 역사를 기술한다.'라는 점을 어느 정도 고려하여 이해해야 한다. 고대 중국의 역사 기술 방법인 춘추필법(春秋筆法)도 그러한데 사마천의 사기 이후 중화(中華)는 높이고 주변국들을 폄하해 동이(東夷), 남만(南蠻), 서융(西戎), 북적(北狄)으로 표현했다.

그럼 우리나라는 과연 어떠하였을까? 현재 우리에게 전해오는 가장 오래된 역사서인『삼국사기』는 서기 1145년 고려 인종 때 김부식이 10여 명의 학자들과 함께 편찬했다. 당시 전해오는 여러 종류의 문헌을 참고하여 국가적인 사업으로 편찬했기에 이 기록들은 매우 신뢰할 만하다고 한다. 그러나 그들 역시 자국 중심의 시각과 유교 중심 사관의 편협함으로 인해 그들에게 불리한 기록들은 은유적 표현으로 일부 축소해 기록했다.

한편, 서기 414년에 건립된 고구려 광개토태왕의 업적을 기록한 능비는 1876년 다시 발견된 후 일제에 의해 심각하게 변조됐다. 변조의 목적은 한반도를 정복하기 위한 명분을 찾기 위해서였고, 그것은 "원래의 우리 땅을 되찾는다."라는 고토회복(古土回復)이었다. 그리고 그 고토는 신묘년 왜가 바다를 건너와 신민으로 삼았던 백제와 □□, 신라라는 것이었다. 하지만 그러한 주장이 완전한 허구임을 앞에서 이미 자세히 밝혔다.

일제가 사용한 능비 변조 방법은 삭제와 가획 그리고 부분적 석회 도부였다. 신묘년과 병신년 기사의 경우 일부 글자에 가획과 석회를 발라 변조했으나 경자년 기사의 경우 90여 자를 대량 삭제했다. 그 까닭은 부분 변조로는 도무지 감당하기 어려웠던 내용들이 그곳에 대거 있었기 때문이다.

또 일제가 고토회복을 명분으로 내세운 또 다른 근거는 〈경자년조〉에 등장한다. 그들은 거기에 등장하는 임나가라의 위치가 김해나 고령이며, 종발성 또한 김해의 분산성이나 부산의 배산성이라는 억지 주장을 폈다. 그럼, 그것이 과연 사실인지 문헌을 통해 알아보자. 능비의 기록을 보면 경자년에 태왕이 보병과 기명 5만을 보내 왜로부터 신라를 구원했다고 나온다. 경자년은 서기 400년으로 광개토태왕 재위 10년 되던 해이다.

『삼국사기』「고구려본기」〈광개토왕조〉를 보면 영락 9년 기해년 기사에서 연나라 왕 모용성이 침략한 내용만 나온다.[23] 그리고는 영락 11년 신축년 기사로 바로 건너뛴다. 영락 10년 경자년을 아예 기록하지 않은 것이다. 무슨 이유에서인지 몰라도 신라인의 후예로 경주 김씨 출신의 김부식은 경자년에 고구려가 신라를 구

23 九年 春正月 王遣使入燕朝貢 二月 燕王盛 以我王禮慢 自將兵三萬襲之 以驃騎大將軍慕容熙 爲前鋒 拔新城南蘇二城 拓地七百餘里 徙五千餘戶而還

원했다는 역사적 사실을 고구려 역사에서 아예 지워 버렸다. 매우 중요한 역사적 사건인데 왜 그랬을까?

한편 『삼국사기』「신라본기」에서는 서기 399년 기해년과 400년 경자년을 다음과 같이 기록하고 있다. 내물이사금 44년 기해년을

"44년 가을 7월 날고 있는 메뚜기떼가 들판을 뒤덮었다."[24]

이처럼 왜의 창궐을 은유적으로 표현하고 있다. 또 45년 경자년을

"45년 가을 8월 혜성이 동방에 나타났다. 겨울 10월 왕이 늘 타고 다니던 말이 무릎을 꿇고 눈물을 흘리면서 슬피 울었다."[25]

라고 기록했다. 고대에 혜성의 출현은 불길함을 나타내는 상징이며, 또 왕의 애마가 무릎을 꿇고 슬피 울었다는 것은 왕 자신이나 나라에 큰일이 있었다는 것을 암시한다.

그럼, 백제는 어땠을까? 경자년은 백제 아신왕 재위 9년으로 『삼국사기』「백제본기」〈아신왕 9년조〉에 기록되어 있다.

"봄 2월에 혜성이 규성(奎星)과 누성(婁星) 자리에 나타났다. 여름 6월 초하루 경진 시에 일식이 있었다."[26]라고 나온다.

24 四十四年 秋七月 飛蝗蔽野

25 四十五年 秋八月 星孛于東方 冬十月 王所嘗御內廐馬 跪膝流淚哀鳴

26 九年 春二月 星孛于奎婁 夏六月庚辰朔 日有食之

이때 백제는 '왜와 화친'(與倭和通)했지만 전쟁에 직접 참가하진 않았다. 그러나 동맹국 왜가 고구려에 의해 궤멸당한 사실을 혜성이라는 불길한 상징과 '하늘의 무기고'라는 규성 그리고 '군사를 일으킨다.'라는 누성을 통하여 언급했다. 즉 무(武)와 관계있는 두 별을 은유적으로 표현하며, 동맹국의 전쟁을 간접화법으로 기록하고 있다.

김부식과 편찬자들은 '고구려의 신라 구원'이라는 역사적 사실 앞에 고민했던 것 같다. 그래서 있는 그대로의 역사적 사실을 기록하지는 못하고, 「신라본기」를 통해 간접화법과 은유적 기법으로 실재한 역사를 일부 은폐했다. 이처럼 경자년의 『삼국사기』 기록을 보면 고구려군의 막강 화력으로 신라를 구원했다는 능비의 기록을 일부 축소하고 있다. 김부식의 비뚤어진 자존심에 의해 고구려와 백제의 역사는 줄이고 발해, 부여 그리고 가야는 누락시켜 열국(列國)을 삼국으로 축소했다. 안타까운 일이지만 역사서는 이처럼 편찬자의 의도가 매우 중요하게 작용하고 있었다.

4장

비문 변조의 목적과 탁본 이야기

눈 덮인 광개토태왕릉비와 장군총(국립중앙박물관)

1.
정한론과 요코이 타다나오

학문하는 사람이 진실을 추구하며 거짓과 타협하지 않는 것을 일러 '학자적 양심'이라 한다. 그러나 일본에 매수돼 2020년 위안부를 '자발적 매춘'이라고 묘사한 논문으로 물의를 일으킨 하버드 대학의 램지어 교수나 국가 권력에 기생해 역사적 진실을 왜곡했던 과거 일제의 관학자들에게 이런 말은 한낱 꿈속 이야기에 불과하다.

일본은 1592년 임진년에 고토 회복의 명분은 숨긴 채 명나라를 친다는 거짓된 명분으로 이 땅을 침략했고, 7년간의 전쟁 동안 우리의 선조들께 씻을 수 없는 상처를 남겼다. 그들은 패퇴했지만 이후 300여 년을 기다려 다시 힘을 모았고, 경술년인 1910년 결국 조선의 국권을 강탈했다. 그들의 침략은 오랫동안 준비한 결과였으며, 그 이론의 토대가 '삼한을 정벌한다.'라는 정한론(征韓論)이다. 그러나 한가람역사문화연구소 이덕일 소장은 "일제가 침탈한 나라는 조선이었기에 정한론이 아니라 정조론(征朝論)이라 해야 한다. 하지만 그들이 정한론이라고 하는 근거는 일본의 역사서 『일본서기』로부터 연원하기 때문이다."라고 말한다. 『일본서기』 <신공황후 49년조>인 서기 249년, 신공왕후가 백제·신라·가야를 굴복시켰다는 기사를 근거로 말도 안 되는 거짓 논리를 만드는데, 이것이 바로 '삼한정복설' 또는 '남선경영론'으로 불리는 〈임나일본부설〉이다.

일본은 1871년 일본육군 참모본부를 창설했다. 군사기관이었지만 천황의 비호 아래 군사뿐 아니라 학문과 사상까지도 통제하며 초법적인 힘을 가진 기관이 되었다. 그들은 '임나일본부설'을 확정하기 위해 세 가지 근거를 들었는데 그 첫 번째가 광개토태왕릉비 신묘년 기사의 '倭以辛卯年來渡海 破百殘□□新羅 以爲臣民'과 경자년 기사의 '任那加羅 從拔城'이었다.

참모본부는 정한론의 이론적 토대를 세우려 했고 관학자 요코이 타다나오는 1882년 『임나고』(任那考)를 출간해 한반도 남부가 과거 신공황후에게 점령됐던 임나였다고 주장했다. 그리고 7년 후인 1889년 밀정 사카와의 쌍구가묵본을 저본(底本)으로 광개토태왕릉비의 최초 해석본이 세상에 나왔다. 그런데 공교롭게도 이를 처음 발표한 인물 또한 요코이였다. 이것이 과연 우연일까? 정한론의 문헌적인 근거가 『일본서기』의 임나일본부설인데 그 근거가 되는 비문의 첫 해석자가 바로 요코이 타다나오였던 것이다. 이처럼 요코이는 정한론의 선두 주자로 맹활약했고, 광개토태왕릉비는 그의 주장을 뒷받침하는 대표적인 희생물이 됐다. 비문의 최초 해석문이 나오는 회여록 5집 『고구려고비고』의 서문 마지막에서 요코이는 그의 음흉한 속내를 드러내고 있다.

"비문 가운데 우리에게 큰 관계가 있는 것은 '辛卯來渡海 破百殘新羅以爲臣民'**의 수 구절이 그것이다. 고래로 중국과 한국 사서들의**

> 전승은 오직 우리가 변방을 도적질하고 통빙(通聘-서로 교제함)한 것으로만 적고 백제와 신라가 우리의 신민이 된 것은 적지 않았는데, 대개 나라의 치욕을 숨긴 것이다. 이 비석이 세워진 것은 세 왕조가 정립되어 있던 시기이며, 고구려인의 손에서 만들어졌으므로 다시 두 나라를 위해 숨기지 않고 당시의 사실대로 적은 것이 1,600여 년 뒤에 폭로될 수 있었으므로 그 공로가 위대하다고 이를 것이다."

라고 했다. 여기에서 보이는 것처럼 그는 자신들이 변조한 신묘년의 기사를 근거로 "고대 왜가 백제·신라를 정복한 것은 역사적 진실이며, 고구려가 비문에 그 사실을 기록한 것은 공로가 있다"라며 너스레를 떨고 있다. 이처럼 그가 문맥도 전혀 맞지 않는 신묘년의 변조 기사를 사실이라고 우기며, 세상에 억지 해석을 발표한 것은 그가 조국인 일제의 충성스러운 관제 사학자였기 때문이다.

그러나 정작 심각한 문제는 우리나라 사학자들이다. 아직도 상당수는 정한론의 선봉에서 〈임나 가야설〉을 고착하기 위해 『임나고』를 썼던 식민사학자 요코이의 냄새 나는 해석문을 신뢰하고 있다. 일제가 쳐 놓은 역사의 덫에 아직도 단단히 걸려있다. 그래서 과거 참모본부와 요코이의 행적을 보면서도 의심조차 못 하는 우를 범하고 있다.

능비는 확실히 변조되었다. 참모본부의 사주를 받은 식민사학자 요코이와 에오이 슈 등에 의해 교묘히 변조되었다. 그러나 우리 학계가 이러한 사실조차 인지하지 못한다면 역사적 진실은 고사하고 학문적 양심을 등진 일제의 망령에 끌려다니는 청맹과니를 면할 수 없다. 속이는 자도 나쁘지만 계속 속는 자의 문제도 적지 않다. 핵 오염수 방류처럼 일본의 지도부는 자신들의 이익을 위해선 주변국의 사정은 안중에도 없다. 양심적인 일본인도 많다. 그러나 그 뒤에서 고토 회복을 꿈꾸는 광인(狂人)들이 있음을 결코 잊어선 안 된다.

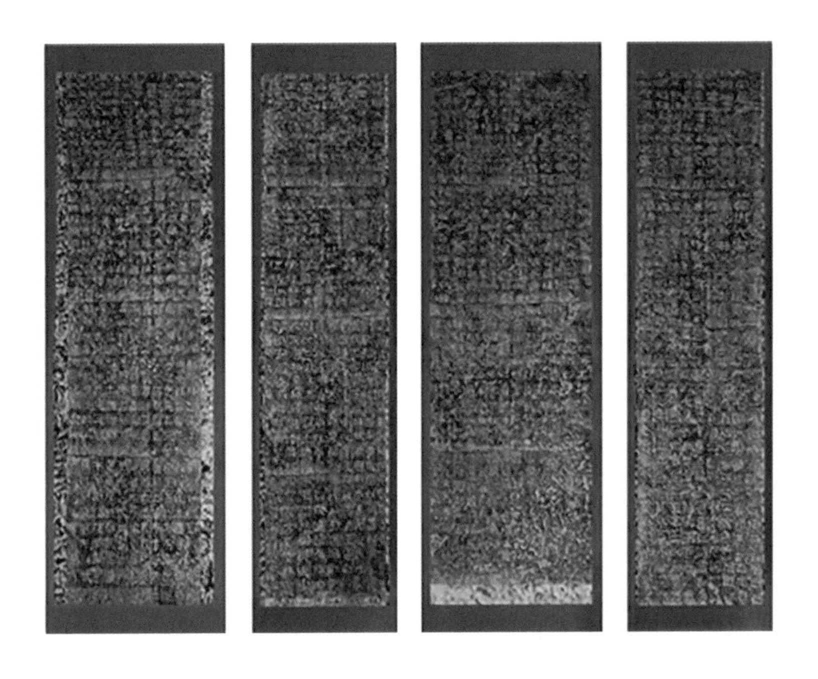

호야지리박물관에 소장된 능비의 탁본

2.
탁본이 말하는 진실

⁂ 원석 탁본이라는 함정

2023년 말 프랑스의 유명 고등학술기관인 '콜레주 드 프랑스' 내의 아시아학회 도서관에서 광개토태왕릉비 탁본이 발견되어 세상의 이목을 끌었다. 이 탁본의 실물은 현재 중국 길림성 집안시에 소재하고 있는 고구려의 광개토태왕릉비이다. 탁본은 학회 창립 200주년 기념행사를 준비하던 중 도서관 책임 사서 아미드 아부드레만씨가 서고에 있던 두 개의 작은 상자에서 우연히 발견했다고 한다. 프랑스 국립도서관에도 아시아학회의 회원이었던 에두아르 샤반느(1865~1946)가 1907년 집안에서 가져온 탁본을 소장하고 있어 이제 프랑스는 두 부의 광개토태왕릉비 탁본을 소유하게 되었다. 암튼 우리 민족과 관련한 유물이 세상에 드러나게 되어 학계와 여기에 관심이 많은 국민에게는 무척 반가운 일이다.

세상에는 수많은 유물이 전해오지만 사실, 이 비석만큼 역사적 논쟁에 휘말린 유물도 흔치 않을 것이다. 그 이유는 1876년, 이 비가 발견된 이래 140여 년이 되어가는 지금까지 비문의 내용을 두고 한·중·일 삼국이 치열하게 싸우고 있는데, 주요 쟁점은 비문의 내용 중 소위 〈을미년조〉 기사의 해석과 〈경자년조〉 기사에 등장하는 '임나가라'의 위치 때문이다.

기존의 비문 연구자들을 크게는 두 부류로 나눌 수 있는데, 비문이 변조됐다는 측과 변조되지 않았다는 측으로 나뉜다. 일제에 의해 변조됐다는 쪽의 주장은 〈을미년조〉의 신묘년 기사는 문맥이 전혀 맞지 않고 '渡海破' 부분에서 '海' 자의 삼수변(氵)이 글을 쓰기 위해 위에서 아래로 그은 종선(縱線)을 벗어나 있다고 지적한다. 또 연구자 일부는 또 비의 3면 첫 행 40여 자와 우측 상단과 하단의 50여 글자를 합해 총 90여 자가 지워졌는데, 이는 고구려군이 일본열도를 침공하는 부분이어서 일제가 의도적으로 훼손시켰다고 주장한다.

반대로 능비가 변조되지 않았다는 측은 "문맥이 맞지 않는다."라는 주장은 해석을 잘못한 것이며, 초기 탁본이라는 원석 탁본에서도 '渡海破'가 그대로 나오기 때문에 변조는 없었다고 말한다. 원본이 문제가 없는데 무슨 문제가 있느냐는 것이다. 여기에서 원석 탁본이란 능비의 발견 이후 초기에 채탁된 탁본인데, 탁본 업자들이 양질의 탁본을 얻기 위해 비문에 석회를 발랐다는 1900년 이전의 가장 신뢰받는 탁본을 말한다.

서첩 형식의 능비 탁본(경기대학교 소성박물관)

탁본의 종류

탁본의 종류를 살펴보면 대략 다음과 같다. 〈쌍구가묵본〉雙鉤加墨本은 일제의 밀정 사카와가 참모본부로 가져간 탁본으로 비문에 종이를 대고 글자의 윤곽을 그린 다음 여백에 먹을 칠한 것이다. 〈묵수곽전본〉墨水廓塡本은 기존의 탁본 위에 종이를 덧대어 비치는 글자의 모양을 따라 선을 그린 다음 여백을 먹으로 채우는 방식이다. 〈석회 탁본〉石灰拓本은 글자가 새겨진 부분이 마모되면 석회를 바르고 다시 원래의 글자를 새겨 넣어 채탁한 탁본이다. 비면 자체가 거칠었기에 글자가 새겨진 나머지 부분을 고르게 한 다음 석회를 발라 탁본하는 방식이다. 그리고 〈원석 탁본〉原石拓本은 비에 인위적인 행위를 가하지 않은 그대로의 상태에서 비문을 채탁한 방식을 말한다.

엄밀히 말해 〈쌍구가묵본〉과 〈묵수곽전본〉은 비에 종이를 대어 그리거나 기존의 탁본 위에 종이를 대어 베끼는 방식이라 탁본이라 할 순 없다. 탁본이 아닌 일종의 모사(模寫)본이다. 석회 탁본은 현재 남아있는 탁본 가운데 수량이 가장 많은 탁본이다. 물론 인위적인 행위가 가해졌지만, 방식 자체는 탁본의 형식을 갖추었다. 하지만 탁본가가 인위적으로 석회를 발라 원래 글자를 변형시킬 개연성이 있으므로 그 신뢰도는 원석 탁본에 미치지 못한다. 국립해양박물관에서 발간한 『광개토태왕릉비 탁본 연구』는 석회 탁본을 가려내는 기준을 명확하게 제시하고 있는데 그것은 다음과 같다.

첫째, 각 면의 테두리 선과 세로선이 보이지 않는다. 능비는 글자를 새기기 전, 각 면의 변두리에 테두리 선을 새겼다. 그리고 각 면에는 세로줄을 새긴 후 글자를 새겨 넣었다. 이는 현존 비의 상태를 통해서도 확인된다. 석회를 바르기 전의 이른바 초기 원석 탁본과 석회 박락 이후의 탁본들에서는 이러한 테두리 선과 세로선이 보인다. 그러나 비면에 석회를 바르기 시작하면서 이러한 테두리 선과 세로선은 석회로 메워서 탁출하였다. 글자 식별과는 상관없는 부분이었기에 탁출의 손쉬움을 위해 석회 탁본 제작자가 행한 것이다.

둘째, 원석 탁본과는 달리 대부분의 석회 탁본에서는 Ⅰ-3-27자는 "因"으로 탁출되어 있으며, Ⅰ-3-41자는 "黃"으로 탁출되어 있다. 그러나 원석 탁본인 北京大學 도서관 A~D 본이나, 水谷本, 청명본, 혜정본 등에서는 "天"과 "履"로 되어 있다. 원래 이 글자들은 판독하기 어려운 글자들이었다. 비문의 훼손으로 석독이 어렵게 되자 외형이 비슷하면서도 문맥상 뜻이 통하는 글자를 추독한 다음, 석회 보수를 통해서 새로운 글자를 만든 것이다. "因"과"黃"은 그러한 상황에서 만들어진 것이다.[27]

이처럼 탁본 방식을 기준하면 석회를 도포하기 전의 원석 탁본이 가장 신뢰할 수 있다. 하지만 현존하는 가장 오래된 원석 탁본도 시기적으론 사카와가 가져온 1884년의 쌍구가묵본을 앞서지 못한다. 사카와본은 현존하는 최고(最古)본이며 현재 도쿄국립박

27 『광개토태왕릉비 탁본 연구』 국립해양박물관, 2023.

물관에 있다.

참모본부는 탁본을 1884년에 입수했고 5년 후인 1889년에야 세상에 공개했는데, 이때 이미 그들에게 유리하도록 <을미년조>의 글자 중 '二'를 가획하여 '海'로 바꾸었다. 또 어떤 글자는 글자 전체에 석회를 발라 다른 글자로 변조시켰다. 사카와본과 같은 해인 1889년, 중국의 탁본 명장 이운종이 채탁한 원석 탁본인 '광서기축본光緖己丑本'의 경우 영락 6년 병신년 기사에 '討利殘國'이 나온다. 물론 사카와의 쌍구가묵본도 동일하다. 그러나 '利' 자의 원래 자는 '倭' 자였고 원문은 '討倭殘國'이었다.

이처럼 사카와본 뿐 아니라 원석 탁본도 일부는 이미 석회가 칠해졌고 변조된 상태에서 탁본 된 것이다. 때문에 원석 탁본이라 해도 완전한 원석 탁본은 아니다. 엄밀히 말하면, 지금 세상에 공개된 탁본 가운데 원석 탁본은 단 하나도 없다. 왜냐하면 그 어떤 탁본도 변조되기 전의 진정한 원석 탁본이 아니기 때문이다. 모두가 일제가 변조한 후에 채탁된 탁본들이다. 안타까운 일이지만 엄연한 사실이다. 개인적인 바람으로 '海破' 또는 '討利殘國' 이전의 '二破'와 '討倭殘國'이 나오는 진정한 원석 탁본이 발견되면 얼마나 좋을까 싶다.

ꕥ 진짜 원석 탁본은 어디에

광개토태왕릉비 탁본에서 말하는 '원석 탁본'이란 비문이 변조되기 전에 채탁한 탁본을 말한다. 그러나 참모본부는 일찍부터 능비의 '二破'를 가획하여 '海破'로, '討倭殘國'은 '討利殘國'으로 변조됐는데, 문맥의 흐름을 끊기 위해서였다.

그런데 사카와가 쌍구가묵본을 입수할 당시의 정황을 보면 그가 직접 변조하기는 어려웠을 것이다. 그가 1884년 일본에 탁본을 가져갔고 관학자들은 최대한 빨리 비문을 풀이한 후 그들에게 불리한 '二破'와 '討倭殘國' 부분을 변조해야 했는데 그 시기는 1889년 이전이다. 그들은 능비의 특정 부위를 변조했고, 또 그 부분의 탁본을 다시 떠서 원래의 탁본과 교체했을 것이다. 사카와본은 30여 장 이상의 탁본을 이어 붙인 것이라 이것이 충분히 가능할 수 있었다.

한편 능비 변조설을 부인하는 측은 "학자가 아니라 군인이었던 사카와의 한문 실력으로 1년도 안 되는 짧은 시간에 변조한다는 것은 불가능하다."라고 주장한다. 맞는 말이다. 사카와가 1883년 비의 존재를 알았고, 1년 후인 1884년 탁본을 구해 참모본부로 바로 갔기에 변조할 시간적 여유가 없었다. 따라서 참모본부가 비를 변조한 시기는 '渡海破'가 나오는 사카와본과 광서기축본(1889) 이전이 분명하다. 당시 일제는 요코이를 비롯한 최고의 학자들이 있었기에 비문 변조도 탁본과 석문(釋文)을 공개한 1889년까지 굳이 갈 이유가 없었다. 그래서 그들은 재빨리 〈을미년조〉의 '二' 자를 가획하여 '海' 자로 바꾸었고, 〈병신년조〉의 '討倭殘國'은 '倭'자 전체에 석회를 발라 '利'자로 바꾸었다.

우리나라에 있는 원석 탁본은 모두 3종으로 청명본과 혜정본 그리고 서울대 규장각본이 있다. 그 가운데 상태가 좋은 선본(善本)은 故 청명 임창순 선생이 소장했던 청명본과 경희대 혜정박물관이 소장한 김희숙 선생의 혜정본으로 알려져 있다. 청명본은 중국의 탁본가 이운종이 1889년 채탁했다는 명확한 근거가 있고, 혜정본은 채탁한 시기가 명확하지는 않다. 그러나 혜정본 또한 청명본과 유사하기에 초기의 원석 탁본임은 분명하며 그 가치 또한 매우 높다.

사실 원석 탁본이란 비에 석회를 칠하기 전에 채탁한 탁본을 말하는데, 엄밀히 말하자면 원석 탁본은 존재하지 않는다. 그 이유는 원석 탁본마저 일제가 이미 일부 글자들 위에 석회를 칠해 변조해 버렸기 때문이다. 원석 탁본의 진정한 가치는 석회가 칠해지기 전의 온전한 탁본이라는 데 있다. 그러나 비문은 삭제와 가획 그리고 석회의 메꿈 등으로 변조되었기에 그 순수성을 잃어버렸다고 보아야 한다. 병든 비문이 되어 버린 것이다. 비문 원래의 상태가 훼손된 점에서는 다소 실망스러울 순 있으나 이제는 원석 탁본의 가치 기준을 달리해야 한다.

새로운 가치란 다름이 아니라 비문을 통한 역사의 진실 규명이다. 이 비는 제국주의 역사 왜곡의 살아 있는 증거물이기에 거짓을 행한 국가들에는 이 비와 탁본을 통해 스스로 부끄러움을 느끼고 반성하는 거울이 되게 해야 한다. 또한 우리 국민에게는 힘이 없으면 주변국에 역사마저 유린당할 수 있다는 사실을 자각하게 하는 교훈으로 삼아야 한다. 사실, 조상님들이 훌륭한 업적을 이룬 것도 중요한 일이지만, 후손인 우리가 그것을 잘 지키고 선양하는 일 또한 그에 못지않게 중요한 일이다.

지난해 청명 임창순 선생님의 아드님이 소장했던 청명본을 국립중앙박물관에서 확보했다는 반가운 소식을 들었다. 우리 민족의 소중한 보물을 개인보다 국가 차원에서 더욱 안전하게 보존할 수 있게 된 것은 바람직하며, 당시 박물관에서는 디지털 방식으로 청명본의 복원본을 전시하기도 했다.

⸬ 쌍구가묵본의 진실

사카와가 일본으로 가져간 탁본을 이름하여 쌍구가묵본(雙鉤加墨本)이라 한다. 이 탁본의 채탁 방식은 비면에 종이를 대어 먹이나 연필로 글자의 윤곽선을 그린 다음 글자 이외의 여백에 먹을 채워 넣는 기법이다. 사카와가 일본으로 탁본을 가져간 시기는 1884년으로 알려졌지만, 실제 탁본 시기는 그가 탁본을 입수한 1883년 또는 그 이전으로 보아야 한다. 어쨌든 사카와본은 현존하는 모든 탁본 가운데 가장 오래된 탁본으로 알려져 있다.

그런데 일본에서 광개토태왕릉비의 최고 권위자로 알려진 故 다케다 유키오(武田幸男) 도쿄대 교수는 쌍구가묵본에 대한 의문을 제기했다. 그는 사카와가 가져온 탁본은 엄밀히 말해 쌍구가묵본이 아니라 묵수곽전본(墨水廓塡本)이라고 했다. 묵수곽전본이란 기존의 탁본 위에 종이를 대어 글자의 윤곽선을 그리고 나머지 여백은 먹으로 채우는 방식이다. 둘 다 비슷한 방식이나 하나는 비에 바로 종이를 대어 그리는 직접 방식이고, 하나는 기존 탁본 위에 종이를 대어 그리는 간접 방식이라는 차이가 있다.

그런데 다케다 교수의 주장에 따르면 사카와가 가져온 탁본에는 종이를 비면에 댄 흔적이 없다고 한다. 이는 사실일 것이다. 왜냐하면 그는 존경받는 도쿄대 교수였기에 도쿄국립박물관에 있는 쌍구가묵본을 쉽게 볼 수 있었고, 그 누구보다 좋은 조건으로 연구할 수 있었다. 만약 사카와본이 쌍구가묵본이라면 종이를 거친 비면에 밀착한 관계로 탁본된 종이의 뒷면에 무엇이 묻었거나 곳곳에 작은 훼손이라도 있었을 것이다. 하지만 탁본은 깨끗했다. 다케다 교수의 이 주장이 사실이라면 사카와가 가져온 탁본 이전에 그것의 모본(模本)이 되는 또 다른 탁본이 있었다는 이야기다. 만약 사카와가 집안에서 석회가 칠해지기 전의 어떤 탁본을 모본으로 묵수곽전본을 만들었다면, 그 모본이야말로 진정한 원석 탁본이라 할 수 있다. 적어도 사카와의 묵수곽전본을 일본으로 가져가기 전까지 능비는 변조되지 않았으니 말이다.

만약 사카와가 묵수곽전본을 구했다면 그 모본이 되는 원석 탁본까지 함께 일본에 가지고 갔을 가능성이 높다. 하지만 그것을 가지고 갔다 하더라도, 거기에는 그들에게 불리한 〈을미년조〉와 〈병신년조〉 원문이 그대로 있었기에 세상에 함부로 공표할 수도 없었다. 그 탁본이야말로 1급 기밀에 속하는 특제 탁본이기에 일제는 이 원본을 세상의 그 누구도 찾지 못할 깊숙한 곳에 숨겼을 것이다. 그래야만 향후 그들이 행할 비문 변조의 악행이 영원히 묻힐 수 있기 때문이다.

또 다른 가능성은 그들이 쌍구가묵본 또는 묵수곽전본을 일본으로 가져갔다. 그런 후 얼마간의 연구 끝에 〈을미년조〉와 〈병신년조〉를 비롯한 비의 원문을 일부 변조했다. 그리고 거기에서 변조된 부분만 다시 탁본해 변조된 탁본으로 묵수곽전본의 원문과 교체했을 수도 있다. 이 작업이 가능한 것은 사카와본은 여러 장의 탁본을 이어 붙인 것이었기에 변조가 필요한 부분의 탁본 낱장은 뗐다가 다시 붙이면 되었다.

그게 아니면 1884년 아예 낱장의 탁본을 일본에 가져갔다가 얼마 후 변조한 탁본 낱장까지 함께 조합해 1889년 세상에 공개했을 수도 있다고 여겨진다. 일설에는 완성된 낱장을 가지고 갔는데, 순서를 표시하지 않아 조합하는 데 애를 먹었다고 하는 것으로 보아 후자일 가능성이 있다.

또 하나의 가능성은 원석 탁본을 육군 참모본부로 가져가서 이를 모본으로 하여 아예 일본에서 쌍구가묵본 또는 묵수곽전본을 제작했을 수도 있다. 아니면 그들에게 불리한 내용이 등장하는 최초의 비문을 확인한 후 학자들과 공모해 변조할 곳을 정한 다음 밀정과 변조범을 집안으로 보내 비를 변조한다. 그리고 1889년 이전 변조된 탁본을 일본으로 가져가 이를 모본으로 묵수곽전본인 사카와본을 만든다. 이처럼 최초 해석의 저본인 쌍구가묵본이 만들어진 방식은 몇 가지로 생각해 볼 수 있다. 이런 다양한 추측을 하는 이유는 최초 탁본이라는 쌍구가묵본의 입수경로와 제작 과정을 모두 철저한 비밀에 부쳐 아직 완전히 밝혀지지 않았기 때문이다.

그런데 만약 사카와본 이전에 변조가 안 된 원석 탁본이 세상에 존재했다면 일제의 입장에서는 여간 큰 문제가 아닐 수 없다. 그 탁본의 수가 몇 부인지는 모르지만, 일제의 입장에서는 비싼 값을 주고 사든지, 아니면 훔치거나 뺏기라도 해야 했을 것이다. 그래야만 변조 이전의 모든 증거를 완전히 없앨 수 있기 때문이다. 당시 나라도 뺏을 수 있는 참모본부가 개인이 소장한 탁본 정도를 확보하는 것은 오히려 쉬운 일이었을 것이다. 왜냐하면 당시는 개인에게 현재와 같은 치안이 부재했고 첨단의 안전장치를 할 수 없던 시절이었기 때문이다. 혹시나 하는 마음에서 개인적인 상상을 한번 해보

왔다.

한편, 재밌는 사실은 1972년 재일사학자 이진희 교수가 일제의 '석회도부설'을 주장하기 전까지는 능비 연구자 대부분이 가짜 탁본인 사카와의 쌍구가묵본을 원석 탁본으로 잘못 알고 있었다 한다. 모사한 가짜 탁본을 진짜 탁본으로 잘못 알고 있었던 것이다. 그래서 일제가 던져준 변조된 탁본과 그 해석에만 매달려 전전긍긍하고 있었던 게 그때까지의 현실이었다.

3.
바다를 건넌 고구려

✿ 2면 끝과 3면 초입 부분의 비밀

우리와 일본의 관계는 참으로 묘하다. 지형적 측면으로는 가깝지만, 정신적 측면에서는 꽤 거리감이 있다. 유전적, 경제적 측면으로는 가깝지만, 정치적·역사적 측면으로 오면 항상 긴장을 늦출 수 없는 나라이기도 하다. 물론 그 이유는 그들이 대륙 진출에 대한 꿈을 버리지 않기 때문이다.

대륙 진출 의지는 두 가지인데, 하나는 그들의 뿌리가 한반도에서 기인했다는 근원에 대한 회귀본능이고, 또 하나는 그들의 생존과 직접적인 관련이 있다. 작년 이토 반도의 지진을 통해 보았지만, 일본열도는 불의 고리라는 환태평양 지진대에 속해 있으며, 수도인 도쿄 부근에 있는 후지산이 언제 폭발할지 모른다는 두려움에 모두가 마음 졸이고 있다. 그뿐만 아니라 지난 2011년 동일본 대지진 당시 후쿠시마 제1 원전에서 발생한 수소폭발로 인한 방사능 유출 때문에 국토와 바다의 일부가 이미 심각하게 오염되어 생존 환경이 점점 열악해지고 있다.

인간은 생존 앞에서는 무슨 일이든 저지를 수 있으며 그 어떤 악도 정당화시킨다. 그런데 감당하지 못할 자연적 재해가 머지않아 그들에게 닥칠 것으로 예상되기에 일본 수뇌부의 위기감은 우리의 상상 이상이다. 따라서 그들이 살아갈 길은 대륙 진출뿐이다. 그 방법은 평화적인 협상을 통한 영토의 매매 또는 할양이지만 우리의 현실적 입장에서는 수용하기 어렵다. 또한 세계적인 나라 일본이 한국을 상대로 자세를 낮춘다는 것 또한 스스로 자존심 차원에서도 용납하기 어렵다.

결국 그들이 사용할 선택지는 침략뿐이며, 그것을 정당화하는 데 가장 필요로 하는 것은 명분이다. 작은 싸움도 명분이 필요하다. 하물며 대국이 자기보다 작은 나라를 침략하기 위해선 반드시 명분이 필요한데 그것은 고토 회복이다. 이런 논리로 가야든 독도든 예전에 일본 땅이었으니 다시 찾아와야 한다는 것이다. 그럼 서기 395년 을미년, 그들의 한반도 침략은 사실이었고 명분인 고토 회복 또한 인정해 준다고 치자. 그렇지만 그들이 침략하기 전에 이 땅의 원래 주인은 누구였는가? 한반도의 원래 주인은 한민족이었지 열도의 왜인이 아니었다. 이와 같이 알고 보면 이들은 말도 되지 않는 이유를 들어 침략의 명분으로 주장하고 있다. 하지만 이와 달리 광개토태왕릉비를 보면 고구려가 백제나 왜를 정벌할 때는 이들이 동맹국인 약소한 신라를 공격했거나, 아니면 이들이 고구려를 침략했거나, 조공을 바치지 않았기 때문이라는 합리적인 명분을 제시하고 있다.

한편 능비는 1889년 일본에 의해 세상에 공개된 이후 끊임없이 변조설이 제기됐다. 그 이유가 신묘년 기사는 문맥이 맞지 않고 난

데없이 왜가 주어로 등장하며, 경자년 기사는 2면 끝부분 40여 자와 3면 첫 줄과 우측 상·하단부 50여 자가 집중적으로 지워져 있기 때문이다. 물론 여기의 원문이 무엇이었냐를 두고 한국의 민족사학 측과 한국·일본의 주류사학 측이 입장을 완전히 달리하고 있다.

일본의 주장은 이 부분이 세월의 풍화 또는 탁본가가 좋은 탁본을 뜨기 위해 말과 소똥을 비에 발라 태울 때 떨어져 나간 것이라고 주장한다. 반면 故 이유립 선생을 위시한 민족사학자들은 이 부분의 원문에는 태왕의 고구려 군사가 일본열도를 타격하는 내용이 실려 있다고 주장한다. 또 여기에 대한 원문을 복구해 내기도 했다. 물론 필자는 이러한 주장 모두를 수용하지는 않지만, 일부분은 수긍한다.

〈병신년조〉에는 '□□□□□□□□倭背急追至任那加羅 從拔城城卽歸服'처럼 비문의 앞부분에서 8자 정도 지워져 있다. 이유립 선생은 『광개토성릉비문 역주』에서 이 부분에 원래 '涉跡而越(섭적이월)' 즉 '자취를 밟아 [바다를] 건너갔다.'라는 내용이 있었다고 한다. 이 역시 원문을 찾을 수 없으니 "이것이 정답이다."라고 단정하긴 어렵다. 하지만 문맥의 흐름으로 보면 태왕의 군대가 바다를 건너 대마도나 열도로 가는 매우 중요한 장면으로 여겨진다. 또 지워진 2면 끝부분과 3면 1열과 우측 상·하단 부분의 원문에는 고구려군의 일본열도 침공 내용이 있었을 것으로 보인다. 왜냐하면 당시 출병한 고구려 군사가 보병과 기병 5만이었고, 왜의 근거지를 발본색원하겠다는 태왕의 의지가 확고했기 때문에 왜의 배후를 뒤쫓아 충분히 바다를 건널 수 있었다.

물론 故 다케다 유키오 같은 일본 학자는 왜에게 불리한 부분을 일제가 삭제했다면 "능비에 나오는 왜에 대한 다른 부분도 삭제했어야지 왜 유독 이 부분만 그랬겠냐."라고 항변한다. 그러나 그것은 제대로 모르고 하는 소리다. 왜의 침공은 총 4차례였고 그때마다 그들은 패배했다. 그리고 세 차례 동안은 전장(戰場)이 한반도였다 하지만 경자년의 전장은 이와 달리 한반도에서 대마도와 열도로 이어진다. 그런데 일제의 입장에선 천왕이 한 번도 단절됨 없이 이어졌다는 '만세일계(萬世一系)'가 되어야 했기에 일본열도가 침공당하면 안 되었다. 그 때문에 참모본부는 〈경자년조〉에서 2면 9행 8자와 10행 30자 그리고 3면 1행 거의 전부인 37자와 2행 13자, 3행 4자 정도 합하면 92자를 삭제해야 했다. 모든 편년 가운데 〈경자년조〉에 가장 많은 글자가 삭제되어 있다. 나머지 부분에서 소실된 글자를 모두 합해도 〈경자년조〉보다 적다. 일제는 이렇게 해야만 고구려군의 '열도침공설'을 깨끗이 지울 수 있었다. 고구려의 열도침공 기사는 가획하거나 글자 몇 자 변조해서 해결될 수 있는 문제가 아니었기 때문에 '대량 삭제'라는 무리수를 쓸 수밖에 없었다.

이러한 진실을 감추기 위해 참모본부의 특명을 받은 요코이 일당은 1889년 비문 탁본과 해석을 처음 공개한 사카와의 쌍구가묵본에서 의도적으로 3면 1행을 지워 발표한다. 원래부터 40여 자를 비문의 글자 총수에서 빼버린 것이다. 그래서 일부 연구자들은 비문의 글자 수를 1,804자가 아니라 1,775자라고 잘못 알고 있다. 일제는 경자년의 진실을 은폐하기 위해 글자 수까지 왜곡시켰는데, 아직도 일부는 속고 있고 일부는 진실을 덮으려고 의도적으로 1,775자라고 우기고 있다.

한편 단재 신채호 선생이 집안 현지를 답사하고 남긴 『조선상고사』에는 이를 암시하는 부분이 나온다. 단재 선생이 그곳에 갔을 때 현지에서 만난 영자평(英子平)이란 아이가 능비를 두고 말하길 '중국에 불리한 내용 있어서 중국인들이 밤에 돌로 쪼아 냈다,'[28]라고 했는데, 과연 비를 훼손한 이들이 중국인일까? 아니면 일본 첩자가 중국인으로 변장해 변조했거나 아니면 중국인에게 돈을 주고 변조하라고 사주한 것은 아닐까? 필자는 후자일 것으로 추측한다. 당시 일제에 이 정도의 공작은 그리 어려운 일도 아니었기 때문이다.

안악 3호분 행열도의 고구려 개마(鎧馬)무사

28 신채호 『조선상고사』 1948, "비가 오랫동안 풀숲에 묻혔다가 최근에 영희(榮禧)가 이를 발견하였는데, 그 비문 가운데 고구려가 땅을 빼앗은 글자는 중국인들이 모두 도부(刀斧)로 쪼아 내어 알아볼 수 없는 글자가 많고 그 뒤로 일본인이 이를 차지하여 영업적으로 이 비문을 박아서 파는데 왕왕 글자가 떨어져 나간 곳을 석회로 발라 알아볼 수 없는 글자가 도리어 생겨나서 진적(眞的)한 사실은 삭제되고 위조된 사실이 첨가된 것 같습니다."

故 다케다 유키오 교수는 능비의 비밀을 풀고자 노력한 일본의 대표적인 학자다. 실제 그는 능비의 진실을 알려고 노력했고, 학자적 양심으로 연구의 객관성을 유지하려 했다. 그러나 그 역시 '팔은 안으로 굽는다.'라는 우리의 속담처럼 자국 입장에 서서 주장하는 모습 또한 종종 있었던 것도 사실이다.

❀ 고구려의 열도침공설

옛날부터 우리나라는 중국과 일본의 고대 국가들로부터 많은 침략을 받아 왔다. 기록을 보면 수(隋)나라와 당(唐)나라를 비롯한 중국도 중국이려니와 일본의 고대 국가인 왜의 침략은 대소 수백 회에 이른다. 그래서 일연스님도 『삼국유사』 <파사석탑조>의 마지막 부분에서 "千古의 [적인] 남쪽의 왜, 성난 고래 막고자 함일세." 라는 시(詩)를 남기며 파사석탑의 영험으로 왜적을 막아주길 빌었다. 그러나 이런 성가신 왜를 진작 섬멸하지 못한 것은 이들이 잦은 침략의 경험과 함께 항해술의 발전으로 소위 '치고 빠지는' 전술의 명수가 되었기 때문이었다. 전투에 있어선 잘 싸우는 것도 중요하지만 불리할 때는 빨리 도망가 손실을 줄이는 것도 그에 못잖게 중요한 일이다.

영락 10년 경자년, 고구려군은 신라의 지원군이 되어 임나가라로 추정되는 바다 건너 대마도에 있던 왜의 전초기지인 본성(本城)과 주위에 있던 변성(邊城)인 신라성을 쳤고, 이후 본토까지 공격해 왜를 패퇴시킨다. 이처럼 당시의 상황을 비추어 보면 임나가라의 위치는 일각에서 주장하는 것처럼 고령이나 김해일 리가 없다. 그 까닭은 이때 고구려와 왜의 첫 전투가 벌어진 전장(戰場)은 한반도의 신라가 분명하지만, 두 번째 전투가 벌어진 임나가라의 위치는 한반도가 아니라 바다를 건넌 대마도였기 때문이다. 또 당시의 고구려는 고령의 대가야나 김해의 금관가야와는 적대국도 아니었고, 서로 전쟁했다는 기록이 그 어디에도 없으므로 왜가 쫓겨간 곳으로 볼 수 없다.

〈경자년조〉에는 고구려가 "왜의 배후를 급히 추격했다."(倭背急追)라고 나온다. 이처럼 5만의 대군으로 왜의 뿌리를 뽑고 말겠다는 강력한 의지를 가진 고구려군이 왜를 뒤쫓을 때 다른 여유를 부릴 시간이 없었다. 화급을 다투는 중요한 순간이므로 계획에 없던 중립국 가야를 공격한다는 것은 있을 수 없는 일이다. 더구나 가야는 백제나 왜의 동맹군도 아니었고, 전쟁에 참여하지도 않았는데, 고구려가 공격할 이유가 전혀 없었다. 가야 또한 도망쳐 오는 왜를 잘못 받아 줬다간 그 뒷감당을 어떻게 하겠는가. 그러므로 고구려군이 공격했다는 임나가라의 위치는 결코 금관가야가 될 수 없다. 만약 고구려가 공격한 임나가라가 금관가야였다면 전장은 확대되어 고구려의 부담이 더욱 커졌을 것이다. 또 만약 왜가 육지인 김해로 도망갔다면 엄청난 주력의 고구려 기마병에게 금방 덜미를 잡혔을 것이다.

그리고 임나가라의 위치가 고령이라면 〈을미년조〉의 "왜는 신묘년부터 바다를 건너 [조공을] 왔다."(而倭 以辛卯年來渡)라는 기사와도 전혀 맞지 않는다. 내륙인 고령에서 건너야 할 바다는 없기 때문이다. 또 고령에 왜의 본거지가 있었다는 역사적 기록이나 유물은 전무하다. 대가야는 광개토태왕의 남정(南征)과 무관하게 562년까지 존속했다. 하지만 임나는 『일본서기』에 646년까지 등장하므로 둘은 별개의 나라이다. 그러나 대일항전기, 식민사학자 이마니시 류의 주장에 따라 일제는 임나의 위치를 고령에 확정하고 임나대가야국성지(任那大加耶國城址)라는 기념비까지 세운다. 이는 창씨개명(創氏改名) 못지않은 창지개명(創地改名)으로 가공의 임나일본부를 사실화하기 위한 교묘한 역사 공작이다.

만약 가야가 고구려의 적이었고 백제나 왜의 동맹국이었다면 능비에서처럼 '임나가라'라는 생소한 국명을 쓰지 않았을 것이다. 고구려가 백제를 백잔(百殘) 또는 잔국(殘國)이라 하고 왜를 왜구(倭寇)나 왜적(倭賊)으로 비하한 것처럼 가야도 다른 어떤 이름으로 비칭(卑稱)했을 것이다. 가야라는 정식 국명을 놔두고 근거조차 확실치 않은 임나가라를 쓸 리가 만무하며, 만약 임나가라가 한반도의 가야였다면 능비의 다른 어느 곳에서라도 분명히 나타났을 것이다. 그러나 그런 기록은 전혀 보이지 않고, 왜가 바다 건너 쫓겨간 '임나가라'라는 지명 하나만 언급되고 있다. 또한 임나(任那)라는 단어에 그 어떤 비하의 뜻도 찾아볼 수 없다. 때문에 한반도의 가야와 당시 대마도에 위치한 임나가라는 동일한 곳이 아닌 다른 곳이다.

경자년, 왜가 혼비백산하여 도망갔다는 기사를 보면 그들이 침입해 올 때처럼 도망갈 때 역시 바닷길인 동해였다. 그 이유는 『삼국사기』 〈신라본기〉 내물이사금 38년(서기 393년)을 보면 왜가 금성을 침입했을 때 내물왕이 말한 내용이 나온다.

"지금 적들은 배를 버리고 깊숙이 들어와 사지(死地)에 있으니 그

날카로운 기세를 당할 수 없다. 말하고는 이내 성문을 닫았다."[29]

라는 기록처럼 왜는 육지가 아닌 배를 이용해 침략해 왔다. 이로 미루어 왜의 본거지는 바다와 관련이 있다. 때문에 7년 후인 영락 10년(서기 400년) 왜가 패주할 때 역시 동해를 통해 도망갔고, 고구려의 보병과 기병도 고구려와 신라의 배를 이용해 왜의 전초기지인 대마도의 임나가라와 규슈에 있던 왜의 본거지를 친 것이다. 이처럼 당시의 왜는 바다를 건너 신라를 침략했다가, 오히려 바다를 건너간 고구려군에게 비참하게 패배했다. 이처럼 고구려보다 훨씬 약한 왜도 한반도를 마음대로 노략질했는데, 고구려와 신라 연합군의 열도침공은 마음만 먹으면 충분히 가능한 옵션이었다.

옆으로 눕힌 탁본, 나무로 판각해 찍은 모각(模刻)본 (한국학중앙연구원)

29 今賊棄舟深入 在於死地 鋒不可當 乃閉城門

4.
각국의 역학 구도

⊛ 신묘년 당시의 신라 위치

요즘 학계는 신묘년 기사의 '백제와 신라는 옛날 우리의 속민(屬民)이었다.'라는 비문 내용이 과장되었다는 게 정설이라 한다. 하지만 『삼국지 위서 동이전』 〈변진조〉에 "진왕(辰王)은 항상 마한 사람으로서 대대로 이어 갔으며, 진왕이 스스로 왕이 되지는 못하였다."[30]라는 문헌 기록을 통해 신라의 전신인 진한이 고구려의 전신인 마한에 예속되었던 사실을 알 수 있다.

이처럼 고구려는 신라뿐 아니라 자신들에게서 갈라져 나간 백제까지 속민이라 말할 수 있는 자긍심을 가진 나라였다. 물론 능비를 세운 이는 아들인 장수왕이며 그는 당대 고구려의 강력한 국력을 과거까지 투사해 자기들을 높이려 했을 수는 있다. 설사 그렇다고 해서 능비에 사실이 아닌 것을 기록한 것은 절대 아니며, 오히려 돌에 새겨야 한다는 한계로 인해 태왕의 업적 가운데 일정 부분 누락

30 辰王常用馬韓人作之世世相繼 辰王不得自立爲王

되었다는 점도 고려되어야 한다. 그러므로 능비에서 말하는 속민이란 의미는 태왕의 활동 당시가 아니라, 그 이전 시대의 고구려와 백제·신라 관계를 말한 것이다. 그러므로 신묘년 기사를 결코 거짓이라 할 수 없다.

비문 전체의 기록을 보면 백제와 왜는 아주 긴밀한 관계인 반면 고구려는 예외 없이 백제와 왜에 대해 일관되게 적대시하고 있다. 고구려가 백제에 대해 적개심을 가진 이유는 태왕이 태어나기 3년 전인 서기 371년, 태왕의 조부인 고국원왕이 백제의 중흥 군주 근초고왕에게 죽임을 당하였기 때문이다. 태왕은 어려서부터 부왕인 고국양왕으로부터 이 이야기를 많이 들었을 것이므로 백제는 할아버지를 죽인 불공대천 원수의 나라로 여겼다. 그래서 백제를 백잔(百殘) 또는 잔국(殘國)이라 폄하했고, 백제와 연합하는 왜도 마찬가지여서 비문에서도 왜적(倭賊), 왜구(倭寇)라고 비하해 기록하고 있다.

한편, 기존의 능비 신묘년 기사 “왜가 신묘년 이래로 바다를 건너와서 백잔(백제)과 신라를 파했다.”라는 내용은 변조가 확실하다. 그 이유는 왜와 백제는 비문의 기록처럼 ‘한통속’이지 결코 서로가 적대하던 관계가 아니었기 때문이다. 예를 들면 영락 5년 을미년, 백제가 왜와 연합해서 신라를 공격한 것처럼 영락 9년 기해년에서도 백제와 왜가 화통(和通)했으며, 왜가 신라를 침범한 내용이 나온다. 또한 영락 14년 갑진년, 왜가 대방을 침범할 때도 백제와 왜는 연합한다. 그리고 영락 17년 정미년에도 백제와 왜는 연합한 것으로 보인다.

사실 이렇게 한결같은 백제와 왜의 우호 관계를 부정할 만한 어떠한 이유나 문헌적 증거가 없다. 백제와 왜의 전쟁 기사 또한 그 어떤 기록에도 없다. 그러므로 태왕이 즉위한 영락 1년 신묘년부터 영락 5년 을미년까지 백제와 왜의 관계가 나빠질 근거를 제시하지 못한다면, 왜가 갑자기 백제를 공격했다는 능비의 뜬금없는 기록은 일제의 변조가 아니고는 도무지 설명될 수 없다.

이처럼 기록을 보면 고구려가 가장 강했고, 뒤를 이어 백제와 왜가 있었으며, 신라는 백제와 왜에게 계속 침공당하는 형국이다. 그럴 때마다 신라는 강력한 고구려에 구원을 요청해 겨우 위기를 모면한다. 그런데 영락 6년 병신년 백제의 아신왕은 태왕에게 패한 후 "영원한 노객(신하)이 되겠습니다."라며 왜와 관계를 끊는다. 하지만 이러한 맹세를 깨고 3년 후인 영락 9년 기해년 왜와 다시 친교를 맺었다(九年己亥 百殘違誓 與倭和通). 그래서 영락 10년 경자년 왜의 침공으로 신라의 운명은 마치 바람 앞의 등불 같았다. 왜냐하면 신라의 내물마립간이 나라를 구원해 준 고구려의 고마움에 보답하기 위해 '전에 없이 친히 가솔을 데리고 조공을 왔다.'라고 비에 기록되어 있기 때문이다.

백제와 왜의 입장에서는 만만한 게 신라였다. 반면 나약한 신라가 기댈 곳은 큰 형님처럼 든든한 고구려밖에 없었다. 고구려의 신라 구원은 영락 5년 백제와 왜가 신라를 침공해 신민으로 삼으려 했을 때, 다음 해인 영락 6년 태왕이 직접 출병해 막아줬고, 영락 9년 백제와 화통한 왜의 대규모 침입 때도 영락 10년 보병과 기병 5만 명을 보내 신라를 지켜주었다. 고구려가 신라를 지켜주기 위해 영락 6년처럼 태왕이 몸소 출병하거나 아니면 영락 10년처럼 5만의 대군을 보내는 데에는 그 나름의 이유가 있었다. 고구려 입장에서는 백제와 왜라는 사나운 적들을 상대하기 위해선 약한 신라지만 지켜주어 그들을 견제해야만 했다. 신라가 이뻐서라기보다 '적의 적은 아군'이라는 역학 구도에 의한 양국의 관계였을 것이다. 예나 지금이나 국제 사회에서는 영원한 적도 아군도 없다. 스스로가 힘을 가지지 못하면 역사에서 사라진다는 사실만이 언제나 변함없는 철칙이다.

한편, 역사는 계속 순환하는 구조를 가진다. 때문에 역사에 밝은 안목을 가진 사람은 과거를 통해서 현재의 흐름을 읽고 희망찬 미래를 열어간다. 그래서 예로부터 국가를 경영하는 군왕에게 역사 공부는 선택이 아닌 필수였고 위정자의 역사에 대한 인식은 국정 분야 가운데 외교에 특히 커다란 영향을 끼쳐왔다. 광개토태왕 당시의 각국 관계를 살펴보면 다음과 같다.

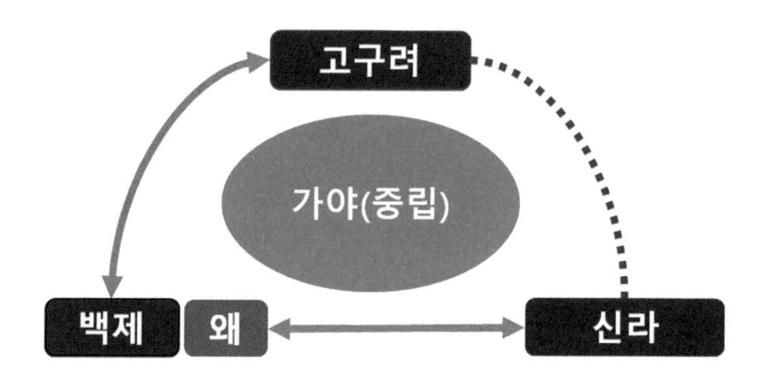

각국의 역학 관계

⁂ 각국 사이의 관계

【고구려와 백제】 두 나라의 사이는 좋지 않았다. 두 나라는 영토 확장을 위한 국지전을 계속하다가 백제 근초고왕이 고구려를 침공해 고국원왕을 전사시킨다. 당시 부왕의 죽음을 목도 한 두 아들 소수림왕과 고국양왕은 복수할 기회를 노렸지만 결국 뜻을 이루지 못했다. 하지만 소수림왕 이후 고구려는 군사력을 강화해 태왕 재세 시 백제에 대한 확실한 군사적 우위를 점했다. 과거 고구려는 예전부터 백제가 자신들의 방계(傍系)라는 상대적인 우월감이 있었다. 하지만 백제는 고구려의 이러한 입장과는 생각이 달랐다. 근초고왕의 손자인 아신왕 당대의 백제가 고구려보다 약했던 것은 사실이지만 주종 관계는 아니었다. 이전에는 할아버지가 고구려의 고국원왕을 전사시킬 정도로 대등하게 경쟁했기에 백제는 호시탐탐 고구려를 노렸고 이들의 앙숙 관계는 계속됐다. 이는 결국 광개토태왕 재세 시 대규모 전쟁으로 이어졌다.

【백제와 왜】 비문을 보면 양국은 주종 또는 형제 관계로 항상 행동을 같이한다. 이유는 왜의 뿌리가 백제와 밀접한 관계가 있기 때문이다. 근초고왕(346~375) 대에 만들어진 것으로 보이는 칠지도는 학계에서 통상 백제왕이 제후인 왜왕에게 하사한 것으로 보고 있는데, 이를 통해 왜는 백제의 제후국일 가능성이 높다. 당시 백제는 한반도의 패권을 차지하려는 야심이 있었다. 하지만 혼자만의 힘으로는 도저히 불가능했기에 왜와 협공해 고구려와 신라를 공격했다. 능비의 원래 글자를 복원해 보면 영락 5년 백제와 왜가 신라를

먼저 공격한다. 이유는 백제와 왜가 연합을 했다지만 고구려를 직접 공격하기엔 쉽지 않다고 판단했기 때문이다.

그래서 그들은 그나마 고구려에 순종하고 있던 신라를 먼저 합병해 후환을 없애고 세력도 키워 나중에 고구려를 공격할 심산이었다. 그러나 능비의 기록처럼 이를 감지한 고구려는 신라가 위기를 맞을 때마다 출병해 구원해 주었기 때문에 백제와 왜의 계획은 좌절되고 만다. 만약 백제와 왜가 서로 힘을 합쳐 고구려라는 거대한 나라를 꺾을 수 있다면 고구려는 백제가 차지하고 신라는 왜가 차지하는 밀약을 맺었을지도 모른다. 그 첫 번째 계획이 신라 정벌이었는데, 고구려는 막강한 군사 지원으로 백제와 왜로부터 신라를 구명해 주었던 것이다.

【고구려와 신라】 두 나라는 비문에 나타난 것처럼 힘이 센 형님이 나약한 동생을 도와주는 것 같은 관계였다. 신라는 백제와 왜로부터 지속적인 침입을 받았고 늘 불안한 상태였다. 힘이 약한 신라가 살아남는 방법은 오직 고구려에 의지할 수밖에 없었다. 그래서 백제와 왜로부터 공격을 당할 때마다 고구려에 구원을 요청했다.

결국 영락 10년 경자년 태왕은 5만의 군사를 보내 신라를 왜로부터 구원했다. 경주 김씨로 신라인의 후예인 김부식이 능비의 이러한 기록을 『삼국사기』에 싣지 않았던 것은 나약했던 신라의 과거를 감추기 위한 것으로 여겨진다. 신라가 적의 침공을 당해 자신들이 직접 격퇴한 것이 아니라 강력한 고구려의 힘을 빌려 국난을 극복했다는 사실이 김부식에게는 매우 수치스러웠던 모양이다.

【가야】 이상하게 능비의 기록에 보이지 않는다. 지리적으로 보아도 〈가야와 고구려〉는 서로 국경을 맞닿지 않는다. 고구려 입장에서도 백제와 왜의 연합만으로도 신경이 쓰이는데 가야까지 적대 관계가 되면 전혀 이로울 것이 없기에 괜히 건드릴 필요가 없었다. 가야는 백제와 신라 사이에 있어서 고구려와 직접적인 충돌의 요소도 없다. 『삼국사기』「고구려본기」에도 가야와의 기사는 한 줄도 보이지 않는다.

가야의 입장도 마찬가지여서 백제와 왜 그리고 신라 사이에서 처신하기도 쉽지 않은데, 막강한 고구려를 건드려서 무슨 화를 당할지 모르기에 그 어느 편도 들지 않은 것으로 보인다. 이러한 전후 사정을 비추어 보아 영락 10년 경자년에 태왕의 고구려군이 왜를 뒤쫓아 공격한 임나가라는 앞에서 고찰한 것과 같이 한반도 남부의 가야와 전혀 무관한 대마도였다. 그리고 가야와 백제는 특별히 충돌했다는 문헌의 기록이 없으니 서로 무난한 관계를 유지한 것으로 보인다.

한편, 『삼국사기』를 보면 가야 초기인 신라 파사 이사금 대를 비롯해 양국의 지속적인 국지전은 있었다. 그런데 서기 260년 '포상팔국의 난' 때 가야는 신라의 도움을 받아 난을 진압하기도 하는 것으로 미루어, 때로는 다투기도 하다가 때론 돕기도 하는 사이로 보인다. 가야는 이웃 국가들이 다투는 사이에 끼어 어느 편도 들지 않고 오늘날의 스위스처럼 중립국의 위치에 있었던 것으로 보인다.

혹자는 또 가야를 왜라고 말하나 왜는 '열도에 있었던 백제'라고 김수지 박사는 2025년 그녀의 학위 논문「고대 倭와 任那加羅 실체 연구」에서 주장했다.

왜와 가야의 관계

현재 중국 집안시에 있는 고구려 광개토태왕릉비를 보면 4세기 말에서 5세기 초 동아시아의 국제관계를 엿볼 수 있다. 여기에는 북쪽의 비려, 서쪽의 후연, 동쪽의 숙신·동부여를 비롯해 남쪽의 백제와 신라 그리고 왜가 나오는데 고구려가 가장 싫어했던 상대는 백제와 왜였다. 고구려 입장에서는 강력한 주적인 백제도 싫었지만, 항상 백제와 내통해 고구려를 노략질했던 왜도 백제만큼이나 경멸했다.

그런데 일각에서 고구려를 성가시게 했던 왜를 가야라고 주장하고 있다. 그중에는 주류사학자뿐 아니라 재야사학자와 일반 역사 마니아들도 있다. 능비 〈경자년조〉에는 '倭背急追 至任那加羅 從拔城'이라는 구절이 나온다. 그런데 왜가 가야라고 주장하는 사람들은 이 구절을 근거로 고구려군이 임나가라 종발성 즉 금관가야인 김해의 분산성이나 부산의 배산성까지 왔다고 주장한다. 또는 경자년 왜가 신라를 공격할 때 가야도 백제와 연합했다고 주장한다. 그러나 비문과 역사서 그 어디에도 가야가 백제나 왜와 연합해 고구려와 싸웠다는 기록이 없다. 그런데 가야사 주류 사학자들 대다수가 능비에 나오는 임나는 가야가 맞고 그 위치는 한반도 남부에 있었다고 말한다.

또한 이들 가운데 일부는 왜가 실제로는 가야를 의미하며 경자년 당시 태왕에 의해 한반도 남부까지 쫓겨갔다고 주장한다. 그리하여 고구려군의 남정에 의해 가야가 엄청난 피해를 보았고, 이후 점점 쇠락의 길을 걸었다고 한다. 사실 이러한 주장들은 일본 시가 현립대학의 역사학자 다나까 도시야키(田中俊明) 교수가 만든 〈전기 가야연맹〉과 〈후기 가야연맹〉이라는 '가야 연맹설'에서 비롯되었다. 정말 황당한 일은 그의 주장조차 문헌적 근거가 명확하지 않고, 경자년 광개토태왕의 남정을 근거로 하고 있다는 것이다. 그런데 지금 검증 안 된 가설이 통설이 되고 또 그 통설을 바탕으로 온갖 논문과 책이 쓰이고 있는 이상한 일이 일어나고 있다.

왜가 가야라고 주장하는 이들에 따르면 광개토태왕릉비나 『삼국사기』의 「고구려본기」, 「백제본기」, 「신라본기」 그 어디에서도 가야가 등장하지 않는데, 그 이유는 능비에 나오는 왜가 곧 가야이기 때문이라는 것이다. 가야가 한반도에 분명히 있었는데 모든 기록에서도 전혀 등장하지 않은 것은 왜가 가야였기에 따로 기술하지 않았다고 말한다. 그러나 이러한 주장은 근거도 전혀 없을뿐더러 합리적인 추정도 아닌 상상에 불과하다. 그런데 이들의 근거 없는 주장 때문에 탄생부터 멸망까지 높은 품격을 지녔던 국가 가야가 남의 나라나 약탈하는 천박한 국가로 폄하돼 국격을 떨어뜨리고 있다. 문화 선진국 가야를 미개한 해적 또는 약탈자로 만들고 있는 것이다.

가야는 서기 42년에 왕을 원하는 백성의 민의에 부응해 구지봉에서 건국된 나라다. 그리고 서기 532년 나라가 망할 때는 백성이 피 흘리는 것을 우려한 구형왕이 신라에 평화롭게 나라를 양도했다. 이렇게 국가를 평화적으로 양도한다는 것은 가야의 지도부가 정신적으로 높은 수준에 이르지 못하면 내릴 수 없는 결정으로 보아야 한다. 또한 당시의 지형을 봐도 고구려와 가야는 백제와 신라처럼 국경을 접하고 있지 않다. 고구려와 가야의 직접 충돌 가능성이 그리 높지 않은 이유이다. 따라서 고구려에 패한 왜는 결코 가야가 아니었다.

가야는 일찍부터 삼국과 달랐고 오히려 특정 시대는 삼국보다 앞서는 문화와 기술력을 뽐내던 나라였다. 김해 양동리 고분군은 기원전 2세기부터 기원후 7세기까지의 다양한 방식의 고분이 밀집되어 있는 곳이다. 그런데 가야 초기 여기에서 발견된 무덤의 크기나 유물은 동시대 고구려·백제·신라를 능가하기도 한다. 특히 초기에는 신라보다 무력에서도 앞서는 것으로 『삼국사기』에 여러 번 나온다. 가야는 평화를 사랑했기에 상대국을 먼저 침범하는 경우가 거의 없었다. 이러한 가치관을 가진 선한 나라가 시도 때도 없이 명분 없는 침략 전쟁을 일으킬 리가 없다. 가야가 약해진 원인의 하나는 높은 정신문화의 추구로 인한 문약(文弱) 때문이 아닐까 하는 생각도 든다,

능비에 등장하는 왜의 정체는 대마도나 백제 땅 일부에 전초기지를, 일본열도에는 본거지를 두어 백제와 연합한 나라였다. 때로는 백제의 용병으로 때로는 백제의 행동대장으로 고구려의 변방을 괴롭히던 군사 집단이었다. 그들과 대륙에 위치한 품위 있는 국가인 가야와 결코 동일시해선 안 된다. 우리의 고대사는 외침과 병화 그리고 자국 내의 수서령(收敍令) 등 여러 가지 원인으로 훼손되었다. 그렇다고 해서 근거 있는 우리의 기록을 부정하고 전혀 합리적이지 않은 외국 학자 개인의 가설을 통설로 확정한다는 것은 매우 위험한 일이다. 왜냐하면 역사는 학문의 영역에서 끝나지 않고 국제관계에 있어선 매우 현실적인 요소로 작용하기 때문이다. 물론 국적을 떠나 근거 있는 주장이라면 언제나 수용할 수 있는 마음이야말로 학문하는 바른 자세이기도 하다.

5.
나머지 소소한 이야기들

❀ 신묘년 기사 결락자 동(東)

광개토태왕은 서기 400년 전후에 실재했던 인물이었으며, 생전에 고구려를 대제국으로 만든 동아시아의 패자(霸者)였다. 그는 한민족 역사 전체에서도 둘째가라면 서러울 정도의 역대급 영웅이었다. 하지만 그의 무용담은 세월 속에 묻혔고, 사람들의 기억에서 서서히 잊혀 갔다.

그런데, 그의 사후 1,500여 년이 다 되어가던 1876년경 그의 업적이 기록된 6m 40cm의 거대한 비석이 세상에 그 위용을 드러냈다. 비의 거대한 모습에 압도된 중국의 지식인들은 이때 고구려가 어떤 나라인지 새롭게 인식하는 계기가 되었다. 그러나 일본은 당시 급변하는 동아시아의 정치적 흐름 속에 대동아 공영이라는 제국주의적 망상에 사로잡혀 일본몽(日本夢)을 꾸었고 이 비를 악용하고자 했다.

참모본부는 학술기관도 아니면서 초월적인 권위로 조선의 역사에 개입했다. 그들은 사카와를 통해 탁본을 입수했고, 5년간의 비밀 연구로 비를 변조해 세상에 첫 해석을 내놓았다. 특히, 영락 5년 〈을미년조〉 기사에는 "왜가 신묘년에 바다를 건너와 백잔□□신라를 파하고 신민으로 삼았다."라는 황당한 내용도 들어 있어 당대 지식인들의 의심을 사기에 충분했다. 이후 여러 명의 학자가 신묘년 기사의 진실과 백잔 뒤에 결락 된 두 글자가 무엇이었는지에 관해 오랫동안 연구했지만, 그다지 만족스러운 답을 얻지 못하고 있었다.

그러던 중, 1980년대 초 능비에 관해선 중국 최고의 권위자라는 왕건군 소장이 탁본 업자 초붕도(初鵬度)가 조카딸에게 전해줬다는 능비의 필사본을 공개해 세상의 주목을 받았다. 당시 그는 집안 현지에 가서 능비와 관련한 인물들을 인터뷰했는데, 그 과정에서 초붕도의 조카딸을 만났고, 그녀의 집 다락방에서 먼지에 덮여 있는 필사본을 발견했다고 한다. 그런데 놀라운 점은 필사본의 신묘년 기사에서 결락 된 두 글자 가운데 앞 글자가 '동녘 東'으로 선명하게 쓰여 있는 것이었다. 왕 소장의 주장에 따르면 이 필사본을 소유한 초붕도의 조카딸은 삼촌이 죽기 전 "중요한 것이니 잘 보관하라." 라고 말하며 이것을 맡겼다 한다. 필사본은 선명한 탁본을 얻고자 했던 초붕도가 능비에 붙은 이끼를 제거하기 위해 소똥과 말똥을 발라 불태우기 전 직접 필사한 것이라 했다.

그런데 문제는 이끼가 덮인 비문을 필사했다는데 과연 정확한 필사가 가능했을까? 하는 것과 이처럼 오류의 가능성이 없지 않은데 앞 결락자를 '東'으로 확정할 수 있을까? 하는 점이다. 북한학자 손영종도 결락 부분을 '東□新羅(동□신라)'로 재구했다.

그는 신묘년 기사를 '百殘新羅舊是屬民 由來朝貢 而倭以辛卯年來 渡浿破百殘 東□新羅 以爲臣民' **"백잔과 신라는 옛적에는 속민이었고, 그전부터 조공을 바쳐오던 것인데, [백제의 책동으로] 왜가 신묘년에 왔으므로 [고구려왕은] 패수를 건너가서 백잔을 치고, 동쪽으로 신라를 [초유하여] 신민으로 삼았다."라고 해석했다.**

하지만 필요 이상의 과도한 지문이 필요할 뿐 아니라 왜가 침입해 왔는데 고구려는 침입자 왜를 놔두고 책동자 백제와 까닭 없이 신라까지 침공한다는 모순이 있다. 이처럼 도패파(渡浿破)나 일제가 공개한 최초의 석문(釋文) 도해파(渡海破)의 바탕 위에 '東'을 넣고 온갖 방식으로 해석해도 문맥은 맞지 않는다.

또 백제가 인접한 신라를 치러 가는데 굳이 '東'이란 방향을 쓸 이유가 없다. 영락 14년, 왜와 백제가 연합해 고구려의 대방 지역을 침공할 때도 '北'이란 방향을 쓰지 않는데, 신라만 지칭하여 '東'으로 쓸 까닭이 없다. 또 초붕도의 필사본에 있는 글자들은 발견자인 왕소장의 석문이나 초기의 탁본인 사카와의 쌍구가묵본과 비교해 보면 여러 곳에서 오자(誤字)가 보인다. 그래서인지 몰라도 그는 자신의 석문에서조차 '東'을 넣지 않고, 결실자 부분은 공란으로 남겨두었다. 이유는 초붕도의 필사본 여러 곳에 보이는 오류를 고려할 때, 결국 자신조차도 결락자를 동(東)으로 인정할 수 없었기 때문에 자신의 석문에는 쓰지 않았던 것이다.

모든 탁본에는 '東'이 없다. 오직 필사본에만 남아 있다는 것도 공인받기는 어려운 점이다. 또 결락 된 두 글자 중 앞 글자인 '東'이 초붕도가 필사했을 때만 뚜렷했다가 이후 갑자기 흔적도 없이 사라졌다는 점도 이해하기 힘든 부분이다. 글자 멸실의 과정이 그 어느 탁본에도 없기 때문이다. 비문을 태울 때 훼손되었다는 말도 있으나 유독 '東' 자만 그랬다는 점도 납득이 안 된다. 초붕도의 필사본은 탁본이 아니고 말 그대로 필사본이다. 이끼에 덮인 거친 비문을 필사했다는 것과 무엇보다 문맥이 맞지 않으므로 결락자 '東'은 신뢰하기 어렵다.

❀ 왜구대궤(倭寇大潰)의 진실

탁본이란 석비나 기와 그리고 기물 등에 새겨진 문자나 무늬에 종이를 대고 먹이나 연필 등으로 채탁하는 기법을 말한다. 혹 비석의 글자를 알기 어려울 때도 탁본을 뜨면 그 글자가 어떤 글자인지 판별되기도 하고 또 중요한 비문은 훼손되기 전에 탁본을 떠 놓으면 비문이 훼손되었을 때 이것을 근거로 복원하기도 한다.

변조한 쌍구가묵본과 원석 탁본(주운태)에서 보이는 글자의 확연한 차이

한편, 역사적 가치가 있는 탁본은 고가로 거래되기도 하는데, 지금 전 세계에서 거래되는 탁본 가운데 가장 고가로 거래되는 탁본이 바로 광개토태왕릉비다. 능비 탁본은 여러 종류가 있지만 가장 가치 있는 탁본은 비문이 석회로 훼손되기 전의 원석 탁본이다. 그러나 필자가 앞서 언급했듯 세상에 공개된 탁본 중에 순수한 원석 탁본은 존재하지 않는다. 그 이유는 1889년 일제가 능비의 해석문을 세상에 공개하기 전에 이미 일부 글자를 삭제, 가획하였고 석회를 칠해 변조했기 때문이다. 물론 그렇지만 변조 전에 그들이 채탁한 탁본이 있다면 지금 어딘가에 철저히 감추고 있을 것이다.

이전에 밝혔듯 일제가 석회를 칠한 글자는 〈병신년조〉의 '討倭殘國'으로 '倭' 자 위에 석회를 칠해 '利' 자로 변조했다. 그리고 그들이 같은 방식으로 변조한 또 다른 글자는 2면 9행 36열에 보이는 〈경자년조〉의 '倭寇□潰'(왜구□궤)이다. 그런데 최초의 탁본이라는 사카와의 쌍구가묵본이나 청명본, 혜정본의 원석 탁본에는 모두 '倭滿倭潰'(왜만왜궤)로 나온다. 그러나 두 번째와 세 번째 글자는 원래 '寇□'였다. 하지만 일제의 변조 후 이 부분이 '滿倭'로 탁본되는데 그 이유는 '寇□' 부분에 석회를 살짝 덮어 '滿倭'로 변조해 새겨넣었기 때문이다. 그런데 세월이 한참 지나 능비에 발랐던 석회가 많이 떨어져 나가면서 '討倭殘國'의 '倭' 자처럼 '倭寇□潰'의 '寇□' 부분이 나타났다. 그래서 중국 정부에서 주도한 1981년의 주운태 탁본에서는 '倭寇□潰'로 찍혀 나온 것이다.

그런데 능비의 중국 최고 권위자 왕건군 소장은 이 부분을 '倭寇大潰'로 석문(釋文)한다. 대부분의 연구자도 주운태 탁본 이후에는 두 번째와 세 번째 글자를 '滿倭'로 보지 않고 왕 소장을 따라 예외

없이 '寇大'로 석문한다. 그러나 탁본을 보면 세 번째 글자는 도저히 '大'로 보기 어렵다. 글자가 많이 풍화 또는 훼손되어 육안으로는 아무리 보아도 정확히 판단하기 어려운 것 또한 사실이다. 하지만 필자가 보기엔 이 글자는 '클 宏' 또는 '완전할 完' 자로 여겨진다. 그 이유는 석회가 박락된 주운태 탁본을 보면 세 번째 글자에는 '민갓머리 冖(멱)'이 분명히 있고, 중간에 길게 가로지르는 '一' 획이 보이기 때문이다.

하지만 민갓머리 '冖(멱)' 부수로 한자 사전에서 찾아보면 탁본과 유사한 글자는 없다. 아마도 현재 탁본에서는 '冖' 부분만 보이지만 원래는 '갓머리 宀'일 것이다. 지금 글자의 상태를 정확히 알기 어렵기는 하나 탁본에 나타난 일부 글자를 토대로 원래 글자를 유추해보면 '宏' 자일 가능성이 매우 높다. 대개 '크고 훌륭하다.'라는 뜻의 '굉장(宏壯)'에서 보이는 글자이다. 그럼, 왜 일제는 이 글자 '宏'을 변조했을까? 필자가 추측건대 만약 원래의 글자가 '倭寇宏潰' 즉 "왜구가 크게 무너졌다."라고 해석되면 일제의 자존심에 크게 상처를 입히기 때문이 아닌가 싶다. 일제는 그들의 조상으로 여겨지는 왜가 고구려에 대항하는 강력한 나라여야만 했다. 그래야만 한반도 남부를 서기 369~562년 동안 200여 년간 지배했다는 임나일본부의 논리와 어느 정도 맞출 수 있다.

그런데 경자년인 서기 400년은 임나일본부의 기간 안에 속한다. 따라서 일제가 '임나일본부설'을 주장하려면 적어도 한반도 남부에서는 이겨야지 그 누구에게도 패배하면 안 되었다. 물론 경자년 왜의 패배 장소가 한반도 남부가 아닌 대마도이기는 하지만 그래도 왜가 크게 '무너졌다.'라는 능비의 기록이 그들에겐 부담이 될 수밖에 없었다. 왜냐하면, 이유야 어쨌든 왜가 계속 패하면 임나일본부를 세우는 데에는 아무런 도움이 되지 않고, 오히려 부정적인 인상을 주기 때문이었다. 그래서 '倭寇宏潰'를 '倭滿倭潰'로 변조하여 그 의미를 약화시켰던 것이다.

하지만 원래 '倭寇宏潰'라고 기록되었다 해도 '왜구가 완전히 궤멸된 것'을 의미하진 않는다. 왜냐하면 능비에 왜가 4년 후인 갑진년에도 다시 백제와 연합해 고구려의 석성(石城)을 공격하였다고 나오기 때문이다. 다만 경자년 당시는 그렇게 표현될 정도로 고구려군이 왜에게 크게 타격을 입혔던 것으로 보인다.

어쨌든 일제는 〈병신년조〉 '討倭殘國'과 〈경자년조〉의 '倭寇□潰'에 석회를 발라 변조한 것만은 분명하다. 그래서 석회가 박락된 이후의 모든 연구자는 '討利殘國'이라든지 '倭滿倭潰'로 잘못 석문하지는 않는다. 이런 사실로 미루어 보면 석회를 바른 부분이 과연 〈병신년조〉와 〈경자년조〉 뿐이겠는가? 하는 의문도 든다.

물론 이러한 증거가 드러났는데도 부정하는 이들은 부정할 것이다. 왜냐하면 이들은 진실의 추구라는 학문 본연의 순수한 목적보다는 모종의 다른 의도를 가지고 있기 때문이다. 무릇 안목이 없거나 자기 고집에 빠진 사람들은 사실을 말해주고 증거를 보여줘도 진실을 애써 외면한다. 이들은 진실보다는 자기의 주장과 기득권을 지키는 것이 더 중요하다고 생각하기 때문이다. 그러나 학문의 진정한 자기 발전을 위해선 틀렸을 때 빨리 내려놓을 수 있는 용기도 무척 필요하다.

❀ 정미년 기사에서 패한 주체

능비에서 왜와 관련한 기사는 서기 391년 신묘년의 조공 기사를 빼고도 395년 을미년, 396년 병신년, 399년 기해년, 400년 경자년, 404년 갑진년으로 총 5에 걸쳐 등장한다. 앞의 4회는 신라 침공과 관련한 기사이고, 영락 14년인 서기 404년 갑진년 대방계 침공 기사만 고구려와 관련하고 있다. 주목할 사실은 이 중 왜의 신라 침공 기사는 모두 변조되었다는 사실이다. 그런데 왜가 고구려를 침공했다가 토벌당한 갑진년 기사만은 변조되지 않았다.

왜냐하면 참모본부가 비를 변조한 목적은 신공황후가 서기 369년 한반도 남부를 점령했다는 '임나일본부설'을 세우기 위해서였다. 그래서 한반도 남부의 '임나일본부설'과 직접적인 관계없는 내용인 왜가 고구려가 위치한 한반도 북부 대방계에서 패한 내용은 남겨 놓았다. 임나일본부를 세우기 위해선 한반도 남부의 백제와 신라 그리고 가야에만 직접 패하지 않으면 되었다. 임나일본부와 상관없는 한반도 북부에서 고구려에 의한 패배는 괜찮았다. 또 왜가 패한 모든 기사를 변조하면 너무 티가 나기에 일부는 그대로 남긴 것이다.

한편, 능비에는 서기 영락 17년인 정미년, 고구려의 보병과 기병 5만 명이 출병하여 승리한 내용이 나온다. 명분이 분명하지 않은 것으로 보아 고구려가 먼저 공격한 것으로 추정되는데, 분명 어떤 일이 사전에 있었던 것으로 보인다. 그런데 비문이 일부가 지워져 패배한 상대가 누구인지 알 수가 없다. 하지만 참모본부의 능비 변조 목적이 '임나일본부설'을 세우기 위한 것이었음을 안다면 패배한 대상이 누구인지 쉽게 유추할 수 있다. 정미년의 기사를 보면 이때 패배한 대상은 왜와 백제였고, 적군을 섬멸한 주체는 고구려와 신라가 분명하다. 아래의 원문을 보면 이해가 된다.

十七年丁未 教遣步騎五萬 □□□□□□□□□□□師□□合戰 斬殺蕩盡 所穫鎧鉀一萬餘領 軍資器械 不可稱數 還破沙溝城 婁城 朱旬城 □□風□□□□□城

영락 17년 정미년에 보병과 기병 5만을 출병시키라는 명령을 내렸다. □□□□□□□□□□ 군사가 □□와 합전해 적군을 섬멸하여 모두 없애셨다. 노획한 갑옷이 1만여 벌이나 되고 군수물자와 장비도 이루 헤아릴 수 없이 많았다. 돌아오는 길에 사구성, 누성, 주순성, □□풍□□□□□성을 격파했다.

위에서 합전(合戰)이라는 문장이 나오는데, 고구려군이 누구와 연합해서 전쟁에서 승리했다고 한다. 그렇다면 합전의 대상은 과연 누구일까? 그 주인공은 능비에 늘 나오듯 고구려의 파트너였던 신라였다. 그리고 이때 백제와 왜는 고구려와 신라의 연합군에 의해 패배했다는 것을 알 수 있다. 고구려와 신라가 연합해 싸울 상대는 당연히 이전에서 보아왔듯 백제와 왜이다. 누구든 단독으론 불가능하다. 이때 전쟁의 상대는 백제가 주력이고 왜는 조력했을 것이다.

그 이유는 왜가 단독으로 신라와 고구려를 침략해 온 것은 단 한 번도 없었고 언제나 백제와 연합했기 때문이다. 그런데 정미년 전쟁에서는 고구려군만 보병과 기병을 합쳐 5만 명이라고 한다. 연합한 신라군이 몇 명인지는 알 수 없으나 적어도 만 명 이상은 되었을 것이다. 당시 고구려·신라 연합군이 이 정도이면 백제와 왜 연합군의 병력 또한 만만치 않았을 것이다. 이후 고구려와 신라의 연합군이 승리하고 오면서 또 다른 성을 격파하는데, 성의 이름으로 보아 전쟁터는 아마 백제였던 것으로 보인다.

이 부분에서도 왜는 고구려에 지는 것은 괜찮지만, 신라에는 절대로 지면 안 되었다. 이전 영락 6년 병신년과 10년 경자년 왜의 패배는 고구려와 신라의 합법적인 연합국이 아니라, 신라를 구하려고 온 고구려라는 강력한 구원병에 의한 패배였다. 신라군에 의한 직접적인 패배가 아니었다는 말이다. 그러나 정미년은 그 성격이 다르다. 고구려와 신라가 대등한 군사력에 의한 연합은 아니었지만, 나라 대 나라의 연합이었기에 '合戰'이라는 용어를 쓴 것이다. 물론 경자년에도 '安羅人戍兵(안라인수병)'처럼 고구려가 점령한 곳을 신라군이 지키기는 하였다. 그러나 진정한 의미의 연합은 아니었다. 당시에도 왜는 고구려군에게 패했지 신라군에 의한 직접적인 패배는 아니었던 것이다.

그런데 만약 백제와 연합한 왜일지라도 고구려와 함께한 신라군에게 패배한다면 일제가 목표로 한 임나일본부는 아무 근거 없는 허구가 된다. 그 때문에 참모본부는 정미년 기사에서 왜가 패배하는 부분을 의도적으로 지운 것이다. 참모본부는 임나일본부를 세우기 위해 대강(大綱)의 원칙을 정했는데, **하나는 임나일본부의 기간인 서기 369에서 562년 동안 왜가 한반도 남부에서 패배하면 안 된다는 것이었다. 또 하나는 왜가 패한 지역이 일제가 임나라고 주장한**

한반도 남부의 백제나 신라 그리고 가야가 되면 안 된다는 것이었다. 즉 임나일본부의 기간과 위치에 관한 것으로, 시간과 공간이라는 역사 왜곡의 핵심과 일치하고 있다. 참모본부는 이러한 기준을 세워 수년에 걸쳐 능비를 변조했으나 언제나 그렇듯 완전범죄가 그리 쉽지만은 않았다.

֍ 최소 변조로 최대 효과를 노리다

지난 수년간 지방의 역사서 『전라도 천 년사』와 『김해시사』를 둘러싸고 강단 사학계와 민족 사학계가 첨예하게 대립했다. 문제의 발단은 강단 사학계가 일본의 역사서 『일본서기』에 나오는 임나와 기문, 다라 등 여타의 지명을 명확한 근거 없이 한반도에 고정하려 했기 때문이다. 그러나 진실은 전라도나 경상도가 고대 왜가 점유한 임나가 아니었다는 게 명백하다. 그런데 일부 학자들은 이것이 사실인 양 이들 역사서에 '임나가야설'을 끼워 넣어 문제가 되었던 것이다.

신묘년 기사의 진실도 "왜가 백잔□□신라를 신민으로 삼았다."라는 게 아니었다. 진실은 태왕이 영락 6년 병신년, 백잔과 왜를 토벌한 것은 그 앞 해인 영락 5년 을미년에 백잔과 왜가 신라를 침공한 것에 대한 응징이라고 말한다. 을미년에 나오는 신묘년 기사의 원문 첫 단락의 뜻은 "백잔과 신라는 우리 고구려에 이전부터 조공해 왔는데, 왜는 신묘년이 되어서야 늦게 조공 온 한 수 아래 나라"라는 것이다. 또한 병신년 태왕이 직접 백잔과 왜를 토벌한 것은 "백잔과 왜가 우리 모르게 파렴치한처럼 신라를 침공했기 때문"이며, 이는 기존의 질서를 무너뜨리는 중대한 사안이란 것이었다. 그래서 〈을미년조〉 신묘년 기사의 온전한 해석을 위해서는 '百殘新羅 舊是屬民 由來朝貢 而倭 以辛卯年來渡 [二]破 百殘[倭侵]新羅 以爲臣民'에서 끊지 말고 '以六年丙申 王躬率水軍 討倭殘國' 까지를 하나의 단락으로 봐야 한다. 온전한 문장을 위해서는 32자가 아닌 46자를 해석해야 한다.

왕건군 소장의 석문(釋文)에 의하면 경자년 기사 부분인 1면 9행 39~41열에 이어 10행 1열은 군지과남(軍至窠南)으로 되어있다. 이때 과(窠)는 '보금자리, 소굴'의 의미가 있는데, 류승국 교수는 '窠南'이 아니라 '과구(窠臼)'로 보아 '왜구의 소굴'로 해석한다. 필자도 탁본을 살펴본 결과 '南'과 '臼'보다는 '窅(요)'가 더욱 맞다고 생각한다. 병신년인 서기 396년 당시, 태왕은 왜의 소굴인 일팔성(壹八城)을 치고 백제 수도 주변의 여러 성을 공략한 다음, 아리수(한강)를 건너 위례성을 공격해 아신왕(재위392~405)의 항복까지 받아내었다.

한편, 여러 가지 정황으로 미루어 보면 참모본부는 변조 후에도 지속적으로 조선과 중국의 반응을 살피며 '변조된 능비'를 관리해오고 있었던 것으로 보인다. 이러한 일제의 치밀한 전략에 의해 한국 측이 능비에서 왜가 나오는 부분이 변조됐다고 주장하면 일본의 사학자는 "만일 일본육군 참모본부가 능비를 변조했다면 왜에 대한 불리한 기사를 아예 남겨 두지 않았을 것"이라고 반박했다. 그러나 이 역시 임나일본부의 근거로 악용할 중요 부분의 변조를 위해 영락 17년 왜의 대방계 침입처럼 다소 덜 중요한 부분은 남겨 두었던 그들의 전략으로 보인다. 그래야만 그들에게 유리한 핵심 부분인 을미년과 병신년 그리고 경자년과 정미년 기사의 변조에 대한 의심을 받지 않을 수 있었다. 더 큰 것을 얻기 위해 작은 것은 희생하기로 한 것으로 보인다.

일제의 주요 전략에는 다음과 같은 순서가 있었다. 먼저 정한론을 세우고 임나일본부설을 만들었다. 그런 다음, 『일본서기』 신공황후 49년(서기 249년)의 기사가 현실성이 없으니 기년(紀年)을 120년 더해 서기 369년 신공황후가 침공한 곳이 가야를 비롯한 한반도 남부 지역이라고 우긴다. 또 〈한반도 임나설〉의 세 근거를 확정하고 변조 또는 왜곡 해석한다. 그러고는 일본 자국 내에 있는 임나의 흔적까지 없앤다. 더하여 능비에서 을미년, 병신년, 경자년뿐만 아니라 왜가 신라와 고구려 연합군에 의해 패배한 정미년 기사도 변조한다. 이처럼 일제는 국가적인 차원에서 치밀한 전략과 전술하에 우리의 역사를 능멸하고 대대적인 역사 왜곡을 자행했다.

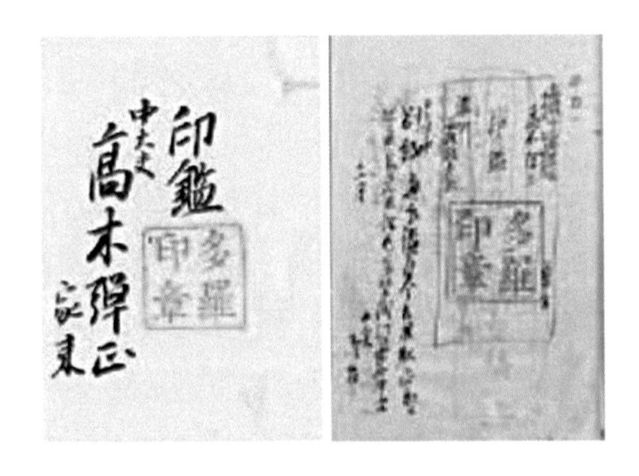

일본열도에 다라가 있었다는 명확한 증거인 다라(多羅) 통행인감계(通行印鑑届) (박장호 제공)

5장

임나의 위치는 어디인가

'임나대가야국성지'가 새겨진 기념물 앞의 일본군

1.
한일 고대사의 화두, 임나

한국과 일본은 가깝고도 먼 나라다. 바다를 사이에 두긴 했지만 그리 먼 거리가 아니며, 언어와 유전적 계통으로 보아도 하나에서 나누어진 둘이다. 그러나 두 나라가 역사라는 주제로 돌아오면 조금도 양보할 수 없는 숙명의 라이벌이 된다. 물론 지금도 한일 양국은 정치·경제·문화 등의 많은 부분에서 서로 협력하고 있고 앞으로도 그럴 것이다. 그러나 일본을 이끌어 가는 소수의 위험한 생각을 가진 극우 세력들은 시대가 바뀌어도 한반도 점령의 야욕을 버리지 않는다. 그 이유는 자신들의 근원에 대한 향수와 함께 과거 어쩔 수 없이 한반도에서 밀려났다는 일종의 한이 그들의 마음 깊은 곳에서 대를 이어 유전하고 있기 때문이다.

한일 양국의 역사적 갈등은 독도와 위안부 문제 그리고 간토 학살과 우키시마호 폭침 같은 근현대사 부분도 있다. 하지만 그 뿌리는 정한론의 근거로서 '임나일본부설'이 등장하는 고대사 영역이다. 임나일본부설의 핵심은 시간과 공간에 관한 것으로 고대 왜가 서기 369년부터 562년까지 200여 년간 일본부라는 통치기관을 두어 한반도 남부를 지배했다는 것이다. 하지만 일본(日本)이라는 국호가 처음 등장하는 시기가 서기 670년이기 때문에 시기적으로 벌써 수백 년의 오차가 있다.

임나일본부의 근거는 『일본서기』 <신공 49년조>인 서기 249년의 기록을 근거로 하지만 일본 사학계는 거기에 120년을 더해 서기 369년의 사건으로 정하고 자기들 마음대로 기년을 늦추었다. 하지만 황후가 죽는 <신공 69년>은 서기 269년으로 그대로 쓰고 있어 전혀 앞뒤가 맞지 않는 모순을 보인다. 그런데 1주갑을 60년으로 하는 주갑제(周甲制)라는 시간 계산법은 세계사에 유례가 없는 일로 그것을 만든 이유는 임나일본부를 세우기 위해서였다. 하지만 이러한 논리의 문헌적 근거가 되는 『일본서기』의 신뢰성에 대해선 일본 사학자들 사이에서도 의견이 분분하다.

그 이유는 역사서의 핵심 중 하나는 사건이 일어난 때를 말하는 기년(紀年)인데, 주갑제라는 엉터리 개념을 도입해 적게는 1주갑인 60년에서 많게는 3~4주갑까지 늘였다 줄였다 하기 때문이다. 역사가 고무줄도 아닌데 아무튼 『일본서기』는 그렇게 쓰여있다. 일제는 한반도 침략의 거짓 명분을 만들기 위해 자국의 역사 기록을 완전히 바꾸어 버렸다. 그런데 정작 문제는 일본 정부가 타국의 침략을 일삼던 제국주의가 끝났는데도 불구하고 기년이나 임나의 위치를 바로잡지 않는다는 데 있다.

이처럼 한국과 일본이 서로 멀어진 이유에는 임나로 인한 역사문제도 있기에 임나의 진실이 풀리지 않고는 서로 화해하기 어렵다. 이제는 양국 국민이 일부 편향된 학자들과 정치인들의 거짓 선동에 휘말리지 말고 역사의 진실을 규명해 앞으로 진정한 동반자가 되어야 한다. 그래야만 상호 불필요한 소모전을 종식하고 함께 밝은 미래를 향해 나아갈 수 있다. 이것이야말로 진정 역사 연구 본연의 가치와 목적에 부합하는 일이다.

한편, 논란의 주제인 임나에 대한 가장 이른 기록은 『일본서기』 〈숭신 65년(기원전 33년)조〉에 나온다.

임나는 축자국으로 2,000여 리 가고, 북은 험한 바다이며, 계림의 서남쪽에 있다."(任那者 去築紫國二千餘里 北阻海 以在鷄林之西南) 라고 기록한다. 학자들 간의 해석이 다소 다를 수 있음은 차치하고, 이 기록은 임나의 위치에 대한 가장 확실한 근거가 된다.

그러나 놀랍게도 이 기록을 자세히 들여다보면 일본서기 편찬자들이 임나의 위치를 정확히 모르고 있다는 것을 방증하기도 한다. 그 이유는 편찬자들이 임나의 위치를 명확히 알았다면 "임나는 대마도다." 또는 "말로국이다." 아니면 "한반도의 가야다."라고 구체적으로 특정했을 것이다. 간단하다. 그러나 편찬자들조차 임나의 위치를 명확히 몰랐기 때문에 추측성 문구로 세 개의 구구한 설명이 필요했다.

기본적으로 역사서나 비문은 사람들에게 알지 못할 수수께끼를 내기 위함이 아니다. 오히려 역사적 사실을 당대나 후대에 알리기 위한 게 목적이다. 그 때문에 편찬자들은 임나의 위치가 어디인지 알면서 일부러 지역을 명시하지 않은 것이 아니라, 정확히 몰랐기에 두리뭉실하게 기록했다. 대부분의 연구자가 오인하여 일본서기 편찬자들은 임나를 정확히 알고 기록했지만, 시간이 흘러 후대 사람들이 잘 모르는 것으로 알고 있다. 그러나 놀라운 진실은 편찬자들조차 임나의 위치를 정확히 몰랐다는 사실이다.

임나는 서기전 33년인 '숭신 65년'에 처음 등장한 이래 『일본서기』에서만 215회 나오다 효덕 천황 2년인 서기 646년을 마지막으로 더 이상 나오지 않는다. 아마 이때쯤 임나는 멸망한 것으로 보이며, 그로부터 74년 후인 서기 720년 일본서기는 편찬된다. 임나는 멸망 후 70년 이상의 세월이 흐르면서 세상에서 잊혔다. 냉정한 역사의 세계에서 패자가 잊히는 건 자연스러운 일이다. 때문에 『일본서기』 편찬자들은 일부 지역에서 전하고 있는 임나의 희미한 흔적과, "임나는 어디쯤 있었다더라."라는 정도의 세상에서 떠도는 이야기를 바탕으로 임나의 위치를 추정할 수밖에 없었다. 그래서 임나를 설명하자니 하나가 아닌 세 가지의 이런저런 설명이 필요했던 것이다.

임나는 과거 우리나라 역사에서 전혀 관심의 대상이 아니었다. 그런데 일본 제국주의가 한반도를 점령하려고 임나일본부를 만든 이후 임나는 역사의 수면 위로 떠오르게 된다. 일본이 임나에 대해 그토록 집착해 온 데에는 뚜렷한 이유가 있다. 그들은 "과거를 지배하는 자가 미래를 지배하고, 상대국의 역사를 지배하면 결국 그 나라를 점령하게 된다."라는 사실을 명확히 알기 때문이다.

❀ 한반도 임나의 근거

많은 사람을 불행으로 내모는 전쟁이란 다수의 찬성이 아니라 힘을 가진 독재자나 소수의 권력 집단이 언제든 일으킬 수 있다는 위험성이 있다. 최근 전쟁의 형태는 무력의 충돌뿐 아니라 무역을 통한 경제 전쟁, 스포츠와 문화를 통한 격렬한 공방도 전쟁에 비유하며, 역사의 해석을 두고 첨예하게 대립하는 것을 〈역사 전쟁〉이라 하기도 한다. 지금 우리와 일본이 역사를 두고 충돌하는 대표적인 지점이 임나의 위치이기에 그 진실이 풀리지 않고는 서로 친구가 되긴 어렵다.

과거 일제는 한반도를 정복하기 위해 『일본서기』〈신공황후조〉의 기록을 근거로 가공의 '임나일본부설'을 만들고 임나의 위치를 김해의 금관가야나 고령의 대가야로 확정했다. 이후 '임나는 가야다'라는 〈임나 가야설〉을 지지하는 한일의 학자들이 상투적으로 제시하는 근거는 광개토태왕릉비에 나오는 '임나가라'와 『삼국사기』〈강수열전〉에 나오는 '임나가량' 그리고 「진경대사탑비」에 등장하는 '임나 왕족'의 기록이다. 우리 기록에는 단 세 차례 나타나지만, 일본의 역사서 『일본서기』에는 무려 215회나 등장한다. 이처럼 한 권의 문헌에서만 임나가 이렇게 많이 등장한다는 의미는, 임나가 일본의 역사이고 그곳에 있는 지명이지 한반도 내의 어느 지역이 아니라는 것을 말해준다.

상식으로 봐도 교통과 통신 그리고 정보가 부족한 고대에 다른 나라의 역사를 자국 역사서에 대거 기록한다는 것은 있을 수 없는 일이다. 특별히 기록해야 한다면 따로 이름을 붙여 『임나사』라고 기록해야겠지만, 자국의 역사도 다 기록하지 못하는데 뭣 하러 남의 나라 소국의 역사까지 200여 회 넘게 기록하겠는가. 일본 와카야마현에는 지금도 임나 4현의 하나로 한자까지 똑같은 모루(牟婁)가 그대로 있다. 그런데도 가야사 주류 사학계는 임나가 한반도에 있다고 우긴다. 이는 진실을 추구하는 학문의 세계에선 있을 수 없는 '역사 사기'라고 해야 할 것이다.

『일본서기』에 등장하는 임나는 일본에서 찾으면 간단하다. 상식이다. 그런데 거기에 나오는 그 많은 임나의 기록을 한마디 언급도 하지 않고, 마치 도둑처럼 몰래 이 땅에 임나를 박아 넣으려는 일본의 저의는 불 보듯 뻔하다. 우리 역사를 뺏고자 하는 것이다. 그런데 일본의 학자가 아닌 우리나라 사학자가 그러한 역사 왜곡에 동조하고 있다는 것은 어떻게 설명해야 할까? 일본에 매수된 것인가? 아니면 실력이 없는 것인가? 임나의 위치는 풀리지 않는 수학의 난제와 같은 게 아니다. 세뇌만 돼 있지 않다면 상식의 눈에서 충분히 알 수 있다.

원래 〈강수열전〉과 「진경대사탑비」에 기록된 임나 기사는 강수의 본관과 진경 대사의 선조인 초발성지의 출신에 대해 언급하고 있다. 최근 민족사학자 이완영 선생의 연구 성과를 참고하면 강수는 월성(경주) 석 씨의 18대손으로 그 시조는 신라 4대 왕인 석탈해였다. 『삼국사기』와 『삼국유사』의 기록에 석탈해의 출신지가 다파나국이나 용성국으로 나오는데, 이들 지명은 국내가 아닌 일본열도의 어떤 나라로 유추된다. 진경대사탑비에 등장하는 진경 대사의 선조 역시 국내 출신이 아닌 열도 출신이다. 왜냐하면 그의 선조 초발성지는 김유신 장군에게 귀순해 온 이후 신김씨(新金氏) 성을 하사받은 것으로 여겨지는데, 탑비에 "대사의 이름은 심희요, 속성은 신김씨이며 그 선조는 임나 왕족 초발성지인데, 매번 주변국 병사들에게 괴로움을 받다가 우리나라의 먼 조상 흥무대왕에게 투항하였다."[31]라고 쓰여 있기 때문이다.

광개토태왕릉비의 〈을미년조〉 기사를 보더라도 임나가라를 임나일본부와 연결할 소지가 없다. 그 이유는 비문의 기사처럼 '임나가라'라는 지역은 왜가 정벌했던 땅이 아니고, 오히려 왜가 도망갈 때 고구려가 쫓아간 곳이기 때문이다. 정벌이 아니라 쫓겨간 땅으로 임나일본부의 근거를 삼았다는 것은 대일항전기에나 통할 논리다. 하지만 지금도 가야사 주류 학자들은 "임나일본부는 없지만, 임나는 가야가 맞다."라는 앞뒤가 맞지 않는 이상한 궤변을 늘어놓고 있다.

임나의 등장 횟수가 3 대 215인데도 임나는 한반도에 있었고, 대마도나 일본열도에 있다는 것은 비논리적이며, 고구려군이 바다를 건너 왜를 친다는 것은 '과대한 국수주의의 발로'라고 말한다. 그런데 상식적으로 생각해 보자. 당시 후진적인 왜는 항해술이 뛰어나 현해탄을 건너 마음대로 이 땅을 노략질할 수 있었는데, 당대 최고의 육군과 수군을 거느린 고구려군이 현해탄을 건너는 것은 불가능하단 말인가? 저들은 당대 세계 최강의 고구려를 너무 얕보는 것 같다.

---

31 大師諱審希 俗姓新金氏 其先任那王族草拔聖枝 每苦隣兵 投於我國遠祖興武大王

2.
대마도 설과 규슈 설

인류의 삶은 이동의 역사다. 고대 소수의 지도부나 집단 전체가 자연환경의 변화나 이웃 집단과의 물리적 충돌로 인해 다른 곳으로 옮겨가 사는 일은 꽤 흔했다. 마찬가지로 한일 관계에 있어 풀리지 않는 화두가 되는 임나 역시 이동의 역사다. 최초의 임나로 여겨지는 대마도는 맑은 날 옛 가야 지역인 김해나 부산에서 보면 매우 잘 보인다. 고대인들의 시력은 물질문명의 이기에 오염된 현대인들보다 좋았을 것이고, 공해가 없었던 당시에는 시계(視界) 또한 더 좋았다. 옛 가야인들이 원거리 항해가 가능했던 시기에 이런저런 이유로 가시거리에 있던 대마도로 옮겨가 살았다는 것은 별스러운 일도 아니다.

기원전 3,000~5,000년경에 그려진 것으로 알려진 울산 반구대와 천전리 암각화에는 돛단배가 그려져 있다. 놀랍게도 지금으로부터 5,000~7,000년 전 이 땅에 벌써 돛으로 운항하는 배가 있었다고 하니, 기원 전후에 대마도로 갈 수 있는 선박과 항해술이 있었다는 것은 어쩌면 당연하다.

한편 광개토태왕릉비 〈경자년조〉에 "왜의 배후를 급히 추격하여 임나가라에 이르렀고, 쫓아가 성을 치니 성은 곧 항복하였다."(倭背急追 至任那加羅 從拔城 城卽歸服)라는 내용이 나온다. 여기에서 '倭背急追'는 "왜의 배후를 급히 추격한다."이며, '至任那加羅'는 "임나가라에 이르러"라는 뜻이다. '從拔城'은 "쫓아가(從)" "성을 치니(拔城)"로, '城卽歸服'은 "성은 곧 항복하였다."라고 풀이된다. 많은 연구자가 '종발성'을 명사로 풀이하나 문맥에 맞지 않는다. 종발성은 "쫓아가 성을 치니"라는 동사로 풀어야 한다. 그 이유는 왜가 임나가라로 도망간 것이 자신들의 근거지인 성에서 고구려와 맞서 싸우려는 것이었고, 그들은 뒤쫓아온 고구려군과 한바탕 전투를 치르고 나서 항복했기 때문이다.

여기에서 '至'란 '이르다'라는 도착의 의미가 있는데 '至任那加羅'에 이어 곧바로 '從拔城'이 나온다. 이렇게 보면 왜를 추격한 고구려군은 '임나가라'라는 지점에 도착한 후 다시 왜를 뒤쫓아 성을 치고 있다. 다만 바로 이 앞부분에서 여덟 자가 소실되었기에 고구려군이 왜를 뒤쫓을 때의 전체 과정은 정확히 알 수는 없다.

하지만 남아 있는 글자를 해석해 보면, 왜가 고구려군에 쫓겨 신라를 벗어나 바다로 도망간 것으로 추정된다. 그 이유는 왜가 도망간 곳인 '임나가라'가 김해나 고령의 육지라면 '쫓는다'라는 뜻의 '추(追)' 한 글자만 쓰면 되지 다시 '도착'을 의미하는 '至'란 글자는 필요 없기 때문이다. 이처럼 왜가 육지에서 쫓겨 육지로 갔다면 왜를 급히 추격한 고구려군이 임나가라에 먼저 도착(至)한 왜를 다시 쫓을(從) 필요가 없다. 임나가라는 한반도가 아니라 바다를 건너야 했기 때문에 '쫓는다'라는 뜻의 '追'에 이어 '[다른 장소에] 도착하다'라는

뜻의 '至' 그리고 다시 '쫓는다'라는 뜻의 '從'을 썼던 것이다.

이처럼 당시의 정황을 보면 왜의 도주로는 육지가 아니었다. 그 까닭은 고구려군이 바다를 건너 도망간 왜를 뒤에서 급히 추격해 그들의 전초기지인 임나가라, 즉 대마도에 도착하여 다시 뒤쫓아 갔다고 했기 때문이다. 위의 문장을 보면 '바다에서 급히 뒤쫓아가 육지에 내려 다시 쫓는' 것으로 '至'와 '從'의 <이중구조>로 되어 있다. 만약 임나가 육지의 어느 곳이라면 고구려 기마병의 빠른 추격에 의해 왜는 금방 덜미를 잡혔을 것이다. 그러나 도주로가 육지가 아닌 바다였기에 고구려군과 왜의 쫓고 쫓기는 긴박한 추격전이 가능했다. 또 "급히 추격"이라는 의미는 도망가는 왜와 뒤쫓는 고구려의 거리가 멀지 않음을 알 수 있다. 시간적·공간적으로 먼 경

가야 초기의 강역(김성문 제공)

우에는 이 같은 단어를 사용하지 않기 때문이다. 따라서 고구려가 뒤쫓아간 임나가라의 위치는 한반도에서 멀지 않은 대마도였다.

이처럼 육지에 먼저 도착한 왜는 그들의 전초기지인 대마도의 본성(本城)에 웅거하여 방어에 들어갔다. 그리고 왜의 배후를 급히 추격해 온 고구려군은 임나가라에 도착(至) 하자마자 다시 왜를 뒤쫓아가(從) 그들이 웅거한 성을 쳤고 왜는 항복했다. 그러므로 '至'와 '從'의 두 글자는 고구려가 육지에서 바다를 건너 다시 육지에 '이르러' 왜를 '쫓아간' 당시의 급박했던 상황을 설명한 글자이다.

임나 대마도 설

옛 가야인들이 원거리 항해가 가능했던 시기, 가시거리에 있던 대마도와 또 거기에서 보이는 규슈에 간다는 것은 충분히 가능한 일이었다. 『삼국유사』「가락국기」에는 가락국의 영토를 언급하며 "남쪽은 국미이다."(南而爲國尾)라는 구절이 나오는데[32], <임나 대마도설>을 주장하는 이병선 부산대 명예교수는 '국미'가 대마도에 있다는 것을, 지명연구를 통해 밝혀냈다. '國尾'는 '나라의 끝'인 한반도의 김해가 아니라 옛 대마도에 실재한 지명이었다. 이로 미루어 보면 김수로왕은 당대에 대마도를 이미 자기네 남쪽 영토로 편입시켰던 것이다. 그러나 언제부터인가 세력을 키운 왜가 점령한

32 東以黃山江 西南以滄海 西北以地理山 東北以伽耶山 南以爲國尾. 이때 방향은 육가야 전체의 중심에서 본 것이다.

것으로 보인다.

국미가 나라의 끝이 아니라 지명인 이유는 가락국의 '서남쪽은 푸른 바다'(西南以蒼海)라고 했기 때문이다. 서남쪽의 경계가 바다라는 것은 동시에 육지의 끝도 의미하기에 '國尾'가 될 수 있다. 이 말은 가락국의 영역에서 바다를 접한 모든 곳이 국미가 될 수 있다는 뜻이다. 따라서 가락국의 남쪽은 '나라의 끝'이라는 의미로서의 '國尾'가 아니라, 독립된 고유한 지명을 말한 것이다. 「가락국기」에 동으로는 황산강, 서남은 창해, 서북은 지리산, 동북은 가야산 등으로 구체적인 지명을 언급하고 있으므로 남쪽의 국미(國尾)도 구체적인 지명으로 보아야 한다.

가야의 후예인 이주민들이 처음엔 대마도를 임나라고 불렀다. 이후 이들은 규슈까지 진출한다. 일본 고대 국가가 시작됐다는 남규슈에는 그 흔적인 가라쿠니산(韓國岳, 가야산)과 구지후루다케(龜旨峯)가 있다. 일본의 사학자들은 이곳이 일본 고대 문명의 최초 발생지라고 말한다. 이처럼 일본 문명의 최초 전파자와 주체세력은 가야인들이었다. 그런데 이후 열도의 주체세력은 서서히 백제로 바뀌게 된다.

한편, 전쟁의 원인은 여러 가지가 있지만 대부분은 영토 때문에 일어난다. 지금 전쟁 중인 러시아와 우크라이나, 이스라엘과 팔레스타인이 영토 문제로 싸우는 것만 봐도 알 수 있다. 그런데 두 전쟁 중 이스라엘과 팔레스타인 전쟁은 현재의 영토가 아닌 고대 영토의 소유권을 명분으로 하여 서로 목숨 걸고 싸운다. 이와 같이 역사에서 고대사는 곧 현대사이고 영토는 고대와 현대라는 시간을 넘어 국가의 존립에 가장 중요한 요소가 된다. 한일 고대사의 화두인 임나 문제도 결국 '임나가 어디에 있었나?'라는 임나의 위치 문제로 귀결된다.

고대 지명 연구의 권위자인 이병선 명예교수는 임나를 대마도라고 주장했다. 그는 저서 『임나국과 대마도』에서 언어를 통한 지명 연구로 임나의 위치가 대마도임을 세밀히 밝혔고 여러 번의 답사를 통해 이를 고증했다. 임나를 연구한 대표적인 사학자인 일본 동북대학의 이노우에(井上秀雄) 명예교수는 위 서적의 일본어판 추천문에 "그와 같은 입장을 명확하게 함으로써 하나하나의 일들 밑에서부터 생각을 고치는 것이 역사학입니다. 이 책을 읽으면 우리 일본인의 역사학(한일관계사)에 대한 태도를 바꾸어 보도록 하게 하는 생각이 듭니다. (중략) 특히 대마도의 지명을 추적함에 임하여 임나가 대마도에 있었다는 것을 해명하고 있습니다."라며 책의 내용에 공감했다.

일본 역사 교과서의 집필자인 도쿄대학의 오가(尾形勇) 교수 역시 이병선 교수의 연구에 긍정적인 서신을 보내왔다. 또 대마도 지명 연구의 권위자인 향토 사학자 후지이(藤井勝男) 씨도 서신을 보내와 "흥미 깊은 주장입니다. 특히 대마도의 신라·백제·고구려·임나의 지명 추정에 대해 동감하고 있습니다."라고 했다. 이처럼 일본의 학계 일부와 향토 사학자들까지 '임나는 대마도'라는 이병선 교수의 연구를 지지해 주었다.

❀ 임나 규슈 설

임나의 위치에 대한 또 다른 학설은 규슈(九州)를 임나로 보는 것이다. 1963년 북한의 사학자 김석형 박사는 「삼한 삼국의 일본열도 내 분국설에 대하여」라는 논문을 발표했다. 그는 가야와 삼국이 일본열도에 분국(分國)을 세웠으며 가야가 규슈에 세운 분국을 임나라고 주장했다. 예를 들면 영국인들이 신대륙에 정착하면 '새롭다'라는 뜻의 'New'라는 접두어를 붙여 뉴잉글랜드(New England)라고 이름 붙인다. 그와 마찬가지로 대륙에 있던 가야계가 신세계인 일본열도에 소국을 세울 때 본국인 '가라(가야)'의 국명 앞에 일종의 미칭(美稱)인 '임나'를 붙여 '임나가라'라는 분국을 세웠던 것이다. 지금도 일본에 남아있는 수백 개의 고구려·백제·신라·가야의 지명이 이를 증명하고 있다.

❀ 기비(吉備) 설

한편 북한학자 조희성은 임나를 오카야마현 기비(吉備)로 비정했다. 그는 저서 『임나일본부 해부』를 통해 가야의 분국인 임나가 기비임을 논증했다. 그는 『기비군지』 상권에서 기비의 중심에 있었던 나루 이름이 오랫동안 가야진(伽耶津)으로 불렸다는 사실과 유적과 유물을 통해 오카야마 일대에서 임나뿐 아니라 고구려·백제·신라 소국들의 위치까지 찾아냈다. 사실 오카야마의 옛 지도를 보면 북쪽으로 바닷물이 들어와 있어 그의 주장처럼 '北阻海'라는 조건과는 맞아 보인다. 하지만 "계림의 서남에 있다"라는 기사와는 다른데, 그가 규명한 임나는 신라(계림)의 서남이 아닌 서북쪽에 위치하기 때문이다. 물론 기비 또한 대마도와 규슈로부터 내륙으로 이동해 온 임나임은 분명해 보인다. 하지만 이는 대마도의 〈전기 임나〉가 규슈와 기비로 옮겨 온 〈후기 임나〉였던 것이다.

〈숭신 65년조〉의 새 해석

임나의 위치를 설명한 『일본서기』〈숭신 65년조〉 기사를 통상 "임나는 축자국에서 2,000여 리 가고, 북은 바다로 막혀 있으며, 계림의 서남쪽에 있다."(任那者 去築紫國 二千餘里 北阻海 以在鷄林之西南)라고 해석한다. 대개는 '任那者 去築紫國 二千餘里'를 위에서처럼 "임나는 축자국에서 이천여 리를 간다."라고 해석한다. 그러나 '我去漢陽'을 "나는 한양으로 간다."라고 풀이해야지 "한양에서 내가 간다"라고 해석하면 출발 지점이 완전히 달라진다. 따라서 '축자국에서'처럼 축자국이 출발 지점이 되려면 '去築紫國'이 아닌 '於築紫國'이나 '以築紫國'이 오히려 맞다.

'去'는 '간다'라는 뜻도 있지만, 지명과 지명 사이의 거리를 말할 때는 '떨어져 있다.'라는 의미로도 흔히 쓰인다. 예를 들어 서울에서 부산의 거리를 말할 때 '부산은 여기(서울)에서 400리 떨어져 있다.'라고 말한다. 또 다른 표현으로는 '부산은 여기(서울)에서 400리 간다.'라고 하기도 한다. 종합적으로 보면 가장 일반적인 표현은 '간다.'이다. 이처럼 〈숭신 65년조〉를 문맥으로 보면 '去'를 '간다.'

라는 의미로 보는 게 가장 합당해 보인다.

일각에서는 진수(233~297)가 지은 『삼국지 위서 오환선비동이전』 〈왜조〉에 나오는 거리에 대한 기사를 근거로 임나는 대마도라고 주장한다. 거기의 내용을 요약하면 "대방군에서 구야한국(김해)까지

'去築紫國 二千餘里'에 대한 설명(유튜브 실증 가야史에서 캡쳐)

7,000리이고, 여기에서 대마국(대마도)는 1,000리이다. 또 여기에서 일기국(이끼섬)까지 1,000리이고, 여기에서 말로국(현 唐津市)까지 1,000리이다."라는 기록에 의거 해 "오는 길을 거꾸로 가면 북규슈의 말로국에서 대마국까지 거리는 2,000리가 된다."라고 주장한다. 거리만 보면 맞는 말이다. 그러나 대마도가 바다를 접한 육지가 아닌 섬인데 '북쪽만 바다로 막혀 있다'라고 했다는 점과 '계림의 서남'이라는 방향과는 상당한 차이가 있다.

그런데 여기에는 또 "대방군에서 여왕국까지 12,000여 리이다." 라는 구절이 나온다. 대방에서 구야한국까지 7,000리, 거기서 대마

도까지 1,000리, 거기서 이끼섬까지 1,000리, 거기서 말로국까지 1,000리로 모두 합하면 10,000리다. 그런데 대방군에서 여왕이 통치하던 여왕국, 야마이국(邪馬壹國)까지 12,000리라고 했으니, 규슈의 '말로국에서 여왕국까지는 2,000리'라는 결론이 나온다. 야마토 조정에서 규슈의 말로국까지 2,000리이면, 근처의 축자국(후쿠오카)까지도 2,000여 리로 보아도 무방하다. 이처럼 〈숭신 65년조〉에서 말하는 임나는 축자국에서 출발하여 2,000리에 있는 곳이 아니고, 축자국으로 2,000리 가는 곳을 말한 것이다.

❀『일본서기』에 보이는 '阻'의 여섯 용례

그리고 "북은 바다로 막혀 있다."라는 '北阻海'의 해석도 다시 살펴봐야 한다. 언제 붙여진 이름인지는 확실치 않으나, 대마도와 일본(이끼섬) 사이의 바다를 현해탄(玄海灘)이라고 하는데, 물이 검고 깊으며 풍랑이 세서 붙여진 이름이다. 현해탄은 바다가 거칠고 파도가 높아『일본서기』편찬자들이 보기에도 험한 바다로 보였을 것이다. 따라서 '北阻海'를 '북은 험한 바다'라는 뜻으로 기록하지 않았나 싶다.

사실 옥편에 나와 있는 '阻'의 여러 가지 뜻 가운데 첫 번째는 '험하다'이다. 물론 '막다'라는 뜻도 있지만 〈숭신 65년조〉의 문맥으로 보면 부자연스럽다. 대개의 문장에서 '阻'는 '험하다(거칠다)'로 쓰이고, 다음으로 적이나 어떤 대상을 '저지하다'라는 의미로 쓰인다. 물체나 대상이 '막혀 있다'라는 뜻과는 차이가 있다. '阻 자를 사전에서 찾아보면 여러 개의 뜻을 나타내고 있다.

1. 험하다(險--) 2. 막히다, 가로막다 3. 떨어지다 4. 허덕거리다, 어려워하다 5. 저상하다(沮喪--: 기운을 잃다) 6. 의심하다(疑心--) 7. 의거하다(依據--), 의지하다(依支--) 8. 믿다, 기대다 9. 이별하다(離別--), 10. 낙담하다(落膽--) 11. 단절하다(斷絕--) 12. 저주하다(詛呪·咀呪--) 13. 고난(苦難), 고생(苦生) 14. 요해처(要害處: 자기편에는 꼭 필요하면서도 적에게는 해로운 지점)

『일본서기』에는 여섯 개의 '阻' 자가 나온다.

① 임나국(任那國)이 소나갈질지(蘇那曷叱知)를 파견함. (숭신 65년) 서기전 33년

任那者, 去筑紫國二千餘里. **北阻海** 以在鷄林之西南.

임나는 축자국으로 2천여 리 가고, **북은 험한(거친) 바다이고** 계림의 서남에 있다.

- **험하다. 거칠다.**

② 신라를 정벌하고자 기소궁숙네(紀小弓宿禰) 등을 보냄. (웅략 9년) 465년

逮乎朕之王天下, 投身對馬之外, 竄跡匝羅之表, **阻高麗之貢,** 呑百濟之城.

짐이 천하의 왕이 되기에 이르러서 몸을 대마(對馬; 쓰시마)의 바깥에 두고, 자취는 잡라(匝羅)의 바깥에 숨기면서 **고구려의 공물을 막고,** 백제의 성을 삼켰다.

• **막다 – 사람이나 세력을 ‘ 막다.’라는 뜻으로 지형이나 사물이 ‘막혀 있다.’가 아니다.**

③ 물부대련추록화(物部大連麤鹿火)를 보내 반정을 정벌하고자 함. (계체 21년) 527년

夫磐井西戎之姧猾. **負川阻而不庭.** 憑山峻而稱亂.

무릇 반정은 서융(西戎)의 간교한 자로서 **물이 막힌(험한) 것을 믿고 복종하지 않으며,** 산이 험한 것을 의지하여 반란을 일으켰습니다.

• **막히다(험하다).**

④ 무장국조(武藏國造) 입원직사주(笠原直使主)와 소저(小杵)의 다툼. (안한 원년) 534년

小杵性阻有逆. 心高無順.

소저는 성품이 거칠고(험하고) 불화하며, 마음이 교만하고 불순하였다.

• **거칠다(험하다).**

⑤ 둔창의 곡식을 운반하게 함 (선화 원년) 536년

三國屯倉, 散在縣隔. **運輸遙阻.** 儻如須要, 難以備卒.

삼국(三國)의 둔창은 흩어져 있고 거리가 멀다. **운반하는 데 멀고 험하여** 만약 그것이 필요하게 되었을 때 바로 대비하기 어려울 것이다.

• **험하다:** - ‘막히다’라는 의미보다 **‘험하다’**라는 뜻이 더 가깝다.

⑥ 개신: 3. 호적, 계장, 반전수수법을 만듦(효덕 대화2년) 646년

若山谷阻險, 地遠人稀之處, 隨便量置.

만일 산골짜기가 험하고 땅이 멀어 사람이 드문 곳은 상황에 따라 판단하여 처리하라.

- **험하다.**

위의 용례 ①, ④, ⑤, ⑥에서 보이는 것처럼 '阻'는 대부분은 '험하다', '거칠다'라는 뜻으로 쓰이고 있다. 물론 ③의 경우는 '막히다.'의 뜻으로 쓰이나 '험하다.'로 볼 개연성도 있다. ②의 경우는 지형이나 사물이 가로막는 것이 아니라 '사람이나 세력을 저지하다.'라는 뜻으로 쓰인다. 때문에 '北阻海'에서 '阻'의 뜻은 '막혀 있다.'가 아니라 '험하다.'로 보아야 한다. '북은 험한 바다' 또는 '북은 거친 바다'라고 해야 바른 해석이 된다.

물론 기존의 해석처럼 '阻'를 '막혀 있다.'라고 보아 임나의 위치가 북조해(北阻海) 즉 "북쪽은 바다로 막혀 있다"라고 해도 결코 고령이나 김해 같은 육지일 수는 없다. 이처럼 북쪽이 바다로 막힌 조건을 충족하는 곳은 일본열도뿐이다. 대마도 또한 북쪽은 바다가 맞으나 대마도는 북쪽뿐 아니라 사방이 모두 바다이기 때문에 '북쪽이 바다'라는 임나의 조건에는 차이가 있다. 그리고 섬을 말할 때 "어디에 바다가 막혀 있다."라는 표현을 쓰지 않으며 그냥 ㅇㅇ섬이라고 할 뿐이다. '어느 방향이 막혀 있다.'라는 이러한 표현은 육지에서만 가능하다. 예를 들어 "부산은 남쪽이 바다로 막혀

古사전에서 말하는 '阻'

있다."라고 하듯이 "규슈는 북쪽이 바다로 막혀 있다."라고 하는 식이다.

또 임나의 위치가 '북쪽은 바다'라고 했기에 그 위치를 한반도의 내륙에 비정한다는 것은 사료를 무시한 억지 주장일 뿐이다. 동북아 역사재단의 번역은 '阻'를 '막다'라는 뜻 외에 '떨어져 있다'라는 것으로 보아 '북으로 바다를 사이에 두고'로 해석한다. 그러나 거리가 떨어져 있다는 의미의 '사이에 두고'라는 해석은 비문에서 말하는 사실과는 영 거리가 멀다. 이처럼 기존의 풀이인 '떨어져 있다.'라는 뜻의 '사이에 두고'는 문맥과 전혀 맞지 않는다. 원래 '떨어져 있다.'라는 뜻은 '거리가 멀다.'라는 의미로 쓰인다. 그래서 '북쪽은 바다와 멀다.'라는 해석은 '김해가 임나'라는 자신들의 주장과도 완전히 배치된다. 그런데 대마도와 일본 사이의 해협인 현해탄은 일본이 북으로 접한 바다 가운데 가장 거칠고 험한 바다이다. '北阻海'를 '북은 험한 바다'라는 뜻으로 보면 문장의 흐름이 가장 자연스럽다.

'任那者 去築紫國 二千餘里 北阻海 以在鷄林之西南'

"임나는 축자국으로 2,000여 리 가고, 북은 험한 바다이며, 계림의 서남쪽에 있다."

라고 해석해야 한다. 이처럼 <숭신 65년조>에서 말하는 임나의 위치는 북규슈가 가장 유력하다. 숭신 65년은 서기전 33년으로 광개토태왕릉비에 나오는 경자년인 서기 400년보다 한참 빠르기에 시기로 보면 〈전기임나〉에 속한다. 하지만 『일본서기』의 편찬자와 후대의 가필자들이 편년을 엉망으로 고쳐 임나의 시기와 지명이 일치하지 않게 되었다. 따라서 위치로 보면 〈전기임나〉인 대마도가 시기적으로 보면 숭신 65년에서 말하는 규슈의 〈후기임나〉보다 더 늦어진 것으로 되어버렸다.

『일본서기』 숭신 65년의 기록에 나오는 임나가 규슈라면, 광개토태왕릉비에 나오는 임나가라는 대마도다. 그 이유는 왜가 영락 9년 기해년(399)에 신라를 공격했고, 고구려는 영락 10년 경자년(400)에 5만의 군대로 신라를 구원하고자 왜의 전초기지인 '초기임나' 대마도를 먼저 치고 일본열도까지 밀고 간 것으로 여겨지기 때문이다.

그리고 『삼국사기』 〈실성이사금조〉에 재위 7년(서기 408)의 기록 "7년 봄 2월에 왕은 왜인들이 대마도에 군영을 설치하고 무기와 군량을 비축하고서 우리를 습격하려 한다는 말을 들었다."라고 한 것을 보면 경자년 고구려에 패배한 왜가 수년 후 재정비하여 수자리(戍兵)하던 신라를 몰아내고 다시 대마도를 점령해 그들의 전초 기지로 만든 것 같다.

이처럼 대마도는 경자년 당시인 서기 400년에는 임나가라로 불렸다가 이후 대마도로 이름이 바뀌었고, 1145년 『삼국사기』를 편찬할 때는 바뀐 이름으로 기록한 것으로 보인다.

3.
〈숭신 65년조〉의 계림 위치

여기 하나의 역사적 사실이 있다고 가정해 보자. 그런데 그것을 바라보는 관점인 사관(史觀)이 문제가 있거나 개인 또는 국가 간의 이해관계가 개입되면 원래의 사실과 다른 결과를 불러오기 십상이다. 한일 고대사의 쟁점인 임나의 위치 문제도 이와 같다. 〈초기 임나〉는 분명히 대마도였고 〈후기 임나〉는 일본열도가 맞지만, 과거 일제는 정한론을 기치로 이를 의도적으로 왜곡해 한반도의 가야를 곧 임나라고 억지를 부렸다.

세상의 이치와 마찬가지로 역사도 상식의 관점에서 바라보면 쉽다. 임나가 『일본서기』라는 일본의 역사서에 200회 이상 집중적으로 나오므로 당연히 임나를 일본에서 찾아야 한다. 마찬가지로 임나와 관련한 지명이나 방향 그리고 지형의 조건들도 일본에서 찾으면 쉽게 풀린다. 『일본서기』 〈숭신 65년조〉에 "임나는 축자국으로 2,000여 리 가고, 북은 험한 바다이며, 계림의 서남쪽에 있다."라는 기사가 있다. 이 기록을 바탕으로 여기에 등장하는 축자국이 어디인지? 북쪽이 험한 바다는 어디인지? 또 계림은 어디를 말하는지? 이들 세 가지 물음만 해결하면 임나의 위치는 자연스럽게 드러난다. 대개 축자국 위치는 북규슈 후쿠오카 일대라고 하며, 북쪽이 험한 바다인 곳 또한 그곳이다.

그럼, 계림은 과연 어디일까? 기존 학계에서 말하는 신라의 수도인 한반도의 경주일까? 아닐 것이다. 왜냐하면 자국 내의 어떤 지점을 말할 때 그곳을 가리키는 기준을 다른 나라에서 가져오진 않기 때문이다. 만약 인천을 가리킬 때 서울의 서남쪽이라고 하지 중국 산둥반도의 동쪽이라 하지 않는 것과 같다. 때문에 임나를 가리키는 모든 조건을 일본열도 내에서 찾아야 하는 것은 너무나 당연하다. 그러나 선행 연구자들 대부분은 한반도의 신라 수도인 경주 계림을 기준하여 '계림의 서남쪽'에서 임나를 찾는 실수를 범하고 있다.

고대 일본열도는 무주공산(無主空山)과도 같았다. 토착민인 아이누족은 미개했고, 결국 한반도에서 이주한 이주민들이 서서히 열도를 점령하게 되었다. 이후 가야와 삼국은 모두 분국을 세웠는데 특히 신라의 분국은 이즈모(出雲) 지역으로 추측된다. 한밭대의 윤행순 교수는 이즈모 지역의 역사서인 『출운풍토기(出雲風土記)』를 중심으로 「일본 고대 문헌에 나타나는 고대 韓國語의 잔영」이란 논문을 2005년 발표했다. 그녀는 이즈모 지역은 지정학적 위치로 인해 오래전부터 대륙의 신라와 밀접한 교류를 가져왔다고 했다. 그녀가 연구한 『출운풍토기』는 서기 733년에 쓰였으며 일본 고대사를 밝혀주는 귀중한 문헌으로 그 역사성을 인정받고 있다. 특히 여기에 나타난 일본의 고대어는 대륙의 삼국과 관련이 있는데 그중 신라와 가장 깊은 관련이 있다고 한다.

'任那者 去築紫國 二千餘里 北阻海 以在鷄林之西南'에 합당한 마쓰우라(松浦)

만약 이즈모(出雲)에 신라계 이주민들이 살았다면 그곳에 본국 신라의 이칭(異稱)인 계림이 있었을 가능성은 매우 높다. 또 여기에서 바라보면 규슈 축자국 인근에 있었던 가야의 분국 임나는 정 서남 방향에 위치해 〈숭신 65년조〉의 기록과 정확히 일치한다. 이즈모는 경주의 바다 접경인 감포나 포항에서 배를 띄우면 해류에 의해 며칠 내에 배가 닿는다는 곳이다. 필자가 시마네 지역을 답사할 때 이즈모 해변에 가보니 실제 한국에서 떠내려온 쓰레기들이 많이 있었다. 이곳에는 『삼국유사』에 등장하는 일본의 건국 설화인 '연오랑세오녀'의 전설이 민간에서 전해지고 있을 뿐 아니라, 고대 신라인들이 사용했다는 유물들이 곳곳에서 발견돼 그 신빙성을 더해 주고 있다.

〈숭신 65년조〉에서 말하는 '계림 서남쪽'의 계림이란 반드시 도읍만을 지칭하지 않았다. 고대에는 신라를 계림으로도 인식했다.

신라인 혜초(704~787) 스님은 인도 여행기인 『왕오천축국전』에서 "내 나라는 하늘가 북쪽에 있고 남의 나라는 땅끝 서쪽에 있네. 일남(日南)에는 기러기마저 없으니, 누가 소식 전하러 계림으로 날아가리."라고 한 것처럼 당대에는 계림과 신라를 동일시했다.

글에서는 문어(文語)로 신라를 종종 계림이라 했다. 이처럼 임나 위치가 계림의 서남쪽이란 기사는 대륙의 경주에서 본 임나의 위치가 아니라, 일본열도 내에 있었던 신라의 분국 이즈모의 계림에서 본 임나의 위치를 말한 것이다.

『일본서기』를 편찬할 당시, 〈초기 임나〉인 대마도와 열도로 이주해 왔던 규슈의 〈후기 임나〉는 그 흔적이 남아있는 곳도 있었고 사라진 곳도 있었을 것이다. 다만 편찬자가 수집한 자료는 당시까지의 기록이나 구전 등으로 남겨진 규슈의 〈후기 임나〉였고, 이즈모의 계림에서 볼 때 그곳이 서남쪽에 있었다고 기록했던 것이다.

위의 주장들을 종합해 보면 〈숭신 65년조〉에서 말한 임나의 위치는 현재 문제가 되는 『김해시사』나 『부산시사』, 『전라도 천 년사』 등에서 주장하는 한반도가 아니라, 고대 축자국 부근에 있었던 말로국 즉 현재의 마쓰우라(松浦)일 가능성이 매우 높다.

지난해 4월에 이 사실의 확인을 위해 역사 연구가 이헌동 선생님과 이즈모로 답사를 갔다. 당시 답사에는 시마네 현립대학에 재직하는 정세안 교수님의 도움을 많이 받았다. 사실 진실 규명을 위해 역사의 현장을 가보면 문헌에서 드러나지 않았던 뜻밖의 수확들도 많기에 역사 탐방은 필자에겐 커다란 즐거움 중 하나다. 이즈모가 시마네현에 속해 있어서 시마네 현립 박물관에 갔었는데, 고대 한반도와 교류한 유물이 많이 전시되어 있었고 출운풍토기 원문도 전시되어 있었다.

이즈모에서 발견된 고조선식 세형동검을 살펴보는 필자(시마네 현립박물관)

이즈모 답사 일행을 맞은 시마네 현립박물관의 학예사와 함께

관람 중 의외였던 점은 가야의 토기와 유물이 많이 있었는데 박물관 관계자의 이야기를 들어보니 이즈모는 일찍부터 가야와 신라와 교류했고 유물도 함께 출토된다고 하였다. 우리는 답사 중 신라 또는 계림과 관련한 흔적을 찾다가 이곳에 그와 관련한 신사(神社)가 있다는 말을 듣고 설레는 마음으로 그곳에 갔다. 차를 몰아 이즈모 시골 바닷가에 있는 자그마한 신사에 도착하니 입구 도리이(鳥居)에 가로로 작은 글씨로 한신(韓神), 그리고 세로로 큼직하게 신라신사(新羅神社)라고 쓰여 있었다. 일본에서 '韓'은 '가라'라고 발음하

기에 읽으면 '가라 신'인 것이다. 한일고대사 연구의 권위자인 김문길 한국외대 명예교수님께 여쭈어봤더니, 처음 가야인들이 터를 잡고 이후 신라인도 함께 살았다고 한다. 그런데 신라가 삼국을 통일한 이후에는 신라인들이 주체세력이 되었고 신사 이름에도 가야를 포함한 신라신사로 되었다고 한다.

이즈모 오타(大田)시 오우라(大浦)
에 있는 '가라신 신라신사'

신사의 연혁에 대한 설명문

이즈모에 신라신사가 있다는 사실은 그곳에 신라인들이 집단 이주했고, 신라의 분국이 있었을 가능성이 매우 높다는 것을 말해준다. 이즈모에 분국 신라가 있었다면 문어(文語)로 『일본서기』에 기록을 남길 때는 충분히 계림(鷄林)이라고 기록했을 가능성이 있다.

임나를 정리하면 임나는 가야인들이 열도에 이주해 세운 나라의 이름이며, 〈전기 임나〉는 대마도가 분명하다. 하지만 숭신 65년에서 말하는 임나는 〈후기 임나〉로 김해나 대마도가 아니라 축자국 부근에 있었던 북규슈 사가현의 마쓰우라(松浦)이다.

4.
전기 임나와 후기 임나

흔히 정치를 말할 때 '살아 있다.' 또는 '생물(生物)'이란 표현을 쓴다. 그런데 역사를 들여다보면 역사 또한 '살아 있다'라는 것을 느끼곤 한다. 각본 없는 이 대하드라마에는 수많은 인물과 사건들이 명멸하는데, 누군가 이를 기록으로 남기면 시간이 흐른 뒤 역사가 된다. 그리고 역사는 당대의 기록으로만 끝나는 게 아니라 시대적 요구에 따라 후대에 다시 소환되기도 하며, 재해석을 통해 그 가치가 전혀 다르게 평가되기도 한다.

역사에 등장하는 지명(地名) 또한 생물 같아서 여러 이름으로 변하기도 하고 심지어는 지명이 다른 곳으로 옮겨가기도 한다. 예를 들어 필자가 연구하는 〈가야불교〉에는 김수로왕의 비인 허왕후가 매우 중요한 인물로 등장한다. 가야 8대 질지왕은 그녀와 수로왕이 합혼(合婚)한 것을 기리기 위해 주포마을 산기슭에 왕후사(王后寺)라는 절을 짓는데 이후 폐사된다. 그런데 후대의 기록을 보면 임강사(臨江寺)라는 사찰이 창건되어 왕후사의 정체성을 잇는다. 이처럼 지명뿐 아니라 역사적 가치가 있는 실체들은 장소와 이름을 옮겨가며 그 정체성을 계승한다.

가야인이 일본열도로 이주해 세웠다는 가야의 분국 임나(任那) 역시 가야의 정체성이 다른 지역으로 옮겨간 경우이다. 옛 가야의 영역이었던 부산과 김해의 고지대에서는 대마도가 잘 관측된다. 따라서 고대 가야인들이 원거리 항해가 가능했을 때 대마도로 집단 이주했고 '임나'라는 의미 있는 접두어를 붙여 '임나가라' 또는 줄여서 '임나'라는 소국을 세웠다. 이것이 최초의 임나 즉 〈전기 임나〉이다. 이후 가야인들은 대마도에서 더 나아갔고, 규슈뿐 아니라 혼슈의 오카야마현 기비(吉備)에도 임나의 흔적이 있는데, 이를 〈후기 임나〉라고 할 수 있다.

이러한 상황으로 보아 『일본서기』 〈숭신 65년조〉에 기록된 임나는 대마도에서 규슈로 진출한 이후의 〈후기 임나〉이다. 왜냐하면 〈전기 임나〉인 대마도의 위치와 〈숭신 65년조〉에서 말하는 "임나는 축자국으로 2,000여 리 가고, 북은 험한 바다이며, 계림의 서남쪽에 있다."라는 기사와 서로 일치하지 않기 때문이다. '축자국으로 2,000여 리'를 제외하고라도 대마도는 북쪽만이 아니라 사방이 모두 험한 바다라는 것과 계림(경주)의 서남으로 보기엔 다소 무리가 있어 보인다는 점이다.

서기 720년 『일본서기』를 편찬할 당시 북규슈에는 축자국이 있었다. 때문에 편찬자들은 왜국의 중심지였던 나라(奈良)를 기준으로 거리를 계산해 '축자국으로 2,000여 리 간다.'라고 기록한 것이다. 이 말의 의미는 임나가 축자국이 아닌 '축자국 부근'에 위치한 다른 지역이라는 말이다.

역사 칼럼니스트로 『여기가 임나다』의 저자인 최규성 선생은 임나의 위치를 축자국 부근에 있는 규슈 사가현의 마쓰우라(松浦)라고 주장한다. 그는 언어학을 통해 지명의 변천을 규명해 임나의 위치를 마쓰우라로 비정했다. '松浦'에서 '松'의 일본 발음이 '마쓰' 또는 '마츠'인데, 우리말에서 장자를 뜻하는 '맏이' 또는 '맡'에서 유래했다고 한다. 또 임나에서 '任' 역시 '맡기다'의 '맡'과 같은 발음인 '맏'에서 음을 빌렸다고 했다. 즉, 임나는 '맏나라' 즉 '큰 나라'라는 우리말 발음에서 왔다고 했다. 또 그는 '맏나'와 '말로'는 음이 넘나들고 '말' 또한 말벌처럼 크다는 뜻이 있기에 '마쓰우라'는 고대 왜의 소국인 말로국(末盧國)이라고 주장했다. 왜냐하면 이 같은 주장이 설득력을 가지는 것은 왜의 수도 나라(奈良)에서 고대 축자국 좌측에 위치한 말로국까지는 780km로 대략 2,000여 리쯤 되기 때문이다.

우리 민족은 고대 이두를 사용했는데, 당시에는 인명, 지명, 관직명을 반드시 이두로 표기했다. 그리고 고대 한반도에서 일본열도로 많은 사람이 이주해 갔다. 그때 당연히 언어와 풍습도 함께 건너

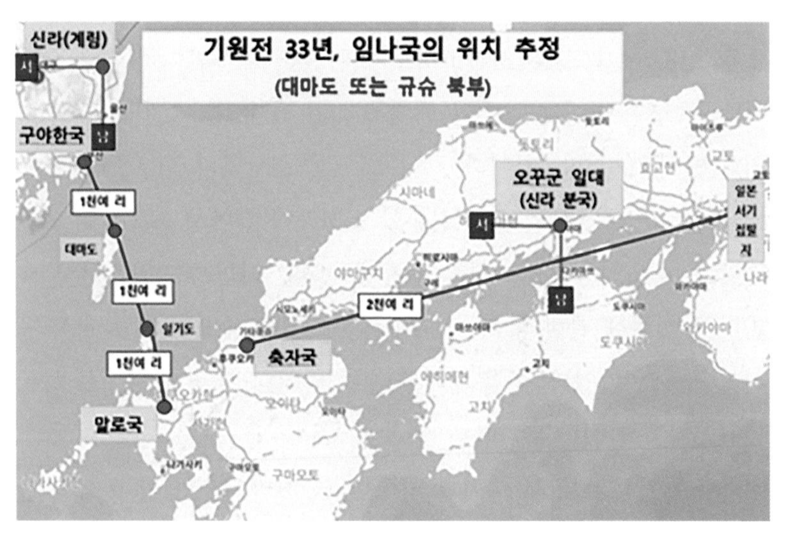

대마도 전기임나와 북규슈의 후기임나 이동 경로(김성문 제공)

갔는데 위의 표현처럼 지명을 이두식 한자로 표현했다. 이처럼 언어에서도 임나의 위치를 규명할 수 있는 단서가 지명에서 남아있었다.

기록만으로 보면 최초의 임나는 서기전 33년인 숭신 65년의 기록과 일치하는 북규슈 말로국이 맞다. 그러나 『일본서기』는 자국의 건국 연대를 올리기 위해 기년(紀年)을 뒤죽박죽으로 조작한 역사서라 기록된 기년을 모두 믿을 수는 없다. 이처럼 『일본서기』는 어느 정도 당시의 상황을 고려하여 기년을 정해야 하는 원칙이 없는 역사서이다. 마찬가지로 『일본서기』 편찬자와 이후의 가필자들은 가야인이 개척한 대마도가 최초의 임나였음을 간과하고, 북규슈로 옮겨간 후기 임나만 애매하게 기록해 놓아 뒷사람들에게 혼란만 주고 있다.

사실 『일본서기』는 서문도 없고, 임금에게 올리는 상표문(上表文)도 없으며, 저자도 없는 역사서다. 일본 최초의 고대 국가 건국 연도를 거의 천 년이나 앞당긴 문제가 많은 역사서다. 몇 번 편찬을 거쳐왔는데 마지막 편찬자가 대표적인 식민사학자 구로이타 가쓰미(黑板勝美)였다. 과연 온전하게 있는 그대로 편찬했는지 의문스럽지 않을 수 없다. 이전 그의 행적으로 보면 『일본서기』를 마지막 편집할 때 임나에 관한 많은 기록이 왜곡되거나 사라졌다는 것을 충분히 짐작할 수 있다.

어느 일본학자는 “무리하게 임나를 한반도에 고착시키고, 가공의 정한론을 만들기 위해 그동안 자국의 역사를 너무나 많이 왜곡하고 없앴다. 그 결과 일본의 고대 역사가 너무나 많이 사라져 버렸으며 이제는 일본의 정체성까지 잃어버렸다."라며 개탄했다고 한다.

한편 능비에 보이는 임나가라는 한반도의 가야가 아니다. 왜냐하면 4세기 말(399)에 쓰인 『송서』의 기록에 "사지절 도독 왜·백제·신라·임나·가라·진한·모한 7국 제군사 안동대장군 왜국 왕'이라 칭하였다."[33]라는 기록을 보면 임나와 가라(가야)는 분명히 별개의 나라였다, 이때 임나는 <전기 임나>인 대마도 또는 규슈로 옮겨간 <후기 임나>로 왜에 속한 소국일 것이다.

혹자는 가야가 임나와 같은 나라라고 한다. 다만 일상적으로 사용한 국명은 아니고, 신라를 계림이라 칭한 것처럼 글로 쓸 때만 사용하는 일종의 문어(文語)라고 한다. 그러나 '임나가라'처럼 신라의 다른 표현인 계림 앞에 접두어로 'ㅇㅇ계림'이라고 한 기록이 없다. 이런 점을 고려해 보면 임나가라는 문어(文語)가 아니라, 일본열도로 간 이주민들이 가야 앞에 붙인 일종의 미칭(美稱)이다.

예를 들면 영국인들이 신대륙 미국에 갔을 때 자기가 살았던 지명 앞에 New를 붙여 New york, New Orleans라고 했다. 이처럼 임나가라도 새로운 가야, 위대한 가야 또는 최고의 가야라는 뜻으로 보인다. 그리고 신라인이 자기 나라에 'ㅇㅇ계림'이라 하지 않듯이 가야 자국민 또한 '임나가라'라는 국명을 쓰지는 않는다. 이처럼 임나가라는 가야인이 타국으로 이주해 붙이는 일종의 미칭이며, 대마도나 일본열도로 이주해 그곳에 붙인 국명이다.

<숭신 65년조> 임나의 위치에 대한 필자의 주장은 정·반·합의

---

33 自稱使持節.都督倭百濟新羅任那加羅秦韓慕韓七國諸軍事.安東大將軍.倭國王. 宋書』 卷九十七 列傳 第五十七. 高句驪國.百濟國.倭國

변증법 논리와 유사하다. 왜냐하면 '임나는 한반도다(正)'라는 일제와 국내 주류 사학계의 주장에 대해 민족사학계는 반론을 제기하며 '아니다, 임나는 대마도다(反)'라고 했다. 필자는 이러한 이전 주장의 모순을 극복해 '임나는 한반도도 아니고, 대마도도 아니라 규슈 북단의 마쓰우라(松浦)이다.'라고 주장하기 때문이다.

6장

그 밖의 주요 쟁점들

눈 덮인 장군총 전경(국립중앙박물관)

1.
속민과 신민의 뜻과 차이

사람을 통제하는 가장 좋은 방법 가운데 하나는 특정 사안을 선점해 상대를 프레임 속에 가두는 것이다. 또 핵심 주제를 벗어나게 유도하거나 작은 부분을 침소봉대하여 본질을 흐리고 여론을 호도해 진실을 덮는 것이다.

일제는 신묘년 기사의 '渡海破'와 경자년 기사의 '任那加羅'를 통해 임나일본부의 근거를 마련하고자 했다. 그들은 5년간의 비밀 연구 끝에 신묘년 기사에서 '두 二'를 '바다 海'로 변조했고 '고구려에 조공 온 왜'를 '백제와 신라를 침공한 왜'로 둔갑시켰다. 변조로 해석은 왜곡되었고 문제는 있어 보였지만, 최초의 해석이란 프리미엄으로 인해 일제의 해석이 한동안 굳어졌다. 석문(釋文)을 선제적으로 발표해 해석의 주도권을 잡아 버렸다. 사실 능비는 중국에 의해 이미 발견되었으므로 억지로 숨길 수도 없었다. 결국 세상에 드러날 것이라면 일제는 조선을 자신들의 영향권에 둔 권위를 이용해 아예 능비를 미리 변조시켜 자국에 유리하게 해석하도록 했다.

일제는 잃을 게 아무것도 없었다. "왜가 백잔과 신라를 신민으로 삼았다."라는 자기네들 해석을 외부에서 문제 삼더라도 미리 변조한 비문을 근거로 억지로 우기면 되었다. 왜냐하면 증거는 이미 사라졌고 후발 해석자들은 기존 해석으로 인한 논쟁에서 벗어나지 못할 것이 분명했기 때문이었다. 또한 그로 인해 태왕의 위대한 업적은 계속 가려지는 효과까지 있었다. 그런 영향 때문인지 몰라도 우리 역사학계는 능비 연구로 역사적 가치를 도출하고 태왕의 찬란한 업적을 선양해 활용하는 부분에 있어선 아직도 많이 부족해 보이기도 한다.

〈을미년조〉의 '百殘新羅 舊是屬民 由來朝貢 而倭 以辛卯年來渡 [二]破 百殘[倭侵]新羅 以爲臣民 以六年丙申 王躬率水軍 討[倭]殘國'을 의역하면 "백제와 신라는 옛날 고구려의 속민이 되어 전부터 조공을 바쳐왔다. 그러나 왜는 신묘년부터 [늦게서야] 바다를 건너 [조공을] 왔다./ 그런데 두 쳐부숱[파렴치] 백제와 왜는 [고구려 몰래] 신라를 침공해 신민으로 삼으려 했다./ 그래서 영락 6년 병신년, 대왕이 몸소 수군을 이끌고 왜와 백제를 토벌했다."라는 내용이다.

첫 단락은 왜와 백제의 신라 침공에 대한 전제로서 전치문(前置文)의 성격을 띠며 "이들은 원래 고구려의 속민이었고 조공을 바쳤다."라는 조공에 관한 내용이다. 이때 '來'는 [조공을] 왔다는 뜻이다. 두 번째와 세 번째 단락은 고구려에 조공을 바치는 주제 정도인 백제와 왜가 고구려 몰래 자신의 속민인 신라를 침공한다는 것은 묵과할 수 없어 출병했다는 명분을 말하고 있다. 즉 신묘년 기사의 원문 첫 단락은 조공에 관한 것이고, 두 번째 단락은 백제와 왜의 신라 침공에 관한 것이며, 세 번째 단락은 고구려가 백제와 왜를 토벌했다는 것으로 변조되기 전 원래의 문장은 이처럼 단순명료하였다.

앞 〈을미년조〉에는 속민(屬民)과 신민(臣民)이란 용어가 등장한다. 속민과 신민이 같은 의미를 지녔지만, 반복을 피하는 한자의 특성상 다르게 표현했을 수도 있다. 또 속민과 신민은 주종(主從) 관계 중 고구려라는 주(主)의 입장에서 백제와 신라 그리고 왜를 종(從)으로 격하해 차별한 용어라고 생각할 수 있다. 즉 당대의 대국 고구려라는 자국의 입장에서 상대를 낮추는 표현으로 속민이나 신민이라고 했을 가능성이 있다. 왜냐하면 이 비문을 쓴 고구려 입장에서 보면 과거 백제와 왜는 신라와 함께 자기에게 조공 왔던 한 단계 아래의 나라들이기 때문이었다.

비유하면 고구려가 큰 형님이라면 백제와 왜 그리고 신라는 손아래 동생 격이다. 그런데 큰형님 몰래 둘째인 백제가 왜와 연합해 막내인 신라를 괴롭히는 것과 같아서 고구려의 입장에서는 백제와 왜를 용납할 수 없었다. 또 한편으로 보아, 만약 백제와 왜가 신라를 복속시키려 했다면 그것은 손아래 동생들의 서열 다툼인지라 속민(屬民)보다 한 단계 아래로 보이는 신민(臣民)이란 용어를 쓸 가능성도 있다. 하지만 피해자인 신라의 입장에서 보면 큰 나라의 지배를 받든 그보다 작은 나라의 지배를 받든 예속되는 점은 동일하다. 결국 속민과 신민의 의미는 비슷하나 고구려가 바라보는 입지에 따라 다르게 선택된 용어로 볼 수 있다.

그런데 중국에 거주하는 조선족 윤명부 선생은 '屬'의 의미가 국권이 빼긴 속국(屬國)과는 그 의미가 다르다고 주장한다. 이때 '屬'은 '따르고 복종한다.'라는 '촉'으로 읽어야 한다고 했다. 즉 '촉민'이란 고구려를 따르거나 복종하는 의미이지 완전한 복속을 뜻하는 종속된 국민인 '속민'은 아니라고 주장한다. 왜냐하면 당시의 백제나 신라가 고구려보다 국력이 약했던 것은 사실이나 주권까지 빼긴 기록은 없기 때문이다. 문맥으로 보면 상당히 설득력이 있는 주장이다. 또 다른 관점에서 보면 민족사학자 김덕중 선생은 속민을 '백잔과 신라는 옛터 고조선에서 함께 살았던 권속(眷屬)이요, 동족'이라 보았고, 고구려·백제·신라는 형제국으로 조공을 통한 외교를 하였다고 하였다.[34] 전북대 김병기 교수는 속민이란 '같은 민족 간의 주종 관계'를 말하고 신민이란 '다른 민족 간의 주종 관계'를 말한다고 하였다.

한편『삼국사기』「열전 최치원」편을 보면 그의 문집에서 당나라 태사시중(太師侍中)에게 올리는 편지가 있는데, 다음과 같이 쓰고 있다.

"엎드려 듣건대 동해 밖에 삼국이 있었으니 그 이름이 마한(馬韓), 변한(卞韓), 진한(辰韓)입니다. 마한은 고구려요, 변한은 백제요, 진한은 신라입니다. 고구려와 백제의 전성기에는 강한 군사가 백만 명이나 되어 남으로 오(吳), 월(越)을 침범하고, 북으로 유(幽), 연(燕), 제(齊), 노(魯)를 뒤흔들어 중국의 커다란 고민거리가 되었으며, 수(隋) 황제가 세력을 잃은 것도 요동 정벌에 말미암은 것입니다."[35]

위와 같이 그는 '마한을 고구려'라고 하였다. 또한『삼국지 위서 동이전』<변진조>에도 기록이 있다.

34 김덕중『태왕의 꿈』덕산서원, 2014

35 伏聞 東海之外有三國 其名馬韓卞韓辰韓 馬韓則高麗 卞韓則百濟 辰韓則新羅也 高麗百濟 全盛之時 强兵百萬 南侵吳越 北撓幽燕齊魯 爲中國巨蠹 隋皇失馭 由於征遼

"진왕(辰王)은 항상 마한 사람으로서 대대로 이어 갔으며, 진왕이 스스로 왕이 되지는 못하였다."[36]

이를 참고하면 신라의 전신인 진한이 고구려의 전신인 마한에게 예속되어 있음을 말해주고 있다. 이를 뒷받침하는 근거가 경주 호우총에서 나온 청동 그릇인 호우이다. 그릇의 바닥 밑면에는 4행 4자씩 16글자로 '신묘년국강상광개토지호태왕호우십(辛卯年國罡上廣開土地好太王壺杅十)'이란 명문이 새겨져 있었다. 호우총에서는 신라 귀족의 유물이 나왔고 무덤 형태도 적석목곽분이라 신라인의 무덤이라고 알려져 있다. 그런데 고구려 광개토태왕 즉위년이 새겨진 명문이 나왔다는 것에 대해 학계는 매우 주목하였다.

호우에 보이는 광개토태왕 명문(호우총 발굴)

한편『삼국사기』<실성마립간조> 그리고 <눌지마립간조>를 보면 신라왕의 즉위에 고구려가 매우 깊숙하게 관여하고 있는 것

36 辰王常用馬韓人作之 世世相繼 辰王不得自立爲王

을 볼 수 있는데, 내정간섭을 넘어 거의 통치에 가까운 행보를 보이고 있다. 이러한 과거에 비추어 고구려는 신라를 속민이라 여겼을 가능성도 충분해 보인다. 서기 448년에 세워진 「중원고구려비」에는 '土內幢主(토내당주)'라고 나온다. 이는 신라 땅에 머물렀던 고구려 주둔군의 총독을 뜻하는데, 신라에 대한 고구려의 강력한 내정간섭이 있었다는 기록이다.

그리고 백제는 고구려의 왕자 온조가 고구려로부터 갈라져 나와 세운 나라이다. 따라서 고구려의 시각에서 보면, 백제는 고구려의 둘째 부인인 소서노의 아들 온조가 세운 서자(庶子)의 나라이고, 신라는 고구려의 영향권 아래에 있었던 나라일 뿐이었다. 그러한 의미에서 비문에서는 백제와 신라를 한 단계 아래라는 의미로 '속민' 또는 '촉민'이라 칭했을 수도 있다.

또 다른 의미로, 오늘날의 영연방 국가들처럼 백제와 신라는 독립은 되어 있었다. 하지만 고구려는 과거 백제의 모국(母國)이었고 신라를 지배했다는 인식으로 인해 자국의 입장에서 백제나 신라를 속민으로 칭했을 수도 있다. 그리고 황제국을 자부하는 고구려에 비해 백제와 신라를 제후국 정도로 낮추어 보아 〈을미년조〉에서 속민이란 용어와 함께 조공에 대한 말을 꺼냈을 것으로도 보인다. 하지만 당시 조공에서도 반드시 지배와 피지배의 수직적인 관계에서만 이루어진 것은 아니었다. 조공은 무역을 통한 경제교류와 함께 정치 또는 외교의 수단으로도 국가들 간에 서로가 활용했다.

반면 일본 와세다 대학의 이성시 교수는 능비의 기록을 들어 '백제와 신라가 고구려의 속민이었다는 것은 역사적 사실이 아니며 고구려의 업적을 부풀리기 위한 허구'라고 주장했다. 또한 태왕의 업적을 극대화하기 위해 왜의 존재를 과장했다고 한다. 이 교수는 "한일 연구자들의 능비 연구가 역사적 사실 자체에 대한 탐구라기보다 근대 일본의 욕망과 이를 부정하려는 근대 한국의 욕망이 서로 대립하는 과정"으로 설명했다.[37] 그러나 '속국이 아닌데 속국이었다.'라고 쓴 능비의 내용이 거짓이라는 이러한 주장은 당시의 국제관계를 제대로 이해하지 못한 시각으로 속민에 대한 편협한 해석에서 기인한 것이다.

최근 일부의 국내 사학자들이 이러한 그의 주장을 옹호해 능비를 고구려의 '정치선전물'이라고까지 말하고 있는데 이야말로 근거 없는 자기만의 생각에 불과하다. 이처럼 당대의 기록에 대한 편협한 해석이 고구려인들을 거짓말쟁이로 폄하하고 있으며, 능비의 역사적 기록에 대한 신뢰를 떨어뜨리고 있다.

문장에서 가장 중요한 것은 문맥이다. 그런데 문맥이 전혀 맞지 않는 일제의 〈을미년조〉 '渡海破' 기사 해석은 문제가 없는 것으로 잘못 알고 있으면서 오히려 속민(屬民)에 대한 편협한 해석을 근거로 능비의 사실성을 훼손해선 안 된다. 사실 고구려의 입장에서 과거를 회고해 보면 백제, 신라에 대해서는 충분히 속민이란 용어를 쓸 수 있는 입장이다. 또 고구려가 보기엔 백제와 왜가 연합해 신라를 복속하려는 행위를 가리켜 당연히 "신민으로 삼으려 했다."라고 기록할 수 있는 것이다.

물론, 이와 같이 역사를 규명하기 위해선 글자 하나하나의 의미도 중요하다. 하지만 신묘년 기사를 바라볼 때는 일제의 불손한 의

37 이성시, 『만들어진 고대』, 삼인 2019

도에 의해 비문이 이미 변조됐다는 사실을 모르면 엉뚱하게 길을 헤매기 십상이다. 지금도 우리 역사학계는 〈단군은 신화〉, 〈한사군은 한반도〉, 〈임나는 가야〉라는 과거 일제가 짜놓은 프레임을 벗어나지 못하고 있다. 역사 바로 세우기를 위해선 이미 세뇌된 역사학계가 깨어나기보다 국민이 깨어나는 '시민 역사학'의 시대만이 유일한 희망인 듯하다. 언제나 그렇듯 모르면 당하는 게 세상의 냉엄한 현실이다.

2.
종발성과 안라인수병의 해석

❀ '從拔城'은 명사가 아닌 동사

경자년 기사의 종발성(從拔城)을 성의 이름(城名)인 명사(名詞)로 보면 뜻이 어색해진다. 대부분의 연구자는 '倭背急追 至任那加羅從拔城 城卽歸服'을 "왜의 뒤를 급히 추격하여 임나가라 종발성에 이르니 성이 곧 귀복하였다."라고 풀이한다. 그러나 이렇게 하면 문맥이 맞지 않는다. 왜냐하면 고구려군이 왜군을 추격해 임나가라 종발성에 이르니 왜군이 '싸우지도 않고 그냥 항복하였다.'라고 하기 때문이다. 성은 고구려의 공격을 막을 수 있는 가장 좋은 조건인데, 왜가 자신의 보금자리에 와서 싸워보지도 않고 항복했다는 것은 논리에 맞지 않는다. 싸워보지도 않고 항복하려면 육지인 신라에서 하면 되었지 급히 바다로 도망갈 필요가 전혀 없었다.

영락 9년 기해년 기사를 보면 백제는 3년 전 영락 6년 태왕에게 패한 후 아신왕이 "지금부터는 영원한 노객(신하)이 되겠습니다."라고 굳게 맹세했다. 그러던 백제가 태왕과의 철석같은 맹세를 어기고 왜와 다시 작당을 했다. 그러나 경자년에 신라를 공격한 주체는 백제가 아니라 왜였다. 경자년 기사를 보면 태왕은 도발해 온 왜를 아주 요절을 낼 심산으로 기병과 보병 5만이라는 대군을 동원해 왜의 근거지를 공격하게 한다. 고구려군이 먼저 남거성을 비롯한 신라의 성들에 이르니 성안에 왜인이 가득했는데 관군이 도착하니 그들은 도망갔다. 그러나 이번엔 고구려군이 왜적을 발본색원하기 위해 그들의 전초기지인 대마도에 있는 임나가라까지 쫓아가 공격했다. 그래서 이 부분을 다음과 같이 풀이해야 옳다.

'倭背急追 至任那加羅 從拔城城即歸服'을 "왜의 뒤를 급히 추격해 임나가라에 이르러 쫓아가 성을 치니 성이 곧 귀복하였다." 즉 '從拔城城即歸服'처럼 한바탕 전투를 벌인 후에 항복을 받아낸다는 풀이가 더 합리적이다. 이후 고구려군은 '安羅人戍兵' "이에 신라인에게 성을 지키게 하고"는 대마도와 열도에 있는 것으로 추정되는 "신라성과 신성을 치니 왜구가 크게 무너졌다."(拔新羅城晨城 倭寇宏潰)는 것이다. 이 같은 상황을 비추어 보면 임나가라의 위치가 결코 고령이나 김해일 수가 없으며 종발성은 성의 이름이 아니다. 이렇듯 종발성은 명사가 아니라 "쫓아가(從) 성을 치니(拔城)"라는 동사로 풀어야 한다.

김해 분성산 산성, 학계는 종발성(從拔城)으로 오인하고 있다.

한편 능비에서 나오는 임나가라의 위치를 김해나 고령으로 비정하는 연구자들의 주장은 왜가 바다를 건너 백제와 신라를 공격했다는 앞뒤가 맞지 않는 기사 '渡海破'에서 그 근거를 찾는다. 그러나 앞에서 합리적으로 복원한 문장을 보면 왜가 백제와 연합해 신라를 침공했다가 신라의 구원병인 고구려군에게 철저히 패배했다는 기사뿐 그 어디에도 한반도 남부를 점령했다는 기사는 보이지 않는다. 그리고 이때 고구려의 직접적인 상대는 왜이고 간접적인 상대는 백제였으며 전장(戰場)은 신라였다. 일제가 임나라고 비정하는 고령의 대가야나 김해의 금관가야는 고구려와 적대국이 아니므로 상호 간 전쟁의 기록이 그 어디에도 없다.

경자년 기록을 보면 고구려가 왜를 쫓아갈 때 '급히 추격했다(急追)'라고 나온다. 급박한 상황의 표현이다. 그런데 5만의 대군으로 왜의 뿌리를 뽑고 말겠다는 확고한 의지를 가진 고구려군이 왜의 동맹군도 아닌 가야를 명분 없이 공격할 이유가 없다. 전쟁이란 생사가 오가는 중요한 순간이므로 계획에 없던 가야에 대한 공격 가능성은 희박하다. 가야가 백제나 왜의 동맹군도 아니고 더구나 전쟁에 참여하지도 않았는데 고구려가 무리하게 공격할 이유가 없다. 그러므로 고구려군이 공격한 임나가라의 위치는 김해의 금관가야가 될 수 없다.

또한 임나가라의 위치가 만약 고령이라면, 신묘년 기사에서 "왜가 물을 건너 (조공을) 왔다."라는 기사와도 전혀 맞지 않는다. 또한 고령에 왜의 본거지가 있었다는 역사적 기록이나 유물은 전무하다. 대가야는 광개토태왕의 남정과 무관하게 562년까지 존속했다. 그러나 식민사학자 이마니시 류의 주장에 따라 임나를 고령에 비정하고 기념비까지 세워 확정한 것은 가공의 임나일본부를 세우기 위한 것으로 역사 왜곡의 극치를 보여주는 만행이다.

그동안 대부분의 연구자는 '從拔城'을 명사로 잘못 해석해 그 위치를 김해의 분산성(盆山城)이나 부산의 배산성(盃山城)으로 비정하였다. 김해 분산성을 종발성으로 보는 이유는 분산성이 마치 '작고 오목한 그릇'인 '종지'의 경상도 방언 '종발'과 발음이 같고 모양도 비슷하기 때문이라고 한다. 하지만, 그릇을 뜻하는 종발(鍾鉢)과 비문에 나오는 종발(從拔)은 한자부터 서로 다르다. 배산성 또한 '잔 盃'

를 쓰는 것에서 기인하는데, 우리나라 산성에서는 무척 흔한 모습이다. 사실 이런 식의 지명 비정은 발음이 비슷하거나 앞글자의 자음이 비슷하면 동일 지명으로 추정하는 음상사(音相似)와 다름이 없다. 이는 역사 왜곡을 위해 일제의 식민사학들이 주로 썼던 비학문적인 고증 방법으로 이같이 종발성을 명사로 해석하면 그 의미가 맞지 않는다.

학계는 '從拔城'을 "쫓아가 성을 치니"라는 동사로 풀어야 하는데 성(城) 이름인 명사 '종발성'으로 잘못 풀었다. 한편 이와 반대되는 예도 있다. 「가락국기」에는 수로왕과 허왕후가 합혼한 만전(幔殿)의 위치를 설명할 때 '종궐서남하육십보(從闕西南下六十步)'라는 구절이 나온다. 이때 종궐(從闕)은 본궐(本闕)에 종속된 궁전인 명사로 보아야 함에도 기존에는 "궐을 따라"라고 동사로 잘못 해석하였다. 이처럼 비문을 풀이할 때 문맥과 품사 그리고 당시의 역사적 상황을 고려해야만 진실에 다가설 수 있다.

❀ 안라인수병의 해석과 정체

세상에 영원히 변하지 않는 것은 없다. 우리가 쓰는 말 또한 많은 변화를 겪어 왔다. 그래서 언어학자들은 같은 나라의 말이라도 고대어와 현대어의 차이가 심해 고대인과 현대인이 만난다면 소통이 쉽지 않다고 말하곤 한다. 그뿐만 아니라 말을 표현하는 문자 또한 많은 변형을 겪어 고금(古今)의 소통이 쉽지 않다.

이에 반해 동아시아에서 수천 년 전부터 현대까지 사용되고 있는 한자(漢字)는 비록 시간의 경과에 따라 변형은 있었지만, 고대와 현대인이 만난다 해도 글자로는 소통이 가능한 매우 특이한 문자다. 그렇지만 띄어쓰기가 없고, 시간의 흐름을 나타내는 시제(時制)가 없는 단점도 있다. 또 명사와 형용사, 동사 등의 품사가 명확하지 않아 품사를 잘못 해석하면 문장 전체가 변한다. 그래서 때로는 해석자의 주관적 입장에 따라 내용이 완전히 달라지는 문제가 발생하기도 한다.

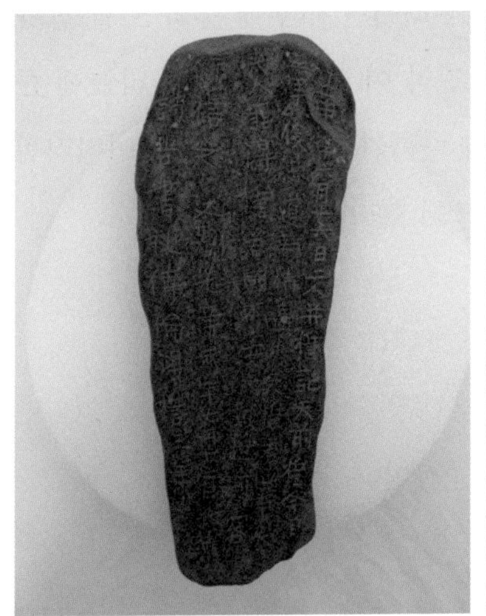
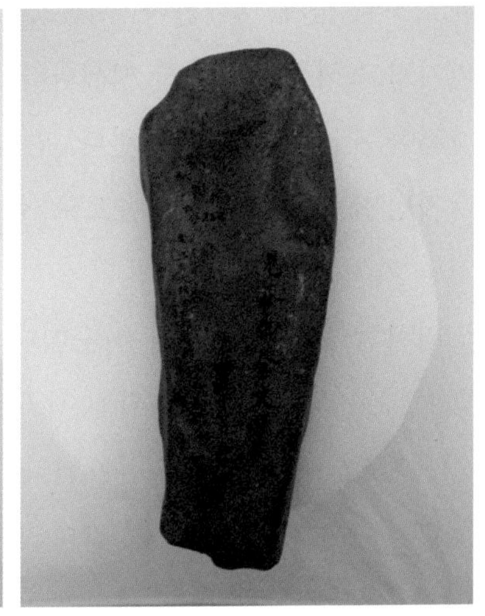

임신서기석의 전면과 후면 (국립경주박물관)

지금으로부터 90여 년 전인 1934년 경주시 현곡면에서 자그마한 비가 하나 발견되었다. 이후 임신서기석(壬申誓記石)으로 불린 이 비석은 6세~9세기경에 두 명의 화랑이 맹세한 내용을 돌에 새긴 것으로, 역사학계뿐 아니라 국문학계에서도 매우 중요한 유물로 인식하고 있다. 그 이유는 우리나라 고대의 석비는 모두 한자로 쓰여 있고 주어+술어+목적어의 한문식 어순이다. 그런데 임신서기석은 주어+목적어+술어 순서의 완전한 우리식 어순이며 내용 중 일부는 다음과 같다.

天前誓 今自三年以後 忠道執持過失无誓 若此事失天大罪得誓 若國不安大亂 世可容行誓之

"하늘 앞에 맹세한다. 지금으로부터 3년 이후에 충의 도를 잡아 지키고 허물이 없기를 맹세한다. 만약 이 서약을 어기면 하늘에 큰 죄를 짓는 것이라 맹세한다. 만약 나라가 불안하고 크게 어지러워지면 세상에서 옳은 모습으로 (충도를) 행하기를 맹세한다."

위처럼 완벽한 우리말 어순이다. 그런데 흥미로운 점은 임신서기석보다 수백 년 전에 세워진 광개토태왕릉비에도 우리말 어순으로 기록된 것이 여러 곳에서 보인다는 점이다. 〈경자년조〉의 '城卽歸服' 다음 이어지는 기사는 안라인수병(安羅人戍兵)[38]이다. 능비 〈경자년조〉 기사가 있는 2면 9행과 10행 그리고 3면 2행에 걸쳐 '安羅人戍兵'이 세 번 나온다. 기존 대부분의 연구자는 "안라인(安羅人)으로 국경을 지키게 했다."라고 풀이하지만, 당시의 상황과 맞춰보면

38 安羅人戌兵(안라인술병)은 安羅人戍兵(안라인수병)을 오독(誤讀)한 오기(誤記)가 아닌가 한다. 곧 술(戌)과 수(戍)는 글자의 모양이 비슷하여 비문을 새기거나 판독 시에 잘못이 있을 수 있다. 따라서 술병(戌兵)을 수병(戍兵)으로 고치거나 이해해야 한다.

무리한 해석이다. 이는 달리 **"신라인(羅人)으로 수자리(戍兵)하여 편안하게 하였다." 또는 "이에(安) 신라인(羅人)으로 지키게(戍兵) 했다."라고도 풀이된다. 이때 '戍兵'은 '술병'으로 읽지 않고 '국경을 지키는 병사' 즉 '수자리'를 뜻하는 '수병'으로 읽어야 한다.** '安羅人戍兵'을 두고 다양한 해석이 가능하다.

〈첫 번째〉 "안라인(安羅人)으로 국경을 지키게(戍兵) 했다"라는 해석은 가능성이 희박하다. 왜냐하면 안라(安羅)라는 지명이 우리 역사서에는 등장하지 않고 일본의 역사서『일본서기』에 나오는 임나 10국 중의 하나이기 때문이다. 혹자는 함안의 옛 이름인 '아라'와 '아라가야'를 안라(安羅)와 같다고 하나 문헌적인 근거가 전혀 없다.『삼국사기』에는 함안을 아시량국(阿尸良國) 또는 아나가야(阿那加耶)라고 했지 안라로 지칭한 적은 없다.

한편 대일항전기, 정한론의 근거를 마련하기 위해 일제는 일본열도에 있는 지명을 한반도 내에 비정하는 역사 공작을 자행했다. 그래서 이러한 영향의 일환으로 오랫동안 안라와 아라가야인 함안을 동일시했다. 하지만 안라와 아라가야가 별개인 것은 멸망 시기가 전혀 다르다는 데 있다. 그 근거로『일본서기』에 등장하는 안라는 서기 561년에 멸망하는 데 비해, 아라가야는 법흥왕 25년인 538년에 망했다고『동국통감』에 명확히 기록되어 있다.

『일본서기』에는 임나가 215회나 나오고 임나 10국에 안라가 속해 있으므로 안라의 위치는 당연히 일본열도에 있다. 그런데 일각에선 안라국을 '열도의 고구려 분국'으로 보고 그들로 수자리하게 했다고 말한다. 하지만 임나 10국 중 하나인 열도의 안라 병사들로

하여금 고구려가 점령한 임나가라 즉 대마도를 지키게 했다는 것은 불가능하다. 그 이유는 공격하는 것도 군사력이 강해야 하지만 지키는 것도 어느 정도의 군사력은 갖추어야 하기 때문이다. 그러나 고구려가 승리한 곳인 대마도와 일본열도의 여러 성을 한 지역의 소국 정도인 열도 내 안라국 병사들이 지켜낼 수 있는지는 의문이다.

〈경자년조〉에는 많은 글자가 삭제된 가운데 안라인수병이 세 번이나 나온다. 이는 고구려군이 적어도 세 곳 이상이나 되는 왜의 근거지들을 격파하고, 신라 병사에게 지키게 했다는 것을 의미한다. 신라군은 애초부터 원군인 고구려군과 함께했기에 막강한 고구려군이 왜를 격파하고 난 이후 비록 약한 군사력이었지만 수자리 정도는 가능했다. 하지만 열도의 내륙에 속한 안라국 병사들이 대마도나 열도의 다른 곳에 수자리 하기엔 위치로나 군사력으로 따져봐도 가능성은 희박하다. 따라서 '安羅人戍兵'에서 '安羅'를 독립된 명사로 볼 때 도저히 당시의 상황과 맞지 않는 한계가 있다.

〈두 번째〉 '安'을 '편안하게 하다'로 보고 '羅'를 신라로 보아 "신라인으로 지켜(수자리) 편안하게 하였다."라고 해석한다. 이는 중국 사학자 왕건군의 해석으로 상당히 설득력이 있다. 왜냐하면 서기 400년 전후의 신라는 정치적으로 매우 불안했고, 고구려가 신라에 상당한 영향력을 행사하고 있던 시기였다. 실성마립간과 눌지마립간까지 고구려의 영향력 아래에 있었다는 정황들이 기록을 통해 나타나기도 한다. 경자년, 신라는 왜의 침입으로 나라가 풍전등화와 같았을 때 고구려의 도움으로 위기를 넘길 수 있었다. 고구려는 강력한 군사력으로 왜의 소굴인 임나가라를 쳤고, 그 자리에는 신라군을 배치해 수비하게 했다. 이와 같이 고구려군은 그 위세를 보아서도 전장의 최전선에서 싸울 강력한 군대이지 국경이나 지킬 나약한 군대가 아니라고 능비는 말하고 있다.

〈세 번째〉는 필자의 주장으로 '安'을 '이에'라는 관계 부사로 보아 "이에(安) 신라인(羅人)으로 지키게(戍兵) 했다."라고 해석한다. 그 이유는 '安羅人戍兵'의 앞 구절인 〈경자년조〉 기록 "왜의 배후를 급히 추격해 임나가라에 이르렀고, 쫓아가 성을 치니 성은 곧 항복하였다."라는 문맥과 당시의 정황이 자연스럽게 연결되기 때문이다. 고구려군은 임나가라까지 갔고 왜의 근거지인 성을 쳐 그들의 항복을 받았다. 그러고는 '이에' 함께 출병했던 '신라 군사로 하여금' 그곳을 '지키게 하였던' 것이다.

사전에서는 '安'이 열 가지 뜻을 가진다고 나온다.

> 1. 편안(便安), 2. 편안하다(便安--), 3. 편안(便安)하게 하다 4. 안존하다(安存--: 아무런 탈 없이 평안히 지내다) 5. 즐거움에 빠지다 6. 즐기다, 좋아하다 7. 어찌, **8. 이에(乃), 곧 (荀子-委然成文以示之天下而暴國安自化矣)** 9. 어디에, 10. 안으로, 속으로

'安羅人戍兵'에서 '安'은 앞의 내용을 수식하는 관계 부사로 "이에 신라인으로 지키게 했다."라고 해석하는 것이 문장에서 자연스럽다. 물론 '安'을 '편안하게 하다'로 해석할 수 있으나 뒤의 '羅人戍兵' 즉 "신라인으로 변방을 지키게 하였다."라는 문장과 연결하면 뭔가

어색하다. 또 뒤에 바로 나오는 '拔新羅城晨城'의 긴장감 있는 문장이 따라오는 것으로 보아 '安'을 '편안하게 하다.'로 해석하는 것보다 앞의 내용을 설명해 주는 '이에' 또는 '이러하여'라는 관계 부사로 보아야 한다. '安羅人戍兵'은 임신서기석의 우리말 어순처럼 "이에(安) 신라인으로(羅人) 지키게 했다(戍兵)."라고 풀면 가장 자연스럽다.

혹자는 '安羅人戍兵'이 여러 번 나오기 때문에 '安'을 품사로 보면 부사 '이에' 보다 명사 '안라인'으로 보아야 한다고 말하기도 한다. 하지만 '安'을 부사로 보아 "이에 신라인으로 변방을 지키게 하였다."라고 풀이하면 능비의 기사처럼 고구려군이 점령한 곳이 한두 군데가 아니라 적어도 세 곳 이상 여러 곳이었음을 증명해 주게 된다. 이처럼 당시 고구려군이 파죽지세로 왜적을 패퇴시킨 것이다. 등장하는 숫자와 품사는 별달리 관계가 없다.

<경자년조>에는 안라인수병이 세 번 나온다. 첫 번째 '安羅人戍兵'은 '倭背急追 至任那加羅 從拔城城卽歸服' 뒤에 나오는데, 이때 임나가라의 위치는 대마도일 가능성이 높다. 즉 고구려군이 대마도에 있는 왜구의 전초기지를 점령하고 신라군에게 지키겠다는 것이다. 고구려군이 1진이라면 신라군은 2진이었다.

두 번째 '安羅人戍兵'은 '拔新羅城晨城 倭寇宏潰 城內 … 17자 결실 … 九盡拒侑倭' 뒤에 나온다. 후술하겠지만 이때의 신라성 또한 대마도에 있는 것으로 보인다. 그런데 '晨城'의 위치는 대마도인지 본토인지 명확하지 않다. 어쨌든 두 성의 왜구가 '크게 궤멸하였다.'라는 표현처럼 치명적인 타격을 입은 것만은 분명하다.

세 번째 '安羅人戍兵'은 두 번째 안라인수병이 나오고 난 뒤 거의 50여 자가 지워진 이후 등장한다. 즉 2면 10행 28열부터 41열까지,

이어서 3면 1행이 거의 전부가 지워지고 2행 5열에 나오는 '安羅人戍兵'이다. 그런데 자세히 보면 지워진 2면과 3면의 글자들은 자연 풍화가 아닌 인위적인 삭제가 있었음을 알 수 있다. 앞 76쪽의 사진처럼 일렬로 반듯하게 삭제되었는데 자연 풍화로 설명할 수 없는 인위적인 변조의 증거이다.

그런데 일제가 이 부분을 가장 집중적으로 지운 이유가 무엇일까? 필자가 추측하건대 여기에는 고구려군이 열도를 침공한 기사가 있었을 것으로 보인다. 정황으로 보아 고구려군은 육지 신라에 있었던 왜를 격파하고, 그들의 전초기지인 임나가라 즉 대마도까지 쫓아가 왜의 본성(本城)과 주변에 있던 신라성을 점령했다. 그리고 신라군으로 지키게 했다. 첫 번째 안라인수병 장소는 대마도였다. 그리고 두 번째의 장소는 대마도 또는 본토인 규슈일 것이다.

능비를 보면 고구려군의 진격이 거기에서 멈추지 않았다. 비록 지워져 명확히 알 수는 없지만, 지워진 경자년 가사의 90여 자 안에는 고구려군이 점령한 일본열도의 주요한 성이 있었을 것이다. 고구려군은 본토의 주요한 성을 점령하고는 이전과 마찬가지로 신라군으로 지키게 했다. 즉 세 번째 안라인수병의 위치는 일본열도로 규슈(九州) 일 것이다. 이처럼 일제가 두 번째와 세 번째 안라인수병이 나오는 부분을 집중적으로 지운 이유는 고구려군의 열도 침공 때문이다. 만세일계(萬歲一系)라는 천황가의 순수성이 훼손되면 안 되었고, 일본열도는 그들의 신이 보호하는 성스러운 땅이어야 했기 때문이었다.

그러나 당시 일본열도는 고구려라는 외세로부터 심각하게 타격받았던 것으로 보인다. 그 까닭은 고려 말 고려군과 원나라 연합군이 열도를 타격한 1차 침공 이전에 이미 광개토태왕의 고구려군에게 트라우마가 생길 정도의 악몽 같은 과거가 있었던 것으로 보이기 때문이다. 왜냐하면 백제가 망하던 660년에 일어난 사건을 보면 이해가 된다. 백제는 의자왕이 당으로 끌려간 이후 왕자 풍이 왜에게 구원을 청했고, 왜는 2만 7천 명의 군대로 백강에서 신라와 당의 연합군과 싸워 완전히 궤멸당한다.

이때 패배한 왜와 백제의 연합군은 엄청난 공포심을 가지고 지금 규슈의 후쿠오카를 중심으로 성을 쌓고 신라의 침공에 대비하는 모습이 역사서에 나온다. 물론 신라가 연합했던 당과의 전쟁으로 열도 침공은 실현되지 않았다. 그러나 당시 그들이 가진 공포심을 보면 이전에 그들이 겪었던 커다란 사건이 있었음을 알 수 있는데, 그것이 바로 5세기 초 고구려군의 열도 침공이라는 사건이다. 하지만 비문은 변조되었고, 일본 내에 남아있던 기록들은 과거의 치부를 숨기고자 했던 역대 천황과 제국주의 시대의 정치인들, 그리고 그에 동조하는 학자들에 의해 모두 없애거나 왜곡하여 그 흔적을 지웠다. 그러나 키토라 고분이나 다카마쓰 고분을 보면 고구려의 흔적이 확연히 남아있다. 물론 고분의 건립 시기는 7세기 말이라고 한다. 이를 통해 유추해 보면 5세기 초 고구려군의 열도 침공 이후 고구려의 본진은 귀국했다. 하지만 남은 세력은 계속 열도의 특정 지역을 점거해 살았을 가능성도 충분히 있다. 아무튼 기록은 지웠지만, 유적 유물까지는 어찌할 수 없었기에 고구려의 열도 침공 증거로 지금까지 남아있는 것이다.

3.
신라성의 위치

지금 이스라엘과 팔레스타인은 전쟁 중이다. 사실 이 참상의 시작은 팔레스타인 사람들이 살고 있던 땅에 1948년 유대인들이 이스라엘을 건국하면서부터였다. 이 전쟁은 고토 회복을 명분으로 내세운 이스라엘과 그것이 유대인의 생존을 위한 역사 왜곡에 지나지 않는다는 팔레스타인의 역사관이 첨예하게 충돌해 온 결과이기도 하다.

과거 일제는 조선 병탄의 명분을 서기 369년부터 562년까지 왜가 한반도 남부를 지배했었다는 『일본서기』 <신공 49년조>에서 찾는다. 그러고는 이를 고토 회복이라 이름했지만, 말도 안 되는 소리이다. 왜냐하면 고토 회복이란 '원래부터 본인들의 땅'이란 것이 전제되어야 한다. 하지만 한반도는 옛적부터 한민족의 터전이었지 왜인의 땅이 아니었기 때문이다. 왜가 언제 200여 년간 한반도 남부를 점령해 살았단 말인가? 이처럼 <신공 49년조>를 근거로 신공황후가 정벌했다는 신라 7국의 기록을 한반도에서 일어난 사건으로 보는 것 자체가 완전한 난센스다.

그리고 능비에 새겨진 기존의 변조된 신묘년 기사라 하더라도 고토 회복이란 전혀 근거 없는 억지 주장일 뿐이다. 또 필자가 합리적으로 유추해 복원한 비문을 보아도 백제와 왜가 신라를 침공했다가 지원군인 고구려군에게 철저히 패배했다는 기록뿐 그 어디에도 한반도 남부를 점령했다는 내용은 없다.

한편 <경자년조> 기사에는 “영락 10년 경자년에 보병과 기병 5만을 그곳에 보내 신라를 구원했다. 남거성으로부터 신라성까지 왜가 그 가운데 가득 찼는데 관군이 바야흐로 이르니 왜적이 물러갔다.”(十年庚子 敎遣步騎五萬 住救新羅 從南居城 至新羅城 倭滿其中 官軍方至 倭賊退)라고 했다. 하지만 이번엔 고구려군이 아예 왜적을 발본색원하기 위해 그들의 전초기지인 대마도의 임나가라까지 뒤쫓아간다. “왜의 뒤를 급히 추격하여 임나가라에 이르렀고, 쫓아가 성을 치니 성은 곧 항복하였다.”라는 기사처럼 한바탕 전투를 벌인 후에는 항복도 받아낸다. 그리고 “이에 신라인에게 성을 지키게 하고는 신라성과 신성을 쳤으며 왜구는 크게 무너졌다.”(安羅人戍兵 拔新羅城晨城 倭寇宏潰)라는 내용처럼, 고구려군은 다시 대마도에 있던 신라성과 대마도 또는 규슈에 있는 신성까지 쳤던 것이다.

이처럼 <경자년조> 비문을 보면 두 번에 걸쳐 신라성(新羅城)이 나온다. 그런데, 여기에 등장하는 신라성의 위치에 대해 사학계에서는 명쾌한 답을 내놓지 못하고 있다. 왜냐하면 대개의 연구자는 고구려군이 도착한 임나가라를 한반도 남부의 김해나 고령으로 잘못 인식해 신라성을 한반도 내에서만 찾으려 하기 때문이다.

그런데 〈경자년조〉에 나오는 두 신라성은 각각 다른 의미를 가질 개연성이 있다. 〈첫 번째 신라성〉은 남거성을 비롯한 ‘신라에 있는 다른 여러 성(城)’을 뜻한다. 즉 “고구려군이 남거성에서부터 신라의

[여러] 성들에 도착하니 왜가 가득 차 있었다."라는 것으로 왜가 경자년 앞 해인 기해년부터 신라의 여러 성을 점령해 농성하고 있다는 상황을 설명하고 있다. 이와 같이 이때의 신라성이란 '성 이름'(城名)이 아니라 당시 신라를 구원하러 간 고구려군이 본 '신라의 성들'이란 의미이다. 즉 신라성이란 단수(單數)의 성이 아닌 '신라의 성들'이란 복수(複數)이다. 그리고 통상 자기의 나라 이름을 성 이름으로는 사용하지 않는데, 예를 들면 고구려 안에 '고구려성'이 없고, 백제 안에 '백제성'이란 성명(城名)은 없다. 그러나 당사자가 아닌 타자(他者) 고구려인의 입장에서 보면 성명과 상관없이 신라 안의 모든 성은 신라성이고 백제 안의 모든 성은 백제성이다.

즉 비문을 쓴 고구려인의 입장에서 보면 원래의 다른 이름이 있는 신라나 백제의 성들조차도 '신라성' 또는 '백제성'이라고 부를 수 있다. 마치 우리의 입장에서 보면 오사카성이나 나고야성을 '일본의 성'이라는 뜻의 '日本城'이라고 하는 것과 같다.

또 다른 시각은 신라성이 신라의 수도에 있는 금성(金城)일 가능성도 있다. 그 이유는 신라성이 금성일 가능성 또한 능비가 '고구려인의 시각에서 쓴 비문'이라는 입장을 고려하면 충분히 가능하다. 신라인들은 아마도 수도에 있는 금성을 금성이라 불렀지 신라성이라 부르지 않았을 것이다. 왜냐하면 금성이라는 명확한 성의 이름이 따로 존재했기 때문이다. 그러나 신라인이 아닌 고구려인의 입장에서 보면 금성뿐 아니라 신라에 존재하는 모든 성은 신라성이라 부를 수 있다. 즉 남거성도 신라의 성이고 금성 또한 신라의 성인 것이다. 그런데 고구려군이 "남거성으로부터 신라성에 도착하니" 라고 할 때의 신라성은 고구려와 가까운 '신라 변경 어디쯤의 남거성으로부터 수도 경주에 있는 신라성(금성)에 도착하니'라고 해석할 수 있을 것이다. 즉 고구려군이 신라의 변방에서부터 핵심부인 수도의 금성까지 왜를 몰아내기 위해 이동하는 동선에 대한 묘사로 보이기 때문이다.

이러한 가능성을 엿볼 수 있는 것은 〈경자년조〉 기사에는 난리의 수습 후 신라의 실성마립간이 전에 없이 가솔을 데리고 와서 감사하였다고 나와 있기 때문이다. 종합적으로 판단해 보면 경자년 당시 신라는 수도의 금성까지 함락되었을 가능성도 배제할 수 없다. 실성마립간의 고구려에 대한 감사의 표시는 당시 신라가 얼마나 위험했는지를 간접적으로 나타내고 있는 기록이다.

그리고 **〈두 번째 신라성〉은 '安羅人戍兵' 이후에 나오는 '拔新羅城晨城(발신라성신성)'으로 이때의 신라성은 성의 이름(城名)이다.** 전 부산대 이병선 명예교수는 그의 논문 「가야사의 재구(再構)와 임나문제」에서 "일본의 사가(史家)들과 국내 일부 사가들 중에는 금관가야가 임나가라였다고 하나, 금관가야에 신라성이 있었을 턱이 없다."라고 명쾌하게 말하고 있다. 가야가 무엇 하러 남의 국명을 자국의 성 이름으로 붙이겠냐는 말이다.

그는 음운학을 통한 지명연구로 신라성을 대마도의 사고(佐護) 또는 이즈하라(嚴原)에 있었던 성이라고 밝혔다. 그는 고구려군이 왜를 뒤쫓아가 그들의 본거지 임나가라(대마도)에 있던 본성(本城)을 먼저 쳤고 또 그 주변에 있던 변성(邊城)인 신라성을 쳤다고 주장했다. 고대 대마도나 일본열도에는 가야인들만 건너간 것이 아니라, 신라인들도 건너가 정착했고 신라와 관련한 이름들을 붙였는데, 그것이 바로 신라성이란 주장이다.

이처럼 경자년에 등장하는 두 개의 신라성 중 첫 번째는 '신라의 성들'이란 의미이고, 두 번째는 '신라성'이란 성의 이름인 성명(城名)을 뜻한다.

경주 월성 북쪽 상공(국가유산포털)

4.
고구려의 남정(南征)과 가야 쇠락

현재 학계에서 금관가야(금관국) 쇠락의 원인을 광개토태왕의 남정(南征)이라고 한다. 영락 10년 경자년(서기 400) 광개토태왕의 5만 병력이 왜의 전초기지 임나가라를 정벌한 〈고구려의 남정(南征)〉을 가야 쇠락의 주요 원인으로 꼽고 있다. 그러나 비문의 기록과 당시의 정황을 살펴보면 고구려의 남정이 금관가야 쇠락과 직접적 연관성은 없다는 것을 알게 된다. 그 이유는 고구려의 남정이 가야 쇠락의 원인이라는 주장은 허구의 논리이며, '임나가 곧 가야'라는 〈임나가야설〉을 만들기 위한 역사 공작의 일환이기 때문이다.

만약 고구려의 남정으로 금관가야가 타격을 입었다면, 당시 재위했던 가야 5대 이시품왕(재위 346~407)의 신상에 어떤 변화가 있어야 하지만 아무런 이상이 없다. 또 광개토태왕의 고구려군이 가야를 타격했다는 어떠한 문헌 사료가 없다. 이를 보더라도 광개토태왕의 남정이 금관가야 쇠락의 직접적 원인이라 보는 데에는 무리가 있다.

학문에 있어 문헌과 고고학적 근거 없이 전제를 먼저 두고 논리를 맞추는 것은 올바른 자세가 아니다. 특히 일제가 한반도를 정복하기 위해 만든 정한론과 그 도구인 〈임나일본부설〉의 근거가 되는 〈임나 가야설〉 같은 비논리가 지금까지 학계의 통설이라는 점은 심히 우려스럽다. 특히 "임나일본부는 없다"라고 천명하면서 임나 7국, 임나 10국의 위치를 모두 한반도 남부에 비정한다는 것은 학문의 일관성이 전혀 없는 망설에 불과하다.

따라서 광개토태왕의 남정을 기준하여 만들어진 금관가야(김해)의 〈전기 가야연맹〉과 대가야(고령)의 〈후기 가야연맹〉이란 명칭도 당연히 재고되어야 한다. 사실 현재 주류 사학계에서 말하는 전기와 후기 가야연맹이란 용어를 처음 주장한 이는 일본 시가 현립대학의 다나까 도시야키(田中俊明) 교수였다. 하지만 가야 쇠락에 대한 그의 주장 역시 문헌과 고고학에 바탕을 둔 것이 아니라, 경자년 고구려의 남정(南征)을 주요 원인으로 전제하고 주장한 학설일 뿐이다.

그러나 5세기 이후 금관가야의 약화 원인은 경자년 이후부터 점점 강해진 신라의 국력과 관계가 있어 보인다. 고구려와 백제는 계속 경쟁했고, 상대적으로 신라는 그 사이에서 힘을 비축할 수 있었다. 신라는 눌지왕(재위 417~458) 이후 점점 강해져 갔고 상대적으로 금관가야는 약해져 갔다. 그리고 육 가야 중 약해진 금관가야가 맹주 역할을 제대로 하지 못하자, 힘의 공백을 메운 대가야와 아라가야가 가야 연맹국의 맹주 자리를 대신하게 되었을 것으로 보인다. 금관가야가 서기 532년 신라의 법흥왕에게 병합될 때까지 무슨 일이 있었는지 명확한 기록이 없어 쇠락의 원인을 정확히 알기는 어렵다. 그렇다 하더라도 경자년 광개토태왕의 남정이 금관가야 쇠락의 직접적 원인이라고 단정할 근거 또한 없다.

한편, 광개토태왕의 뒤를 이은 장수왕은 북쪽으로 영토를 크게 확장한 선왕과 달리, 남쪽으로 영토 확장을 꾀하고 한강 이남 충주까지 점령해 백제와 신라를 압박했다. 이로 인해 그동안 우호 관계였던 신라와도 멀어졌고, 신라와 백제는 고구려로부터 자신들을 지키기 위해 서기 433년 '신백동맹(라제동맹)'을 맺기에 이른다. 이러한 복잡한 관계 속에서 그동안 중립을 유지하던 가야도 중립이 아닌 어느 편에 서야 하는 부담감이 가중되었다. 이로 미루어 서기 5세기 가야의 쇠락 원인은 '광개토태왕의 남정'이 아니라 '장수왕의 남정'이며, 이후 백제와 신라의 동맹으로 가야의 입지는 더욱 좁아졌을 것으로 보인다.

그런데 일본 민속박물관에 재직하고 있으며, 고대 일본의 인구를 연구하는 인류학의 권위자 고야마 슈조(小山修三) 박사에 의하면, 조몬 시대(선사시대~기원전 3세기)를 거쳐 야요이 시대(기원전 3세기~기원후 3세기)와 고분 시대(기원후 3세기~기원후 6세기) 동안 세 번에 걸친 일본열도의 폭발적 인구 증가는 자연 인구 증가로는 설명이 안 된다고 그의 논문에서 밝혔다. 이러한 흥미로운 주장은 금관가야 쇠락의 원인과 연관될 가능성을 엿보게 한다. 왜냐하면 그가 주장한 세 번째의 인구 증가 시기가 기원후 5세기의 금관가야 쇠락 시기와 맞닿아 있기 때문이다.

추정컨대 백제와 신라 중 특히 신라와 잦은 분쟁에 염증과 불안을 느낀 금관가야의 지도부는 신세계인 일본열도로 눈을 돌리게 되었고, 국가적 차원에서 대규모 이주를 했던 것으로 보인다. 물론 이러한 가설이 있다고 하더라도 금관가야의 쇠퇴 원인에 대해선 향후 추가적인 연구가 필요하다. 그래서 허구의 〈임나 가야설〉을 뒷받침하는 광개토태왕의 남정이 금관가야 쇠락의 원인이라는 학계의 통설은 전면 재검토되어야 한다.

조몬시대 전반의 역사를 기술한 고야마 슈조의 저서

5.
올바른 비명(碑銘)과 편년 바로잡기

❀ 국강상(國罡上)에 대해

능비에 나오는 광개토태왕의 시호는 국강상광개토경평안호태왕(國罡上廣開土境平安好太王)이며 호는 영락태왕(永樂太王)이다. 그런데 왕의 명칭에 대하여 광개토태왕, 광개토왕, 광개토대왕, 호태왕, 영락대왕, 영락대제 등으로 다양하게 칭하고 있다. 또 비명에 관해서도 광개토태왕비, 광개토태왕릉비, 광개토대왕비, 광개토왕비, 호태왕비 등으로 불리며 통일된 명칭이 없다. 물론『삼국사기』「고구려본기」〈광개토왕조〉에는 '광개토왕'이라고 기록하고 있으나, 최초의 기록인 광개토태왕릉비에는 여러 곳에 '태왕(太王)'이란 용어가 보이고 있다. 때문에 영토 확장의 혁혁한 공으로 인해 추증된 광개토(廣開土)의 뜻과 합쳐 '광개토태왕'이라 칭해야 할 것이다. 또 비의 이름인 비명(碑銘)은 응당 광개토태왕릉비(廣開土太王陵碑)라고 해야 한다.

한편 대개의 경우 시호에서 보이는 '國罡上(국강상)'을 '國岡上(국강상)'으로 표기한다. 즉 '북극성 罡'을 '언덕 岡'으로 표기하는데 재고

해야 한다.

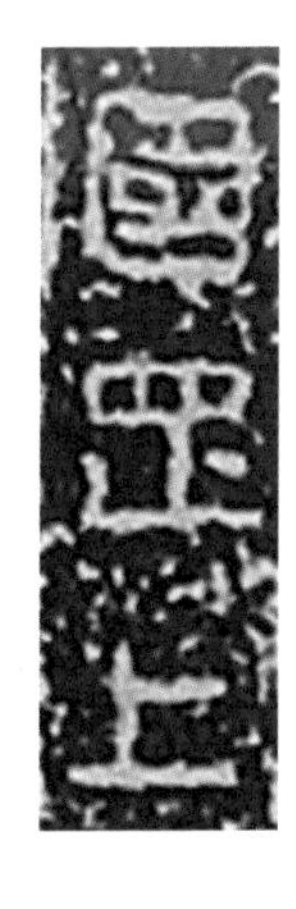

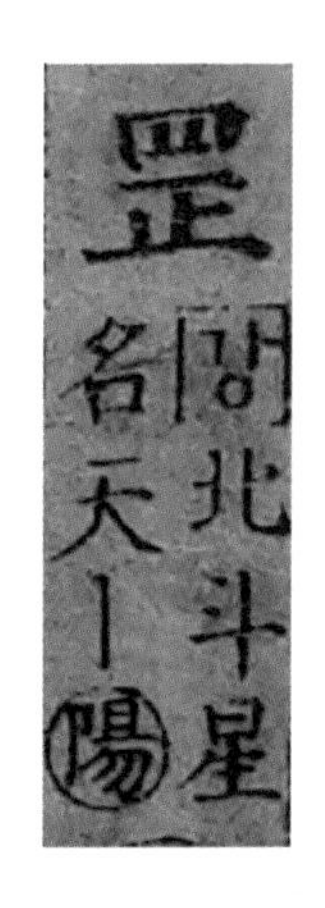

한자사전

崗 언덕 강
부수山 (뫼산, 3획) · 획수11획

주운태 탁본의 罡과 호우의 罡, 한자 사전의 罡 그리고 언덕 崗

흔히 고구려 왕들의 왕호(王號)처럼 '國罡上'을 통상 태왕이 묻힌 언덕의 이름으로 알고 있으나 다시 고찰할 필요가 있다. 물론『삼국사기』「고구려본기」 <고국원왕조> (故國原王)에는

"41년 겨울 10월, 백제왕이 병사 3만을 거느리고 평양성을 공격하였다. 임금이 병사를 이끌고 방어하다가 화살에 맞았다. 이달 23일에 임금이 돌아가셨다. 고국(故國)의 언덕에 장사 지냈다. [백제

개로왕(蓋鹵王)이 위나라에 보낸 표문에 '쇠(釗)의 머리를 베었다'고 한 것은 지나친 말이다.]"[39]

고 한다. 또 〈소수림왕조〉(小獸林王)에는

"14년 겨울 11월에 왕이 죽었다. 소수림에 장사 지내고 왕호를 소수림이라 했다."[40]

라고 나온다. 그리고 〈고국양왕조〉(故國壤王)에는

"9년(서기 392)2) 봄, 신라에 사신을 보내 우호를 약속하였다. 신라왕이 자기의 조카 실성(實聖)을 볼모로 보내왔다. 3월, 불교를 숭배하여 복을 받게 하라는 교서를 내렸다. 관리들에게 명하여 국사(國社)를 세우고 종묘(宗廟)를 수리하게 하였다. 여름 5월, 임금이 돌아가셨다. 고국양(故國壤)에 장사 지내고, 호를 고국양왕(故國壤王)이라고 하였다."[41]

라고 기록하고 있다. 그런데 〈광개토왕조〉에는

39 四十一年 冬十月 百濟王帥 兵三萬 來攻平壤城 王出師拒之 爲流矢所中 是月二十三日 薨 葬于故國之原[百濟蓋鹵王表魏曰 梟斬釗首 過辭也]

40 十四年 冬十一月 王薨 葬於小獸林 號爲小獸林王

41 九年春 遣使新羅修好 新羅王遣姪實聖爲質 三月 下教 崇信佛法求福 命有司 立國社 修宗廟 夏五月 王薨 葬於故國壤 號爲故國壤王

"22년 겨울 10월에 왕이 죽었다. 왕호를 광개토라 한다."[42]

라고만 기록되어 있다. 이처럼 고국원왕, 소수림왕, 고국양왕의 사후 장례와 태왕의 장례 방식이 조금 다르다. 앞의 세 명의 왕은 모두 고국원, 소수림, 고국양이라는 언덕에 묻혔다고 기록했다. 그러나 태왕은 묻힌 언덕을 언급하지 않고 왕호만을 광개토왕이라고 언급하고 있다.

이는 태왕의 시호에서 보이는 '國罡上'이 반드시 태왕이 묻힌 장소만이 아닐 수도 있다는 것을 의미한다. '國罡上'은 단순한 지명이 아니라 왕의 정체성을 표현하는 특별한 용어일 가능성도 있다는 점이다. 왜냐하면 왕이 묻힌 곳을 왕명으로 한다면 광개토태왕은 '광개토'라는 언덕에 묻혀야 한다. 그러나 광개토는 누구나가 인식하듯 태왕의 업적을 표현한 용어이다.

그렇다면 '國罡上'은 태왕이 묻힌 언덕이 아니라, 태왕의 왕호에서 보이는 여러 정체성 즉 국강상, 광개토경, 평안, 호태왕 중의 하나로 보아야 한다. 그렇다면 과연 '國罡上'은 무엇을 뜻하는 용어일까. 여기에 대한 실마리가 신라의 고분에서 나타나고 있다. 경주 호우총(壺衧塚)은 1946년 한국인에 의해 최초로 발굴된 고분이다. 여기에서 나온 청동 그릇인 호우의 바닥 밑면에는 4행 4자씩 16글자로 '신묘년국강상광개토지호태왕호우십(辛卯年國罡上廣開土地好太王壺衧十)'이란 명문이 새겨져 있었다. 그런데 그 명문 위에는 마름모꼴의 #문양이 있다. 이 문양에 대해서는 여러 가지 설이 있지만 한문

42 二十二年 冬十月 王薨 號爲廣開土王

학자 조옥구 박사는 '우물 井'은 북극성을 의미한다고 한다. 고래(古來)로 천손 사상을 가진 한민족은 오랜 세월 북극성을 신앙해 왔으며, 고조선의 천손 사상이 고구려에도 계승되었고, 그것을 상징하는 문양이 바로 # 문양이라는 것이다. 단적인 예로 우리 민족이 태어난 날인 생일을 높여 부르는 말인 생신(生辰)에서 '별 辰'을 쓰고 죽을 때 '돌아가셨다.'라고 한다. 이처럼 한민족은 별에서 와서 별로 돌아간다는 생사관을 가졌다. 여기에서 말하는 별은 북극성이며 나중에 칠성신앙으로 정착된다.

이처럼 '國罡上'의 '罡'이 '북극성'임을 고려하면 '國罡上'은 하늘나라인 '천상(天上)'을 의미하는 것으로 볼 수 있다. 또 달리 '國罡上'의 뜻은 '우리나라에서 북극성처럼 높은 분' 또는 '고구려에서 북극성같이 위에 있는 분', '하늘나라 사람' 즉 '천인(天人)' 정도로 해석될 수도 있을 것이다. 이처럼 '國罡上'은 '고조선의 천손 사상으로 하늘의 뜻을 이은 분이 바로 광개토태왕이시다.'라는 의미를 내포하고 있다.

때문에 '國罡上'은 '하늘의 뜻'을 의미하고 '廣開土'는 고조선의 영토를 회복한다는 '다물사상'을 지상에서 완성했다는 의미이다. 곧 '在世理化, 以道輿治(제세이화 이도여치)'를 말하고 있다. 또한 '國罡上廣開土'는 '하늘(선조)의 뜻을 땅에서 이룬다.'라는 의미와 상통한다. '國罡上'은 곧 개천(開天)을 의미하고 '廣開土'는 곧 개지(開地)를 의미한다. '平安'은 홍익인간 하는 모습이며 '好太王'은 훌륭한 왕이란 뜻이다. 즉 '하늘의 뜻을 땅에서 실현하며, 널리 백성을 이롭게 한 훌륭한 왕'이란 의미이다.

〈신묘년조〉가 아닌 〈을미년조〉

능비에서 가장 논란이 되는 부분이 바로 소위 〈신묘년조〉 기사이다. 그러나 여기에는 심각한 오류가 있다. 원래 이 비는 태왕의 탄생부터 죽음까지 시간의 흐름인 편년체로 기록했다. 그런데 많은 연구자가 시간의 흐름, 즉 편년으로 기록된 이 비의 서술 방식을 벗어나 을미년에 일어난 사건을 신묘년에 일어난 사건으로 오해하고 있다. 비문에서 영락 5년 을미년(永樂五年 歲在乙未)이라고 분명히 기록하고 있건만, 이 기본적인 사실조차 간과하고 있다. 신묘년에 대한 언급이 있다는 것만으로 을미년의 사건을 신묘년의 사건으로 잘못 표기하고 있다.

이러한 오해는 일본 육군 참모본부의 변조와 '요코이 타다나오'의 최초 해석으로부터 비롯했다. 일제는 <을미년조>를 변조해 마치 '신묘년에 왜가 백제와 신라를 정복한 것처럼 왜곡'시켰다. 일제의 이러한 프레임에 갇힌 연구자들 대다수가 <을미년조>를 <신묘년조>로 잘못 알았고 해석에도 많은 혼선이 빚어졌던 것이다. 그러나 능비의 모든 기사는 복잡하지 않고 단순 명료하며, '을미년에 일어난 신묘년의 사건'으로 보아 해석하면 문맥도 바로잡히고 해석에도 무리가 없게 된다. <신묘년조>는 '<을미년조>의 신묘년 기사'였다.

한편 영락 5년 〈을미년조〉와 영락 6년 〈병신년조〉는 영락 9년 〈기해년조〉와 영락 10년 〈경자년조〉와 동일한 구조이다. 즉 신라에 대한 왜의 침입이라는 전년도의 원인으로 인해 고구려가 다음 해에 구원한다는 식으로 간단하다. 논리적으로 보아도 신묘년에 침입한 왜를 5년 후인 병신년에 그것도 가해자 왜가 아닌 피해자 백제를 토벌한다는 자체가 이치에 전혀 맞지 않는다. 하지만 대부분의 연구자는 '渡海破'가 나오는 부분이 신묘년에 일어난 일인지 을미년에 일어난 일인지조차 구분하지 못하고 있다. 사실 명칭과 정의(定義)를 바꾸어 혼란을 주는 것 또한 일제의 간교한 전략의 일환인데 어리석게 속아선 안 된다. 따라서 세인들의 관심이 가장 집중되는 〈신묘년조〉를 향후 〈을미년조〉로 바로잡아야 한다.

편년체 서술 방식

인간 사이의 갈등과 투쟁은 원시 시대부터 현대 사회까지 늘 있었다. 인간을 의식의 측면에서 보면 이성적인 존재라고 하지만 다른 한편으로 보면 생존을 위해 본능이 앞서는 동물이기도 하다. 구석기 시대 이후 인간은 씨족이나 촌락이라는 공동체를 이뤄 살았고, 때때로 이웃 집단과의 갈등들은 이후 대규모 전쟁으로 발전하게 된다. 전쟁은 2등이 없는 승자독식의 게임이라 이긴 자는 상대의 영토와 함께 백성들도 노예로 부릴 수 있었다. 그래서 전쟁에는 어떠한 원칙도 없고, 모든 수단과 방법을 써서라도 이겨야 했는데, 이를 위해 후대에 쓰인 책이 병법서다.

고대로부터 여러 병법서가 전해오지만 가장 유명한 병법서는 중국 춘추전국 시대 제나라의 손무가 저술한 『손자병법』으로 미국 육군 사관학교에서도 교재로 사용한다. 여기에는 전쟁과 전략에 대한 핵심을 말하고 있는데, 예를 들면 '가장 뛰어난 장수는 전쟁을 하기 전 승리한다.'든지 '적을 알고 자기를 알면 백번 싸워도 패하지 않는다.'라는 내용이 나온다. 또 적을 이기기 위한 구체적인 방법도 말하고 있는데 그중 하나는 간자(間者)를 이용한 전술이다. 간자란 세작(細作)이라고도 하며 요즘으로 말하면 간첩 즉 스파이다. 사실 전쟁이란 나만 잘하면 되는 것이 아니라 상대를 약화하는 것이 그에 못지않게 중요하기에 조금 비겁해 보이지만 간자가 전쟁의 승패에 미치는 영향은 매우 컸다.

19세기 말 참모본부는 '사카와 가게아키'를 비롯한 여러 명의 스파이를 청나라에 보내 나라 안의 동향을 정탐했고 능비의 탁본을 입수했다. 일본의 관변 사학자들은 수뇌부의 지시에 따라 비밀리에 비문을 변조했으며 왜곡된 해석을 발표했다. 그런데 여기에서 우리가 주목할 점은 그들이 비를 변조한 목적은 무엇이고, 어떠한 관점에서, 또 어떠한 방법으로 변조했는지 알려면 먼저 그들의 입장이 되어 보아야 한다는 것이다.

변조의 목적은 한반도를 정벌한다는 정한론과 그 도구인 임나일본부를 고착하기 위한 것이었고, 변조의 방법은 삭제, 가획, 부분적 석회 도부였다. 또 변조를 통해 그들이 노린 것은 우리 국민의 자긍심을 꺾는 것이었는데 완전히 주효했다. 그들이 비문의 첫 해석을 세상에 내놓고는 사람들에게 태왕의 위대한 업적보다는 '渡海破'가 나오는 〈을미년조〉와 '任那加羅'가 나오는 〈경자년조〉에 관심을 가지게 유도했는데, 이후 많은 연구자는 이 프레임에 빠졌다.

일제의 의도는 비문을 교묘히 변조해 상대를 혼란스럽게 하는 것이었다. 그래서 태왕의 연호인 영락(永樂)을 편년(編年)으로 기록한 비문의 서술 방식을 애써 무시하고 을미년에 일어난 사건을 마치 신묘년에 일어난 것처럼 꾸몄다. 그리고 고구려에 조공(朝貢) 온 왜를 백제와 신라를 침략해 신민(臣民)으로 삼을 정도로 강력한 나라인 것처럼 왜곡시켰다.

한편, 비문 연구를 하려면 문맥에 맞게 문장을 재구성하는 것은 물론이고 반드시 탁본을 통해 변조를 밝히고 그 근거를 제시해야 한다. 사실 문맥만 본다면 약간은 이상해도 말이 되는 듯한 주장들도 간혹 있다. 그러나 탁본에서 새롭게 발견된 〈병신년조〉 '討倭殘國'에서 '倭' 자의 존재를 모른 채 아무리 주장을 펼쳐도 진실과는 거리가 있다. 역사 연구에 있어 믿을 만한 근거가 나왔으면 그것을 바탕으로 해야지, 그렇지 않으면 반드시 길을 헤매게 된다. 첫 단추를 잘못 끼우면 나머지는 말할 것도 없다.

능비에서 말하는 진실은 왜가 고구려의 눈치를 살살 보다가 백제와 신라보다 늦은 영락 1년인 신묘년부터 겨우 '조공 온 한 수 아래 나라'라는 것이다. 그런데 영락 5년 을미년에 두 쳐부술 놈의 백제와 왜가 연합해 고구려 몰래 신라를 침공하여 신민으로 삼으려 했기에, 영락 6년 〈병신년〉 태왕이 직접 왜와 백잔을 토벌(討倭殘國)했다는 것이다. 이처럼 능비의 내용과 편년으로 된 서술 방식을 보면 고구려인의 기상을 닮아 솔직 담박했음을 알 수 있다. 하지만 편년을 무시한 모든 주장은 진실과 멀어지게 진다. 또 첫 문장 내용이 '왜의 조공'이라는 사실을 모르면 반드시 헤매게 된다.

능비 연구에 있어서 편년을 정리해 보면 원문의 전체적인 흐름과 함께 일제가 변조한 의도와 과정까지도 알 수 있다. 시간에 따른 올바른 편년의 정리가 능비 연구의 시작이며, 비밀을 푸는 중요한 열쇠 가운데 하나이다.

⚜ 태왕이 정복한 성(城)의 숫자

어떤 인물을 평가할 때 그 기준은 다양하다. 세상 사람들의 인물평은 지혜와 덕성을 중심으로 할 수도 있고 재산과 지위를 우선할 수도 있다. 그런데 왕의 지위에 있는 인물의 평가 기준은 외부로는 영토 확장과 외교적 능력이 될 것이며, 내부로는 치세를 통한 안정, 즉 태평성대(太平聖代)를 이룩한 군주가 최고의 평가를 받고 후세의 귀감이 된다. 한민족의 절대 지존 광개토태왕은 이러한 조건을 모두 갖추었으며, 특히 영토 확장에 있어서는 역대 왕들과 비교 불가의 자리에 있다.

그런데 우리가 누구를 평가할 때 비록 의도치 않더라도 그 사람이 초일류의 인물인데 일류라 하든지, 아니면 일류의 인물인데 이류라 할 수 있다. 이처럼 그 사람의 진면목을 제대로 모르고 평할 때는 칭찬한다는 것이 오히려 상대에게 큰 실례가 될 수도 있다. 가수 조용필 씨를 잘 모르는 사람이 그의 노래를 듣고 "당신 가수 한번 해 보세요."라고 말하면 어떨까? 의도적인 것은 아니지만 가왕(歌王)은 칭찬이 아니라 그를 잘 몰랐다는 데 대해서 오히려 황당하지 않을까 싶다. 능비의 영락 20년 경술년 동부여를 토벌한 기록을 보면 다음과 같다.

그리하여 군대를 철수하여 돌아오는데 또 그들 중에서 왕의 은덕을 사모하여 관군을 따라온 자들이 있었는데, 그들은 미구루압로, 단사마압로, 단입루압로, 숙사사압로, □□□압로이다. 이때 공격

> 하여 함락시킨 성의 수가 64개요, 촌의 수가 1천 4백 개였다.[43]

그런데 <한국학중앙연구원>에 나오는 광개토태왕의 설명문을 보면 그의 최대 공적인 영토 확장에 대한 설명이 기록되어 있다. 여기에는 위의 동부여 정벌이라는 단독 기사를 광개토태왕 당대에 확장된 영토의 총합으로 잘못 인식해 다음과 같이 기술하고 있다.

> 영락 20년 기사의 뒤에는 광개토왕이 공파한 지역이 모두 64성 1,400촌에 이른다는 기록이 있다. 이는 비문에서 언급한 영락 5년부터 영락 20년까지의 대외 원정을 통해 확보된 모든 영토를 포괄한 숫자이다. 다만 여기서 언급된 64성 1,400촌에서 영락 6년에 백제로부터 얻었다고 하는 58성 700촌을 제외하면 단지 6성 700촌만 남을 뿐이다. 과연 이것이 광개토왕이 군사 활동을 통해 확보한 모든 지역을 포함한 것인지 여부에 대해서 의문을 제기하는 연구도 있다.

능비와 함께 태왕에 대해 상당히 기록을 축소한 『삼국사기』「고구려본기」 <광개토왕조>의 기록을 참조하더라도 태왕이 획득한 성과 촌의 숫자가 훨씬 많은 것을 알 수 있다. 그 이유는 위 <한국학중앙연구원>의 언급처럼 영락 6년 병신년 한해에만 백제로부터 58성 700촌을 획득했다고 기록하고 있기 때문이다. 그런데 여기에

---

43 於是旋還 又其慕化隨官來者 味仇婁鴨盧 卑斯麻鴨盧 椯社婁鴨盧 肅斯舍鴨盧 □□□鴨盧 凡所攻破 城六十四 村一千四百

는 즉위한 해인 신묘년의 전공 기사가 다음과 같이 나온다.

> **가을 7월에 남쪽으로 백제에 쳐들어가 10개의 성을 함락시켰다. 9월에 북쪽으로 거란을 쳐서 남녀 500명을 사로잡고, 또 본국에서 잡혀갔던 1만 명을 불러내 타일러 데리고 돌아왔다.**[44]

이처럼 태왕이 즉위한 신묘년에만 10개의 성과 더불어 관미성까지 획득했다고 하니 영락 6년 병신년의 58성과 합하면 벌써 69성이 되어 버린다. 이는 〈한국학중앙연구원〉의 "비문에서 언급한 영락 5년부터 영락 20년까지의 대외 원정을 통해 확보된 모든 영토를 포괄한 숫자이다."라는 기록이 잘못됐다는 것을 보여주고 있다. 물론 다른 주장도 있다고 언급하고 있지만, 그것은 부수적인 설명으로 뭔가 명확하지 않다.

능비는 편년으로 쓰여 있어 해석의 어려움이 없다. 64성 1천 4백성의 획득은 동부여 정벌에 관한 결과만을 기록한 것이다. 만약 이것이 태왕이 정복한 성과 촌의 전부라면 분명히 앞에 총(總), 합(合) 또는 전(全)이라고 썼을 것이다. 태왕 일생의 업적을 한정된 돌에 새긴다는 한계로 인해 소소한 전과들은 누락했을 가능성이 오히려 클 것으로 보인다. 따라서 태왕이 정복한 성과 촌은 더욱 많았던 것이 분명하다.

44 秋七月 南伐百濟 拔十城 九月 北伐契丹 虜男女五百口 又招諭本國陷沒民口一萬而歸

7장

부활하는 태왕의 꿈

광개토태왕릉비 실물 모형(동아대 석당박물관)

1.
태왕의 부활과 일본의 태도

일반 사람들이 이룰 수 없는 대단한 업적을 성취한 이를 세상에서는 '영웅'이라 말한다. 그럼, 우리나라 역사에서 최고의 영웅은 누구일까? 고조선을 건국한 단군과 살수대첩의 을지문덕, 그리고 삼국 통일의 주역 김유신과 나라 구한 이순신 장군 또 한글을 창제한 세종대왕 등이 있다. 하지만 종합적인 업적을 본다면 광개토태왕과 비교할 만한 이는 없을 것 같다.

당대 동북아의 패자였던 고구려는 북부여의 맥을 이은 강력한 고대 국가였다. 위대한 대고구려의 부흥은 중흥 군주 광개토태왕 시대에 그 정점을 찍었다. 고구려는 덕흥리 고분이나 안악 3호분에서 보이는 것처럼, 동서양을 막론하고 전 세계에서 가장 강력한 철갑기마병과 수군을 앞세워 대륙뿐 아니라 해양에서도 막강한 존재감을 드러내었다. 그리하여 광개토태왕은 왕 중의 왕이라는 의미로 '태왕'이란 호칭과 함께 황제국을 의미하는 영락(永樂)이란 연호를 사용했다. 그의 치세는 영토의 확장뿐 아니라 고조선을 이어받은 북부여의 정신을 계승해 천손(天孫)의 후예를 표방하며 한민족의 자긍심을 고취했다. 또한 그는 백성의 평안을 도모할 목적으로 소수림왕 때 공인된 불교를 확산시키기 위해 재위한 이듬해 수도의 아홉 곳에 사찰을 건립하기도 했다.

이후 번성하던 고구려는 668년 신라에 의해 멸망했고 역사의 뒤안길로 사라져 갔다. 삼국이 아닌 가야까지 사국 통일을 이룬 신라는 정복한 나라들의 부흥 운동을 경계했고, 나머지 삼국인 고구려·백제·가야에 대한 역사 지우기에 나섰다. 신라의 입장에서 이러한 일들은 어쩌면 당연했다. 그래서 김부식은 『삼국사기』를 편찬할 때 고구려와 백제는 축소했으며, 가야는 아예 누락시키고 말았다. 이에 140여 년 뒤 일연 스님은 『삼국사기』에서 누락된 역사적 사실과 불교사를 추가하여 『삼국유사』를 남겼다. 하지만 설사 김부식이 『삼국사기』에서 우리 역사의 많은 부분을 축소하고, 누락했다는 결함에도 불구하고 우리 역사에서는 너무나 소중한 역할을 하고 있다.

근세 우리 역사가 풍전등화의 위중한 지경에 놓여 있을 때 갑자기 세상에 출현한 광개토태왕릉비는 태왕 당대의 존재만큼 국제적인 관심을 불러일으켰다. 그러나 일제는 조선 침략의 정당성이라는 명분과 그들의 야욕을 채우기 위해 신묘년 기사를 변조했고, 경자년의 경우 비의 2면 말단 그리고 3면 첫 줄과 우측 상·하단부의 왜 관련 기사의 많은 부분을 삭제했다. 만약 〈신묘년 기사〉가 일제에 의한 변조가 없었다면 능비의 발견 즉시 "왜가 백잔과 신라를 파하고 신민으로 삼았다."라는 왜에게 유리한 원문은 물론이고, 능비의 탁본까지 거리낌 없이 공개했을 것이다. 그러나 일본이 보기에는 안타깝게도 원래의 원문은 왜에게 불리한 기사였다. 그 때문에 일제는 수년간의 연구를 통해 그들에게 유리한 쪽으로 비문을 변조했다.

일제가 주로 쓰는 역사 공작의 전략 중 하나는 프레임을 선제적으로 씌우는 방법이다. 프레임을 선점하고 비의 원문을 조작해 세상에 내어놓으니, 진실을 알지 못하는 사람들은 그 해석에만 관심을 가지게 되었다. 그들의 교묘한 프레임에 갇혀 버린 것이다. 그러나 이미 상한 재료에다 아무리 좋은 양념을 치고 가공해도 먹지 못하는 음식이 되는 것처럼, 원형이 훼손된 능비와 변조된 탁본을 가지고 아무리 연구해도 진실에 근접하긴 어려웠다. 물론 쌍구가묵본이나 석회 탁본에 비해 원석 탁본의 신뢰도는 높다. 그러나 최초의 원석 탁본을 채탁하기 전, 능비는 참모본부에 의해 이미 변조되었다. 따라서 일각에서 말하는 "원석 탁본에 '渡海破'가 그대로 나오니 능비의 변조는 없었다."라는 주장이야말로 아직 아무것도 모르는 너무나 순진한 생각으로 저들에게 제대로 속은 것이다.

일본 학계도 현재의 신묘년 기사는 문제가 많은 줄 알고 있다. 그래서 그들은 능비를 변조한 선조의 죄를 덮기 위한 비행도 오히려 모자랐는지, 이제는 아예 능비에 대해 모욕적인 2차 가해까지 하고 있다. 그것은 당시 고구려가 자신들의 무공을 높이기 위해 적국인 왜를 과대하게 포장한 주체로 보아 고구려를 거짓말쟁이로 몰고 있다는 사실이다. 실로 어처구니가 없다. 고구려가 자국을 높이기 위해 적국인 왜의 존재까지 부풀렸다는 소설을 쓰면서 고구려를 폄하하는 저급한 행위를 하고 있다.

일본과 독일은 2차대전의 전범 국가라는 동일한 주홍 글씨가 있다. 하지만 두 나라의 품격은 큰 차이가 있는데, 독일은 진심으로 과거를 반성하며 지금도 피해국에 보상하려고 노력한다. 반면 일본은 참회는커녕 과거의 허물을 덮기 위해 그것을 부정하는 것은 물론이고, 온갖 다양한 방법으로 2차 도발을 감행해 오고 있다. 이런 사악한 태도가 일본이 진정한 세계 일류 국가로 가는 길을 막고 있다는 사실을 알아야 한다.

❀ 능비를 통한 이이제이(以夷制夷)

국가와 국가 간의 가장 큰 갈등은 전쟁이다. 전쟁이 일어난 곳은 인명 피해는 물론이고 초목마저 철저히 파괴되고 만다. 또 거기에 참전한 군인과 함께 국민이 겪는 정신적 트라우마는 상당 기간 지속되어 온갖 문제를 일으킨다. 전쟁은 결코 일어나선 안 된다. 하지만 불가피하게 일어난다면 반드시 승리해야 하고 만약 패배하면 미래를 기약할 수 없다. 그래서 전쟁하는 나라들은 전쟁의 승리를 위한 전투만큼이나 전쟁을 수행하는 계획인 전략과 그것을 뒷받침하는 전술을 치밀하게 준비한다.

역사를 보면 비교할 수 없는 약한 전력으로 강력한 상대를 이기는 경우가 종종 있었는데, 뛰어난 무공을 가진 장군이나 신기의 전략과 전술을 가진 참모에 의해 그러한 결과를 만들곤 했다. 그래서 현명한 지도자는 뛰어난 책사를 얻기 위해 온갖 정성을 다하기도 한다. 제갈공명을 얻기 위한 유비의 삼고초려가 그 좋은 예인데, 이렇게 얻은 뛰어난 책사들은 전쟁의 양상을 바꾸는 게임 체인저(Game Changer) 역할을 했다. 이들은 적은 병력과 불리한 여건 속에서도 전장의 상황을 정확히 읽고 시의적절한 판단으로 전쟁의 흐름을 주도한다.

이이제이(以夷制夷)라는 중국의 고사성어가 있다. 옛날 한나라와 그 주변국인 강족(羌族)과 호족(胡族)들과의 정치적 상황을 표현한 데서 유래한 말인데, 원래는 '오랑캐로서 오랑캐를 제거한다.'라는 뜻으로 '적을 이용해 적을 제압하는 것'을 의미한다. 비슷한 고사성어로 '다른 사람의 힘을 빌려 상대를 제거' 하는 차도살인(借刀殺人)이 있는데 둘 다 다른 사람을 이용해 또 다른 적을 제거하는 고급 전술이다. 그런데 과거와 현재로 이어지는 한·중·일 삼국의 역사를 보면 이와 같은 고사성어가 매우 실감 나게 다가온다.

이러한 삼국의 역사 지형을 적나라하게 보여주는 증거물이 현재 중국 집안시에 있는 광개토태왕릉비이다. 이 비는 19세기 말 발견 후 온갖 억측들이 있었지만, 최초의 실제적 문제 제기는 1972년 재일 사학자 이진희 교수가 주장한 석회도부설(石灰塗付說)이다. 즉 일제가 석회를 발라 능비를 변조했다는 것이다. 결론적으로 말하면 반은 맞고 반은 틀리다. 맞는 부분은 1889년 일제에 의한 최초의 공개 이전에 이미 비문의 일부 글자에 석회를 칠해 변조시켰다는 점이다. 틀린 부분은 그가 변조됐다고 주장한 글자들이 실제로는 상당수가 변조되지 않았다는 것이 후에 밝혀졌다. 하지만 당시 그의 주장으로 인해 일본 사학계는 엄청난 충격을 받았고, 국내 사학계에서도 다수의 학자가 이 교수의 변조설을 지지했다. 일본 사학계는 이후 10여 년 동안 제대로 된 반론도 펴지 못한 채 궁지에 몰려 고전하고 있었다.

그런데 그로부터 12년이 지난 1984년 중국의 사학자 왕건군 소장에 의해 석회도부설은 정면으로 반박당했고 분위기는 완전히 반전됐다. 내용인즉 "비문에 석회가 칠해진 것은 사실이나 의도적이지 않다."라는 것이었다. 왕 소장이 한동안 집안에 머물면서 현지인들을 조사해 본 결과 능비를 탁본하여 생계를 유지하던 탁본업자들이 "좋은 탁본을 얻기 위해 거친 비면에 석회를 발랐다."라는 말을 인용해 비에 문제가 없다는 것을 공개적으로 발표했다. 물론 그의 주장이 사실일 수도 있다. 그런데 필자가 보기엔 그의 주장 이후 갑자기 달라진 탁본 연구의 흐름이나 또 일본 사학계가 보인 행동은 납득할 수 없다. 왜냐하면 왕 소장의 발표 이후 일본 사학계는 그를 마치 칙사 모시듯 했고, 중·일 연합전선을 이루어 이진희 교수를 협공했기 때문이다. 이후 이 교수의 주장은 소수의 견으로 치부돼 추동력을 잃고 말았다.

그러나 진실은 〈을미년조〉의 '渡海破'와 〈병신년조〉의 '討利殘國' 그리고 〈경자년조〉의 '倭滿倭潰'는 요코이가 첫 해석문을 세상에 공표하기 전 일제가 이미 석회를 발라 변조했다는 것이다. 그런데 왜 일본의 학자도 아닌 중국의 학자가 일본에 유리한 주장을 했을까 싶다. 사실 일제에 의한 비문의 변조는 임나일본부의 근거를 만들기 위함이었고 또 제대로 성공했다. 그런데 이들이 무서운 점은 한 번의 변조로 그친 것이 아니라 변조 후에도 그것을 유지하기 위해 지속적으로 국내외에서 돈과 힘을 이용해 관리해 왔다는 사실이다. 이러한 일본의 입장이라면 얼마간의 돈으로 탁본가를 회유하는 것은 쉬웠을 것이었다. 그래서 탁본가의 증언 또한 완전히 신뢰하긴 어렵다.

그런데 만약 왕건군 소장이 일본의 변조설을 모르고 "탁본가가 좋은 탁본을 얻기 위해 석회를 칠했을 뿐이다."라는 말만 믿었다면 그의 학문적 능력이 심히 의심된다. 또한 일본의 변조 사실을 알고도 그들에게 유리한 주장을 해줬다면 그의 학자적 양심을 재고하지 않을 수 없다. 역사에 있어 일본이 중국을 이용해 이이제이하고 차도살인한다면 우리는 어떻게 대응해야 하는지 고민해야 할 시점이다.

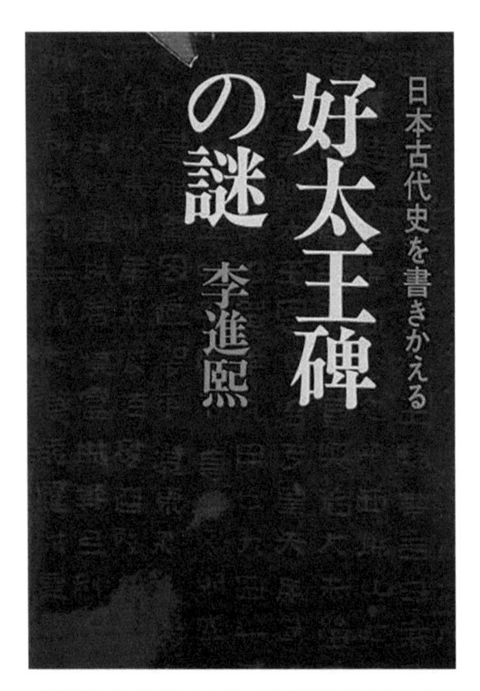

재일사학자 이진희 교수의 저서 호태왕비의 수수께끼

2.
한민족 자긍심의 표석(標石)

과거 일제는 국권 피탈 전부터 우리 역사를 서서히 잠식해 오고 있었다. 하지만 구한말 급변하는 국내외의 정치적 상황으로 인해 국왕과 대신들은 우왕좌왕했고 백성들은 생존에 쫓겨 저들의 야욕을 눈치채지 못했다. 이처럼 우리의 숭고한 역사가 바람 앞의 등불과 같았을 때 만주 집안현에서 광개토태왕릉비는 세상에 다시 출현했다.

지금 이 비는 한·중·일 역사 지형의 축소판이다. 한국은 능비를 통해 잃어버린 우리의 고대사를 복원해야 한다는 입장이다. 그러나 중국은 동북공정으로 '고구려는 고대 중국의 지방정권'이라 말하며 능비의 진실이 드러나길 꺼리고 있다. 그리고 일본은 그들 선조가 자행한 비문 변조라는 역사 공작을 덮기 위해 지금도 진실을 외면한 채 억지 주장만 펴고 있다.

현재 주류 사학계에서 "임나일본부는 학계에서 사라졌다."라고 말한다. 그러나 지금도 우리나라 학자들이 임나 7국, 10국을 비롯한 임나의 지명들을 옛 가야 땅을 비롯한 한반도 남부에 고정하고 있다. 그런데 최근 한동안 잠잠하던 임나가 일본의 청소년 교과서에 다시 실리고 있다. 교과서에 실린다는 것은 일본 정부의 공식 입장으로 개인적인 주장과 차원이 다르다. 하나의 불티가 온 산을 태울 수 있듯 왜곡된 역사는 미래 세대에게 또 다른 갈등을 조장하는 요인이 된다. 이 점이 기성세대가 나서서 역사를 바로잡아야 하는 이유이다.

❀ 역사를 지켜야 하는 이유

고대로부터 "역사는 무엇인가?" 내지 "역사를 어떻게 인식해야 하느냐?" 하는 역사 본연에 대한 물음들이 많은 대가들에 의해 끊임없이 정의되어 왔다. 이 가운데 근대 프랑스 출신의 역사가인 마르크 블로크(1886~1944)의 주장은 매우 주목할 만하다. 그는 프랑스에서 태어나 여러 가지 저술 활동과 프랑스 해방을 위한 레지스탕스 운동을 하다가 나치에 의해 총살당한 당대의 지식인이었다.

그가 남긴 저술 가운데 『역사를 위한 변명』은 역사를 공부하는 사람들에게 꽤 회자되기도 하는데 이 책은 그의 아들이 "아빠, 역사란 무엇에 쓰는 것인가요?"라는 순수한 질문으로부터 시작되었다. 비록 그의 생전에 완성되진 못했지만, 사후 출간되어 많은 사람에게 역사를 어떻게 인식해야 하는가에 대한 새로운 시각을 제시하였다. 그는 역사를 과거의 시간 속에 고착된 학문으로 보지 않고 마치 살아있는 생명으로 인식하고자 했다. 역사적 사실이 중요하지만, 그것이 어떻게 유익한 가치를 창출해 내는가도 중요하게 생각했다. 그래서 그는 문헌학과 고고학 이외의 다양한 학문의 교류와 과학적인 방법론들까지 수용하고자 했는데 소위 요즘 말하는 '융합고고학'을 그때 이미 말하고 있었다.

그동안 필자의 광개토태왕릉비에 대한 연구는 문헌을 통한 문맥의 일관성과 탁본의 비교 분석을 통한 연구뿐 아니라 태왕 당대 및 구한 말 비문 왜곡 당시의 국제정세 등을 고려했다. 그와 함께 역사 전문가도 아닌 필자의 역사 연구에 큰 도움을 받았던 것은 불교의 연기(緣起法)적 세계관이었다. 역사가 시간이라는 씨줄과 공간이라는 날줄로 연기적으로 짜여 있어 연기의 통합적 사고로 비교적 짧은 시간에 결과물을 낼 수 있었던 것 같다. 도(道)에 승속이 없듯 역사에도 사학자만이 역사의 진실을 독점하라는 법 또한 없다.

사실 필자의 역사 연구는 가야불교를 부정하는 현 사학계의 왜곡된 시각에 대한 의문으로부터 시작되었다. 또한 역사의식 부족으로 인한 우리 정부와 정치인들의 미온적인 대응과 주변국들의 역사 공작에 휘말려 침묵으로 일관하는 사학계의 현실을 보면서 결국 "우리 역사는 국민이 스스로 지켜야 한다."라는 결의를 가슴에 새기는 계기도 되었다.

근세 광개토태왕릉비가 발견된 이후로 온갖 음모론과 논란에 휩싸인 것은 그만큼 이 비가 중요한 역사적 가치가 담겨있다는 점을 시사한다. 그리고 연구를 통해 논란의 〈신묘년 기사〉를 비롯한 주요 쟁점 이외에 다음과 같은 몇 가지도 수정해야 한다는 것을 알게 됐다. 첫째, 비문에 나와 있는 고구려의 시조는 주몽(朱蒙)이 아닌 추모왕(鄒牟王)이다. 그런데 우리는 비문에 나오는 최초의 왕명(王名)이 아니라 이후의 역사서가 인용한 이름을 그대로 차용해 아무런 문제의식 없이 사용하고 있는데 바로 잡아야 한다.

둘째, 비문에서는 고구려의 시작을 부여가 아닌 북부여임을 천명하고 있다. 비문에서도 '出自北扶餘(출자북부여)'라고 했기에 학계는 백제가 자칭 남부여라고 이름한 연유를 인식하고 북부여에 대한 중요성을 좀 더 고찰해야 할 것이다. 이번 연구를 통해 알게 되었지만, 우리는 부지불식간에 기존의 잘못된 관념들을 여과 없이 받아들이고 있었다. 우리 역사의 틀 전체를 다시 한번 점검해야 할 필요가 있다고 느낀다. 우리 역사를 바로 세우기 위해서는 학술적인 연구도 당연히 필요하다. 그뿐만 아니라 역사 왜곡에 대해서는 바른 말을 할 수 있는 정의로운 마음과 함께 의로운 행동도 필요하다.

필자의 입장에서 바라본 광개토태왕릉비는 1876년 재발견된 이후 지금까지도 그 진실이 왜곡되고 있음을 확인했다. 이것은 능비를 변조해 임나일본부의 근거로 악용하려 했던 일제의 손아귀에서 우리 학계가 아직도 완전히 벗어나지 못했음을 의미한다. 따라서 위대했던 고구려의 업적을 무시하려는 중국의 미온적인 태도나 과거를 부정하고픈 일본의 의도에 의해 태왕의 진면목이 가리어져 왔다. 그러나 이제 능비에서 풀리지 않은 쟁점들을 새롭게 고찰함으로써 역사적 진실에 한 걸음 더 다가갔다고 생각한다. 향후 치열한 학문적 논쟁과 정반합을 통한 진실 규명이야말로 학문 본연의 자세를 회복하는 길일 것이다.

❀ 한민족 다시 융성하리라!

인생을 살다 보면 뜻하지 않게 만나게 되는 우연과 반드시 만나게 되는 필연이 있다. 또 우연처럼 보여도 그 뒤에 필연이 있었다는 것을 나중에 알기도 한다. 필자의 삶에서 가야불교의 인물 허왕후와 고구려의 중흥 군주 광개토태왕과의 인연은 마치 우연을 가장한 필연처럼 느껴진다.

근래 수십 년 동안 가야사 주류사학계의 가야 초기 불교 도래에 대한 시각은 부정적인 인식을 넘어 '허구이다'라는 확정으로 굳혀져 가고 있었다. 그러나 필자가 지난 10여 년간의 연구와 답사를 통해 내린 결론은 그와 반대로 '사실이다'였다. 고려국사 일연스님의 『삼국유사』 <가락국기조>나 <파사석탑조>를 세밀하게 들여다보고 역사의 현장을 답사한 결과 문헌과 유적이 일치하고 있음을 확인했기 때문이다. 하지만 그동안 가야사 학계의 가야불교에 대한 편파적 시각은 도를 넘어 마치 판관처럼 행동하며 부정해 왔다. 그래서 그 원인을 찾아보니 해방 80년이 다 되도록 청산되지 못한 우리 역사학계에 만연한 '식민사관' 때문이었고, 결국 '가야 지우기'와 연결돼 있었다.

가야불교와 같이 필자에게 운명처럼 다가온 고구려의 광개토태왕릉비 또한 동일한 역사 왜곡의 문제를 가지고 있었다. 또 그 뿌리를 찾아가면 결국 일본의 〈역사 왜곡 공작단〉과 마주하게 된다. 분야는 달라도 역사 왜곡은 동일한 패턴을 보인다. 먼저 정한론을 세우고 그다음 '임나일본부'를 들고나오면서 가야를 지우려 하는데, 그들의 목적은 자기 조상들의 땅을 다시 찾는다는 '고토 회복'이다.

물론 총론에서는 이제 임나일본부는 없다고 한다. 그러나 임나일본부설의 성격을 '통치기관설'이 아닌 '사신설' 또는 '교역기관설' 등으로 변형시키며, 결론은 언제나 '임나가 가야'였다는 식으로 몰고 간다. 지금도 일본 와카야마현에는 임나 4현 중의 하나인 모루(牟婁)가 그대로 있는데도 불구하고, 현 가야사 학계는 '한반도 임나'라는 추정을 앞세워 실증을 부정한다. 일본의 역사 왜곡이 무서운 점은 "웃음 속에 칼을 품고 있다."라는 소리장도(笑裏藏刀)처럼 우리의 역사와 땅을 뺏으려 돈과 미소로 그 속내를 숨기고 있기 때문이다.

이 광명 세상에 무슨 구닥다리 같은 이야기냐 할 수 있겠지만, 역사는 반복되고 많은 전쟁이 설마설마하다 일어났다. 우크라이나-러시아, 중국-신장-티베트의 경우처럼 역사적으로 자신의 땅이라 주장하고 침공, 점령했을 때, 직접적으로 제3국이 관여할 수 없지 않은가. 따라서 과거를 반추해 사전에 방비를 튼튼히 한다고 해서 결코 손해 볼 일은 없다. 만일 우리에게 앞으로 전쟁 같은 환란이 닥친다면 회복 불능은 물론이고 세계지도에서 없어질 가능성도 있다. 자국의 이익을 우선하는 냉정한 국제 사회에서 우리가 살길은 우리 스스로 깨어서 늑대 같은 주변의 강대국에 속지도 말고 나약하게 당하지도 말아야 할 것이다.

독자 제현들의 오해가 없길 바라는 마음에서 한 말씀 드리고 싶다. 필자가 성직자의 신분으로 과거의 일본 제국주의를 질타하고 현재 일본이나 중국의 역사 침탈을 강하게 비판하는 것은 그들이 괜히 미워서가 아니다. 개인의 갈등도 사소한 오해와 불신으로부터 시작되는 경우가 허다한데 역사 왜곡은 국가 간의 상호 신뢰를 무너뜨리고 국민 사이의 갈등을 불러오는 심각한 요소가 되기에 걱정하는 마음 때문이다.

그동안 광개토태왕릉비에 대해 경남매일신문에 54회의 칼럼을 연재했다. 사실 37회의 연재로 마무리하려 했으나 유네스코 가야 고분군 등재 당시 『일본서기』의 기문과 다라를 삭제하는 데 많은 역할을 하신 박진무 선생님의 부탁이 있었다. 박 선생이 어느 날 "광개토태왕릉비야말로 끊어진 우리의 고대사를 잇고, 한·중·일의 왜곡된 역사를 바로잡을 수 있는 중요한 증거물입니다. 스님께서 일제가 변조한 능비 문제를 더 부각해 주세요."라는 고마운 권언(勸言)으로 다시 시작됐다.

지나고 보니 역사 공부에 많은 스승들이 있었다. 작년 서점가에 『대한민국 역사 교과서』로 태풍의 눈이 된 〈한가람 역사 문화 연구소〉의 이덕일 소장님과 보이지 않는 곳에서 우리 역사를 지켜오며 격려와 응원을 해주신 많은 분, 특히 왜곡된 사관에 기반해 필자에게 비난의 화살을 날리는 분들까지 모두가 성장의 선지식들이었다.

필자는 그동안 능비에서 쟁점이 되어 온 몇 가지 문제들을 새로운 시각에서 탐색해 보았다. 물론 주요 쟁점들을 완전히 해결한 것은 아닐 것이다. 하지만 이것을 바탕으로 좀 더 다양한 시각에서 광개토태왕에 대해 심도 있는 연구를 해나간다면 더욱 새로운 사실들이 드러날 것이다. 또 그로 인하여 고구려의 활달한 기상과 태왕의 웅혼한 꿈이 다시 세상에서 재조명되기를 희망한다.

불민한 필자가 숙세(宿世)의 인연이 있어 김해에 살면서 우연한 기회에 가야불교를 연구하게 됐고, 이는 가야 초기의 역사성과 한국불교의 초전(初傳)이라는 사실성을 확보하는 중요한 근거가 되었다. 또한 그에 못지않게 광개토태왕릉비에 대한 새로운 해석은 향후 우리 역사를 넘어 한·중·일의 고대사를 밝히는 데 있어서 중요한 지표가 될 것이라 확신한다.

이제 우리는 역사에서 잃어버린 고조선의 옛 강토를 회복한다는

'다물 사상'을 당대에 실현하고 한민족의 영광을 위해 진력했던 영웅 광개토태왕을 이제 다시 보아야 한다. 그는 단순히 무력으로 다른 나라를 침탈했던 제국주의적 정복 군주가 아니었다. 천손 민족의 후예로 '재세이화', '홍익인간'이라는 한민족의 드높은 철학을 실천한 현군이었으며, 고조선과 북부여의 맥을 이어 하늘의 숭고한 뜻(開天)을 이 땅에 연(開土) 위대한 조상이었다. 이제 빛나는 그의 공적이 누군가의 조작과 오역으로 인해 희석되어선 안 될 것이며 머지않아 이 비문의 진실도 명백히 밝혀지길 염원해 본다.

영락(永樂)이란 연호를 쓰며 한민족 중심의 세계주의를 천명한 광개토태왕의 원대한 꿈은 시간을 뛰어넘어 마침내 이룩될 것이다. 또 동북아 삼국의 정치적 상황으로 인해 기나긴 어둠 속에서 묻혀버렸던 이 능비의 진정한 가치 또한 재평가되어야 할 것이다. 이 글이 잃어버린 역사의 진실을 규명하는데 하나의 길라잡이가 되기를 희망한다.

【광개토태왕릉비 변조 요약】

- 1880년 일제는 일본육군 참모본부에서 스파이 사카와 가게아키(酒勾景信) 중위를 중국에 파견. 한의사로 위장, 첩보 활동하던 중 1883년 만주 통구(현 길림성 집안현)에서 비를 발견하고 탁본을 입수해, 1년 후인 1884년 참모본부로 이송. 참모본부는 5년 후인 1889년에야 극우 학술지『회여록』제5집을 통해 「高句麗古碑文」이란 이름으로 세상에 공개

- 능비에 기록된 태왕의 연표
  - 서기 374년 탄생
  - 391(신묘년, 영락 1년) 즉위, 二九登祚
  - 395(을미년, 영락 5년) 패려 정벌, **논란의 신묘년 기사 등장, 永樂五年 歲在乙未**(태왕께서 직접 패려를 토벌함)

百殘新羅 舊是屬民 由來朝貢 而倭以辛卯年 來渡海 破百殘□□新羅 以爲臣民

  - 396(병신년, 영락 6년) 王躬率水軍 討伐殘國(討倭殘國)
  - 398(무술년, 영락 8년) 숙신 공격
  - 399(기해년, 영락 9년) 百殘爲誓 與倭和通, 왜 신라 침입. 신라의 구명 요청. 왕 허락
  - 400(경자년, 영락 10년) **보병과 기병 5만을 보내 신라 구원. 任那加羅 從拔城 등장**
  - 404(갑진년, 영락 14년) 왜가 백잔과 연합해 대방 경계 침입, 왜구 토벌
  - 407(정미년, 영락 17년) 보병과 기병 5만 출동. 격파한 대상이 누구

인지 불분명함(백제와 왜로 추정됨)

- 410(경술년, 영락 20년) 동부여 토벌
- 412(임자년, 영락 22년) 승하

◆ **논란의 신묘년 기사**

- 유독 '신묘년 기사'는 문맥이 단절되어 있고 내용도 자체 충돌
- 비문 전체 흐름에서 납득할 수 없는 내용이 등장. 때문에 비문은 변조되었다고 밖에 볼 수 없다.
- **倭寇□潰**를 **倭滿倭潰**로 바꿔 능비 변조는 애초부터 존재. **倭寇宏潰**일 가능성 다분함
- 요코이 다다나오(橫井忠直)와 아오에 슈(靑江 秀)등 관변학자를 동원해 비밀리에 연구

【일반적인 신묘년 기사의 해석】

- 요코이 다다나오가 〈회여록〉에 발표한 신묘년 기사의 원문

百殘新羅 舊是屬民 由來朝貢/ 而倭以辛卯年來渡**海** 破百殘□□新羅以爲臣民/ 以六年丙申 王躬率水軍 討**利**殘國

"백잔과 신라는 옛날부터 속민이었으며 전부터 조공을 왔다./ 그런데 왜가 신묘년에 바다를 건너와서 백잔□□신라를 격파하고 신민으로 삼았다./ 이에 영락 육년 병신년, 태왕께서 몸소 수군을 이끌고 백잔을 토벌하였다."

【복원한 신묘년 기사의 해석】

- 영락 5년 을미년의 변조 전으로 추정되는 글자를 대입해 직역하면 다음과 같다.

百殘新羅 舊是屬民 由來朝貢 而倭 以辛卯年來渡/ 二破 百殘**倭侵**新羅 以爲臣民/ 以六年丙申 王躬率水軍 討**倭**殘國

"백잔과 신라는 옛날 우리의 속민이었고, 전부터 조공을 왔다. 그러나 왜는 신묘년부터 물을 건너 [조공을] 왔다./ 두 파렴치 백잔과 왜가 신라를 침공해 신민으로 삼으려 했다./ 때문에 영락 6년 병신년 태왕께서 몸소 수군을 이끌고 왜와 백잔을 토벌했다."

◆ 글자의 변조와 비문 왜곡

- 海의 변조 과정

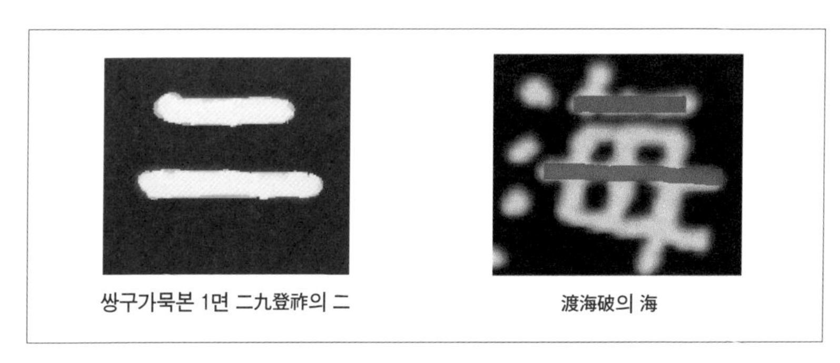
쌍구가묵본 1면 二九登祚의 二

渡海破의 海

〈쌍구가묵본에 보이는 二가 海로 변조되는 과정〉

① '渡海破'가 새겨진 1면 9행 13열에 있는 '海' 자는 5행 22열의 '海' 자와 자형(字型)이 다르다. '海' 자 안의 '어미 母' 자의 획이 기울어져 있다.

② 海 자는 삼수변(氵)이 종선(縱線)에 걸쳐 있다.

③ 海 자의 원래 글자는 '두 二' 자다.

④ 가획으로 '두 二'는 '매양 每'에서 '바다 海'자로 변조되며 이를 능비에 새겼다.

◆ 〈병신년조〉 倭 자의 변조 과정

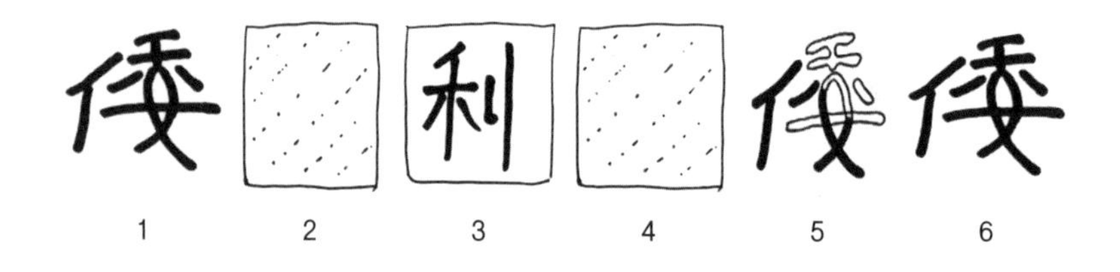

1. 원래는 '倭' 자였다.
2. 위에 석회를 칠한다.
3. '利' 자를 새긴다.
4. 시간이 지남에 따라 '利' 자가 완전히 떨어져 나간다.
5. '倭' 자 안의 석회도 일부 떨어져 나가 '伐' 자처럼 보이게 되었다.
6. 나머지 석회가 떨어지면 원래의 '倭' 자가 드러난다.

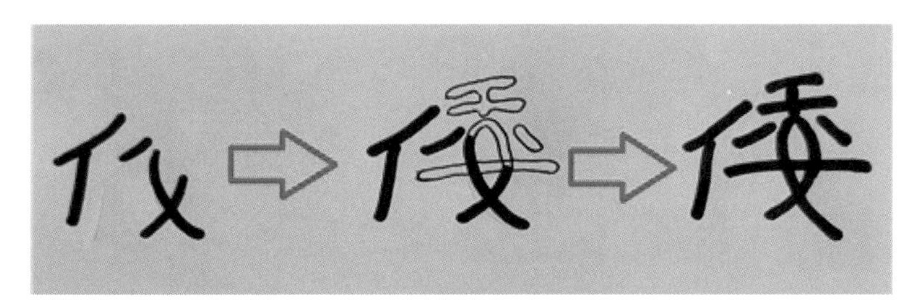

현재 드러난 글자에서 원래 왜(倭)로 복원되는 과정

쌍구가묵본

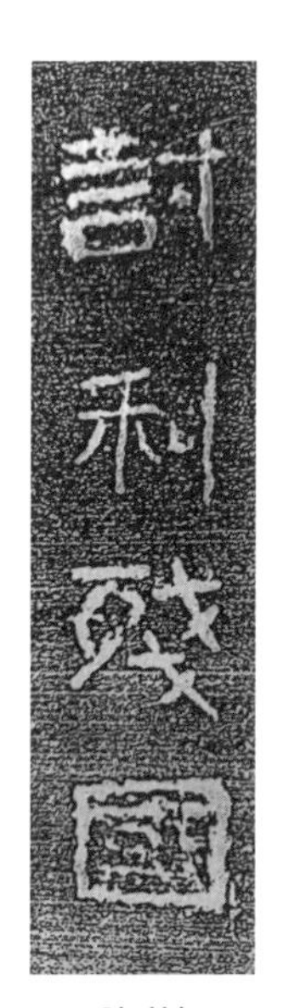

청명본

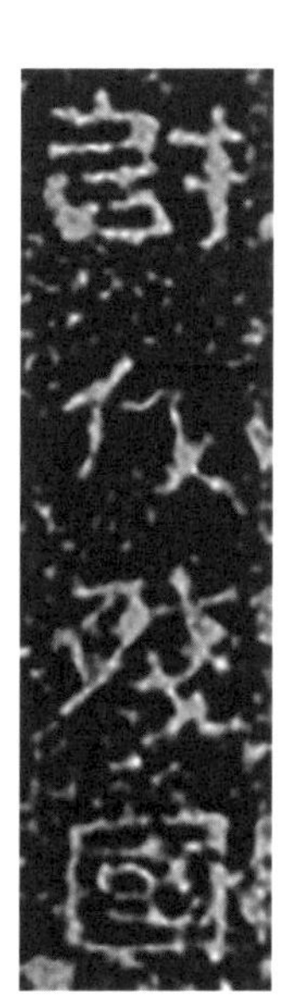

주운태본

【광개토태왕릉비 도명 석문】

一面 주운태 저본(底本)

◆ 붉은색 - 새로 복구한 글자 ◆ 노란색 - 재검토가 필요한 글자

惟昔始祖鄒牟王之創基也出自北夫餘天帝之子母河伯女郎剖卵降世生而有聖豫□□□□命駕
巡車南下路由夫餘奄利大水王臨津言曰我是皇天之子母河伯女郎鄒牟王爲我連葭浮龜應聲卽爲
連葭浮龜然後造渡於沸流谷忽本西城山上而建都焉不樂世位因遣黃龍來下迎王王於忽本東罡黃
龍頁升天顧命世子儒留王以道輿治大朱留王紹承基業遝至十七世孫國罡上廣開土境平安好太王
二九登祚号爲永樂太王恩澤洽亐皇天威武摽被四海掃除不□庶寧其業國富民殷五穀豊熟昊天不
弔卅有九宴駕棄國而甲寅年九月廿九日乙酉遷就山陵於是立碑銘記勳績以示後世焉其□曰□□
永樂五年歲在乙未王以碑麗不賓□□躬率住討叵富山負山至鹽水上破其三部洛六七百營牛馬羣
羊不可稱數於是旋駕因過襄平道東來□城力城北豊五備狛游觀土境田獵而還百殘新羅舊是屬民
由來朝貢而倭以辛卯年來渡二破百殘倭侵新羅以爲臣民以六年丙申王躬率水軍討倭殘國軍至窠
窅攻取壹八城臼模盧城各模盧城幹氐利城□□城閣弥城牟盧城弥沙城古舍蔦城阿旦城古利城□
利城葉珎城奥利城勾牟城古模耶羅城頁□□□□城□而耶羅城瑑城於利城農賣城豆奴城沸□□

二面

利城弥鄒城也利城大山韓城掃加城敦拔□□□□□婁賣城散議城□婁城細城牟婁城亏婁城蘇灰
城燕婁城析支利城巖門至城林城澆城□□□□□□城就鄒城□拔城古牟婁城閏奴城貫奴城彡穰
城□□羅城察盧城仇天城□城□□逼其國城殘不服氣敢出百戰王威赫怒渡阿利水遣刺迫城殘兵
□□□使國城而殘王困逼獻出男女生口一千人細布千匹跪王自誓從今以後永爲奴客太王恩赦□
迷之衍錄其後順之誠於是□五十八城村七百將殘王弟幷大臣十人旋師還都八年戊戌教遣偏師觀
帛愼土谷因便抄得莫斯羅城加太羅谷男女三百餘人自此以來朝貢論事九年己亥百殘違誓與倭和
通王巡下平穰而新羅遣使白王云倭人滿其國境潰破城池以奴客爲民歸王請命太王恩後矜其忠□
特遣使還告以密計十年庚子教遣步騎五萬住救新羅從男居城至新羅城倭滿其中官軍方至倭賊退
□□□□□□□□倭背急追至任那加羅從技城城卽歸服安羅人戍兵拔新羅城晨城倭寇宏潰城內
□□□□□□□□□□□□□□□□九盡拒侑倭安羅人戍兵□□□□□□□□□□□□□言

三面

□□□□□□□□□□□□□□□□□□□□□□□□□□辭□□□□□□□□□□□殘倭潰
□□□□安羅人戍兵昔新羅寐錦未有身來部輩□□□□廣開土境好太王□□□□寐錦□家僕勾
□□□□朝貢十四年甲辰而倭不軌侵入帶方界和通殘兵□石城□連船□□□□率□討從平穰
□□□鋒相遇王幢要截盪刺倭寇潰敗斬煞無數十七年丁未敎遣步騎五萬□□□□□□□□□□師
□處合戰斬煞蕩盡所穫鎧鉀一萬餘領軍資器械不可稱數還破沙溝城婁城朱句城□□風□□□□□
□城廿年庚戌東夫餘舊是鄒牟王屬民中叛不貢王躬率住討軍到餘城而餘悉國駭服獻□□□□□
□□王恩普處於是旋還又其慕化隨官來者味仇婁鴨盧單斯麻鴨盧偳立婁鴨盧肅斯舍鴨盧□□□
鴨盧凡所攻破城六十四村一千四百守墓人烟戶賣句余民國烟二看烟三東海賈國烟三看烟五敦城
弘四家盡爲看烟亐城一家爲看烟碑利城二家爲國烟平穰城民國烟一看烟十察連二家爲看烟俳婁
人國烟一看烟卌三梁谷二家爲看烟芺城二家爲看烟安夫連廿二家爲看烟改谷三家爲看烟新城三
家爲看烟南蘇城一家爲國烟新來韓穢沙水城國烟一看烟一牟婁城二家爲看烟豆比鴨岑韓五家爲
看烟勾牟客頭二家爲看烟求底韓一家爲看烟舍蔦城韓穢國烟三看烟廿一西發耶羅城一家爲看烟
旲古城國烟一看烟三客賢韓一家爲看烟阿旦城雜珎城合十家爲看烟巴奴城韓九家爲看烟臼模盧
城四家爲看烟各模盧城二家爲看烟牟水城三家爲看烟幹氐利城國烟二看烟三弥連城國烟一看烟

四面

□□□□□也客利城三家爲看烟豆奴城國烟一看烟二奥利城國烟二看烟八須鄒城國烟二看烟五百
殘南居韓國烟一看烟五大山韓城六家爲看烟農賣城國烟一看烟七閏奴城國烟二看烟廿二古牟婁
城國烟二看烟八瑑城國烟一看烟八味城六家爲看烟就咨城五家爲看烟彡穰城廿四家爲看烟散那
城一家爲國烟那旦城一家爲看烟勾牟城一家爲看烟於利城八家爲看烟比利城三家爲看烟細城三
家爲看烟國罡上廣開土境好太王存時教言祖王先王但教取遠近舊民守墓洒掃吾慮舊民轉當羸劣
若吾萬年之後安守墓者但取吾躬巡所略來韓穢令備洒掃言教如此是以如教令取韓穢二百廿家慮
其不知法則復取舊民一百十家合新舊守墓戶國烟卅看烟三百都合三百卅家自上祖先王以來墓上
不安石碑致使守墓人烟戶差錯惟國罡上廣開土境好太王盡爲祖先王墓上立碑銘其烟戶不令差錯
又制守墓人自今以後不得更相轉賣雖有富足之者亦不得擅買其有違令賣者刑之買人制令守墓之

◆ 비문 해석의 핵심은 우리 말 어순으로 해석하는 것이다. 한문 어순으로 된 곳도 있지만, 능비의 많은 부분이 앞에서부터 뒤로 해석해 가면 의외로 해석이 쉽다. 이 당시는 고구려가 강성했고 한민족의 정체성이 그래도 잘 지켜지던 때였다. 이후로 고대 중국이 강해지면서 언어와 문화도 그 힘 아래 흡수됐고, 결국 동이족이 만든 문자도 한족(漢族)에게 빼앗겼으며, 어순 또한 점점 그들의 방식을 따라간 것으로 보인다.

【비문의 글자 수】

비면 / 분류	가로 행	세로 열	글자 수	소실 자	남은 글자 수
1면	11	41	451	24	427
2면	10	41	410	62	348
3면	14	41	574	92	482
4면	9	41	369	4	365
합계	44행	124열	1,804자	182자	1,622자

비문은 4면이다. 비의 면적이 조금씩 달라 위 표에서 보는 바와 같이 가로 행(行)은 9~14로 모두 다르나 아래로 쓰인 열(列)은 41열로 모두 같다. 글자의 총수는 1,804자이다. 1,775자로 주장하는 학자도 있으나 탁본과 대조해 보면 1,804자가 맞다. 그리고 문맥을 보면 도저히 1,775자가 될 수 없다. 1면은 원래 24자가 소실 되었

으나, 신묘년 기사의 소실 부분에 '倭侵' 두 글자를 추론해 넣었기 때문에 위의 비문에서는 22자가 비어 있다.

비면 가운데 3면은 글자 수도 574자로 가장 많고, 소실된 글자도 92자로 가장 많으며, 남은 글자도 482자로 가장 많다. 그런데 특히 많은 글자가 소실된 부분은 경자년 기사가 나오는 2면 말미와 3면 초입으로 우리가 알고 있는 논란의 경자년 기사 부분이다. 〈경자년조〉에서 2면은 38자, 3면은 54자, 도합 92자가 지워졌다. 비면에서 소실된 글자 총합이 182자인데, 경자년 기사만으로도 소실된 글자의 절반을 넘는다.

사실 능비에는 '永樂五年 歲在乙未'로 시작하는 을미년부터 동부여를 토벌하는 영락 20년 경술년까지 태왕의 정벌 기사를 여덟 번에 걸쳐 기록하고 있다. 그런데 유독 경자년 기사 부분은 나머지 일곱 부분을 모두 합친 것보다 소실된 글자가 많다. 이는 앞서 언급했듯 경자년 기사에는 원래 광개토태왕의 열도 침공 내용이 기록되어 있었기 때문이다. 따라서 일제는 부분 변조로는 도무지 어찌할 수 없었기에 비문의 대량 삭제라는 무도한 만행을 저질렀다.

한참 늦은 시간이지만 일본 정부와 사학계는 지금이라도 이를 인정하고, 비문의 진실을 밝히는데 공조해야 한다. 그래야만 선조의 죄를 어느 정도나마 사할 수 있으며, 향후 한일 간의 진정한 우호를 다지는 초석이 될 것이기 때문이다.

국강상광개토경평안호태왕 비문 석문
(國罡上廣開土境平安好太王 碑文 釋文)

【1면】

惟昔 始祖鄒牟王之創基也 出自北夫餘 天帝之子 母河伯女郎 剖卵降世 生而有聖豫 □□□□□ 命駕巡車南下路 由夫餘奄利大水

유석 시조추모왕지창기야 출자북부여 천제지자 모하백녀랑 부란 강세 생이유성예 □□□□□ 명가순거남하로 유부여엄리대수

삼가 생각건대, 옛적에 시조 추모왕께서 고구려를 세우고 터 잡으셨다. 나신 곳은 북부여이시고, 천제의 아들이시며, 어머니는 하백의 따님이셨다. 알을 깨고 세상에 강림하셨으며, 태어나면서 성스러운 조짐이 있었다. □□□□□ 명으로 수레를 몰고 남쪽으로 내려가는 길에 부여의 엄리대수를 만나게 되었다.

王臨聿言曰 我是皇天之子 母河伯女郎鄒牟王 爲我連葭浮龜 應聲卽爲連

葭浮龜 然後造渡 於沸流谷 忽本西城山上 而建都焉

왕임율언왈 아시황천지자 모하백녀랑추모왕 위아연가부구 응성 즉위연가부구 연후조도 어비류곡 홀본서성산상 이건도언

추모왕이 강 앞에서 스스로 말하기를 "나는 하느님의 아들이요, 어머니가 하백의 따님인 추모왕이다. 나를 위해 갈대는 연결되고, 거북은 떠 오르라!" 하고 외쳤다. 그 소리에 응하여 곧 갈대가 연결되고, 거북이들이 떠 올랐다. 그리한 후 [추모왕은] 물을 건너가서 비류곡 홀본 서쪽 성의 산 위에서 도읍을 세우셨다.

不樂世位 因遣黃龍來下迎王 王於忽本東罡 黃龍負昇天 顧命世子儒留王 以道輿治 大朱留王 紹承基業

불락세위 인견황룡래하영왕 왕어홀본동강 황룡부승천 고명 세자유류왕 이도여치 대주류왕 소승기업

[추모왕이] 세상의 왕위를 즐거워하지 않을 무렵 [하늘에서] 황룡을 내려보내 왕을 맞이하였다. 왕을 홀본성 동쪽 언덕에서 황룡이 업고 하늘로 올라갈 때, 세자인 유류왕을 돌아보고 명하시기를 "도로써 나라를 다스려라."라고 하셨다. 대주류왕은 유지를 이어서 [나라의] 터전을 만들었다.

遝至十七世孫 國罡上廣開土境平安好太王 二九登祚 号爲永樂太王 恩澤洽于 皇天威武 摽被四海 掃除不□ 庶寧其業 國富民殷 五穀豊熟 昊天不弔 卅有九 宴駕棄國 以甲寅年九月廿九日乙酉 遷就山陵 於是立碑 銘記勳績 以示後世焉 其□曰□□

답지십칠세손 국강상광개토경평안호태왕 이구등조 호위영락 태왕 은택흡우 황천위무 률피사해 소제불□ 서녕기업 국부민은 오곡풍숙 호천부조 삽유구 연가기국 이갑인년구월입구 일을유 천취산릉 어시립비 명기훈적 이시후세언 기□왈□□

[하늘의 기운이] 한군데로 몰려들어 17세손 국강상광개토경평안호태왕에 이르렀다. [왕께서는] 18세에 왕위에 올라 칭호를 영락태왕이라 하셨고, 은혜가 두루 하였다. 황천의 위엄과 용맹함으로 다스림이 온 세상을 뒤덮었다. 부정한 [무리를] 쓸어 없애시니 백성은 그 직업에 안정되었다. 나라가 부강하고, 백성은 넉넉하니 오곡은 풍요하게 무르익었다. 하늘이 돌보지 아니함인지 39세에 편안하게 세상을 떠나 나라를 버리셨다. 갑인년(414) 9월 29일 을유 시에 [관을] 옮겨 나아가 산릉에 이 비석을 세우고, 훈공과 업적을 기록하여 후세에 보이는 바이다. … 여기에서 … 말하기를 …

永樂五年 歲在乙未 王以碑麗不賓 □□躬率住討 叵富山負山 至鹽水上破其三部洛 六七百營 牛馬羣羊 不可稱數 於是旋駕 因過壤平 道東來□

城 力城 北豊五備狛遊觀 土境田獵而還

영락오년 세재을미 왕이비려불빈 □□궁솔주토 파부산부산 지염수상 파기삼부락 육칠백영 우마군양 불가칭수 어시선가 인과양평 도동래□성 력성 북풍오비박유관 토경전렵이환

영락 5년 을미년에 왕은 비려가 순종하지 않아 [왕께서] 몸소 군사를 거느리고 그곳을 토벌하셨다. 드디어 부산과 부산에서 염수의 상류에 이르러 그(비려의) 세 부락을 쳐부쉈다. 육, 칠백 영의 소, 말 무리와 양은 헤아릴 수 없었다. 여기에서 수레를 돌려 양평을 지나 동쪽으로는 래□성과 역성으로부터 북쪽으로는 풍오와 비박을 두루 살피셨다. 국경의 들판에서 사냥하시며 돌아오셨다.

[변조된 현재의 신묘년 기사]

百殘新羅 舊是屬民 由來朝貢 而倭以辛卯年來渡海 破百殘□□新羅 以爲臣民 以六年丙申 王躬率水軍 討伐殘國

백잔신라 구시속민 유래조공 이왜이신묘년래도해 파백잔□□신라 이위신민 이륙년병신 왕궁솔수군 토벌잔국

"백잔과 신라는 옛날부터 속민으로서 조공을 바쳐 왔다. 그런데 왜가 신묘년 이래로 바다를 건너와 백잔과 □□와 신라를 파하여

신민으로 삼으려 하므로, 이에 영락 6년 병신년, 태왕이 몸소 수군을 이끌고 잔국(백제)을 토벌하였다"

[변조 전의 신묘년 기사 원문]

百殘新羅 舊是屬民 由來朝貢 而倭 以辛卯年來渡/ 二破 百殘倭侵新羅 以爲臣民/ 以六年丙申 王躬率水軍 討倭殘國

백잔신라 구시속민 유래조공 이왜 이신묘년래도/ 이파 백잔 왜침신라 이위신민/ 이륙년병신 왕궁솔수군 토왜잔국

"백잔과 신라는 옛날 속민이었고, 전부터 조공을 왔다. 그러나 왜는 신묘년부터 물을 건너 [조공을] 왔다. 두 쳐부술 백잔과 왜가 신라를 침공해 신민으로 삼으려 했다. 때문에 영락 6년 병신년 태왕께서 몸소 수군을 이끌고 왜와 백잔을 토벌했다"

軍至窠窅 攻取壹八城 臼模盧城 各模盧城 幹氐利城 □□城 閣弥城 牟盧城 弥沙城 古舍蔦城 阿旦城 古利城 □利城 葉珍城 奧利城 句牟城 古模耶羅城 頁□□□□城 □而耶羅城 瑑城 於利城 農賣城 豆奴城 沸□□

군지과요 공취일팔성 구모로성 각모로성 간저리성 □□성 각미성 모로성 미사성 고사조성 아단성 고리성 □리성 엽진성 오리성

구모성 고모야라성 혈□□□□성 □이야라성 전성 어리성 농매성 두노성 비□□

군대가 적의 소굴에 이르러 공격해 일팔성을 빼앗았다. [그리고] 구모로성, 각모로성, 간저리성, □□성, 각미성, 모로성, 미사성, 고사조성, 아단성, 고리성, □리성, 엽진성, 오리성, 구모성, 고모야라성, 혈□□□□성, □이야라성, 전성, 어리성, 농매성, 두노성, 비□□

【2면】

利城 弥鄒城 也利城 大山韓城 掃加城 敦拔□ □□□□ 婁賣城 散議城 □婁城 細城 牟婁城 亏婁城 蘇灰城 燕婁城 析支利城 巖門至城 林城 浣城 □□□□□□城 就鄒城 □拔城 古牟婁城 閏奴城 貫奴城 彡穰城 □□羅城 □察盧城 仇天城 □城 □□逼其國城

리성 미추성 야리성 대산한성 소가성 돈발□ □□□□ 루매 성 산의성 □루성 세성 모루성 우루성 소회성 연루성 석지 리성 암문지성 림성 연성 □□□□□□성 취추성 □발성 고 모루성 윤노성 관노성 삼양성 □□라성 □찰로성 구천성 □성 □□핍기국성

리성, 미추성, 야리성, 대산한성, 소가성, 돈발□ □□□□, 루매성, 산의성, □루성, 세성, 모루성, 우루성, 소회성, 연루성, 석지

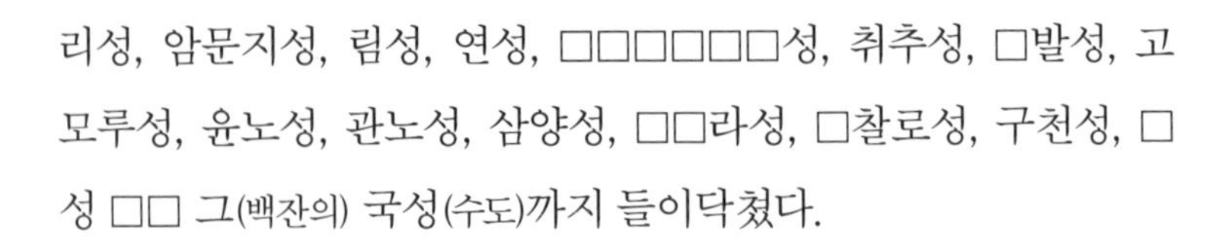
리성, 암문지성, 림성, 연성, □□□□□□성, 취추성, □발성, 고모루성, 윤노성, 관노성, 삼양성, □□라성, □찰로성, 구천성, □성 □□ 그(백잔의) 국성(수도)까지 들이닥쳤다.

殘不服氣 敢出百戰 王威赫怒 渡阿利水 遣刺迫城 殘兵□□□使國城 而殘王困逼 獻出男女生口一千人 細布千匹 跪王自誓 從今以後 永爲奴客 太王恩赦 □迷之愆 錄其後順之誠 於是□ 五十八城 村七百 將殘王弟 幷大臣十人 旋師還都

잔불복기 감출백전 왕위혁노 도아리수 견자박성 잔병□□□ 사국성 이잔왕인핍 헌출남여생구일천인 세포천필 궤왕자서 종금이후 영위노객 태왕은사 □미지건 록기후순지성 어시□ 오십팔성 촌칠백 장잔왕제 병대신십인 선사환도

백잔은 복종하는 기색이 없고 감히 나와 백번이나 싸웠다. 왕은 위엄을 갖춰 크게 노하며, 아리수를 건너 좇아가 찌르고 성을 압박하시니 백제의 병사들은 … 그들의 국성을 [버리고 도망가니] 백제왕이 곤란함에 처해 남녀 노비 1천 명과 가는 베 1천 필을 바쳤다. 무릎을 꿇고 백제왕이 스스로 맹세하기를 "지금 이후로는 영원히 신하가 되겠습니다."라고 하였다. 태왕은 은혜로 용서하시고, 잘못한 허물을 [덮고] 뒤에 순종하는 정성을 가상히 여기셨다. 그때 58개 성과 7백 마을을 [얻고], 백잔 왕의 아우와 대신 10명을 데리고 군사를 돌려 수도로 돌아오셨다.

八年戊戌 教遣偏師 觀帛愼土谷 因便抄 得莫斯羅城 加太羅谷 男女三百餘人 自此以來 朝貢論事

팔년무술 교견편사 관백신토곡 인편초 득막사라성 가태라곡 남녀삼백여인 자차이래 조공론사

영락 8년 무술년 일부 군대를 보내 식신(숙신)과 토곡을 탐색하고 인하여 즉시 공격해 막사라성과 가태라곡에서 남녀 3백여 명을 [포로로] 얻었다. 이때 이후로 [식신은] 조공을 바치고 섬겼다.

九年己亥 百殘違誓 與倭和通 王巡下平壤 而新羅遣使 白王云 倭人滿其國境 潰破城池 以奴客爲民 歸王請命 太王恩後 矜其忠□ 特遣使還 告以密計

구년기해 백잔위서 여왜화통 왕순하평양 이신라견사 백왕운 왜인만기국경 궤파성지 이노객위민 귀왕청명 태왕사후 긍기 충□ 특견사환 고이밀계

영락 9년 기해년 백잔이 맹세를 어기고 왜와 화통하였다. 왕이 순시 차 평양에 내려가셨다. 그런데 신라에서 사신을 보내와 왕에게 아뢰기를, "왜인이 우리(신라) 영토에 가득 차서 성과 못(해자)을 파괴하고, 노객(신라인)을 [왜의] 속민으로 삼으려 합니다. 귀의하옵는 태왕이시여, 청컨대 구명해 주소서"라고 하였다. 태왕은 [깊이] 생각한 후에, 그 충성(충심)을 가엾이 여겨 특별히 사신을

돌려보내며 밀계를 내리셨다.

十年庚子 教遣步騎五萬 住救新羅 從男居城 至新羅城 倭滿其中 官軍方至 倭賊退□□□□□□□□ 倭背急追 至任那加羅 從拔城 城卽歸服 安羅人戍兵 拔新羅城 晨城 倭寇宏潰 城內□□□□□□□□□□□□□□□□□ 九 盡拒侑倭 安羅人戍兵 □□□□□□□□□□□□□言

십년경자 교견보기오만 주구신라 종남거성 지신라성 왜만기 중 **관군방지 왜적퇴**□□□□□□□□ **왜배급추 지임나가라 종발성 성즉귀복** 안라인수병 발신라성 신성 왜구굉궤 성내 □□□□□□□□ □□□□□□□□□□구 진거유왜 안라인수병 □□□□□□□□ □□□□□언

영락 10년 경자년에 보병과 기병 5만을 그곳에 보내 신라를 구원하였다. 남거성으로부터 신라의 성들에 이르니 그 안에 왜인이 가득했는데, **관군이 바야흐로 도착하자 왜적이 물러갔다.** □□□□ □□□□ **왜의 뒤를 급히 추격하여 임나가라에 이르러 쫓아가 성을 치니 성이 곧 항복하였다.** 이에 신라인으로 지키게 하였다. 또 신라성, 신성을 함락시키니 왜구가 크게 궤멸되었다. 성안의 □□ □□□□□□□□□□□□□□ 아홉을 모두 막아 왜적을 용서하고, 이에 신라인에게 지키게 하였다.

【3면】

□□□□□□□□□□□□□□□□□□□□□□□□□□□辭□□□
□□□□□□□□□殘倭潰□□□□ 安羅人戍兵 昔新羅寐錦 未有身來部
輩 □□□□ 廣開土境好太王 □□□□寐錦□家僕句 □□□□朝貢

□□□□□□□□□□□□□□□□□□□□□□□□□□□사□□□
□□□□□□□□□잔왜궤□□□□ 안라인수병 석신라매금 미유신
래부배 □□□□ 광개토경호태왕 □□□□매금 □가복구 □□□
□조공

… 백잔과 왜가 궤멸되었다 … … 이에 신라인으로 지키게 하였다. … 옛날에 신라의 왕이 친히 무리를 이끌고 온 적이 없었는데, □□□□ 광개토경호태왕이 □□□□ 신라 왕은 친히 가복을 데리고 와 조공하였다.

**十四年甲辰 而倭不軌 侵入帶方界 和通殘兵 □石城 □連船 □□□□□率
□討 從平穰□□□鋒相遇 王幢要截盪刺 倭寇潰敗 斬殺無數**

십사년갑진 이왜불궤 침입대방계 화통잔병 □석성 □련선 □□
□□□솔□토 종평양□□□봉상우 왕당요절탕자 왜구궤패 참살
무수

영락 14년 갑진년 그런데 왜가 부당하게 대방 지역을 침입하여 백잔군과 연합하여 □석성을 [공격하였다.] … 배를 연결하였다.… 태왕은 몸소 [군대를] 이끌고 [그곳에 가서서] 토벌하매, 평양□□□에서부터 서로 만났다. 왕의 군대가 집결해 끊고 찌르며 들이치니, 왜구가 패해 궤멸하였으며 죽은 자가 헤아릴 수 없었다.

十七年丁未 教遣步騎五萬 □□□□□□□□□□師□處合戰 斬殺蕩盡 所穫鎧鉀一萬餘領 軍資器械 不可稱數 還破沙溝城 婁城 朱旬城 □□風□□□□□城

십칠년정미 교견보기오만 □□□□□□□□□□사□처합전 참 살 탕진 소확개갑일만여령 군자기계 불가칭수 환파사구성 루 성 주 순성 □□風□□□□□성

영락 17년 정미년에 보병과 기병 5만을 보냈다. □□□□□□□□ 군사가 □ 곳에서 합전하여 [적군을] 참살해 없애버렸다. 노획한 갑옷이 1만 여벌이었고, 군수물자와 장비도 헤아릴 수 없었다. 돌아오면서 사구성, 루성, 주순성, □□풍□□□□□성을 격파했다.

廿年庚戌 東夫餘 舊是鄒牟王屬民 中叛不貢 王躬率住討 軍到餘城 而餘悉國駭服 獻□□□□□□□□ 王恩普處

입년경술 동부여 구시추모왕속민 중반불공 왕궁솔주토 군도 여성 이여실국해복 헌□□□□□□□□ 왕은보처

영락 20년 경술년, 동부여는 옛날 추모왕의 속민이었는데, 중간에 배반하여 조공을 바치지 않아 태왕이 몸소 군사를 거느리고 그곳을 토벌하였다. 군대가 부여성에 이르니 부여의 모든 국민이 놀라 항복하였고 □□□□□□□□을 헌납하였다. 왕의 은혜가 곳곳에 두루하였다.

於是旋還 又其慕化 隨官來者 味仇婁鴨盧 卑斯麻鴨盧 侰立婁鴨盧 肅斯舍鴨盧 □□□鴨盧 凡所攻破 城六十四 村一千四百

어시선환 우기모화 수관래자 미구루압로 단사마압로 단입루 압로 숙사사압로 □□□압로 범소공파 성륙십사 촌일천사백

이때 [군대를] 돌려 돌아오는데 또 그들 중에서 [왕을] 사모하여 관군을 따라온 자들이 있었다. 미구루압로, 단사마압로, 단입루압로, 숙사사압로, □□□압로이다. 무릇 공격하여 함락시킨 성의 수가 64개요, 촌의 수가 1천 4백 개였다.

守墓人煙戶 賣句余民 國煙二 看煙三 東海賈 國煙三 看煙五 敦城弦 四家盡爲看煙 亐城 一家爲看煙 碑利城 二家爲國煙 平穰城民 國煙一 看煙十 察連二家爲看煙 俳婁人 國煙一 看煙卌三 梁谷 二家爲看煙 芙城 二家爲看煙 安夫連 廿二家爲看煙 改谷 三家爲看煙 新城 三家爲看煙 南蘇城 一家爲國煙

수묘인연호 매구여민 국연이 간연삼 동해가 국연삼 간연오 돈성홍 사가진위간연 우성 일가위간연 비리성 이가위국연 평양성민 국연일 간연십 찰련 이가위간연 배루인 국연일 간 연십삼 양곡 이가위간연 부성 이가위간연 안부련 입이가위 간연 개곡 삼가위간연 신성 삼가위간연 남소성 일가위국연

능묘를 지키는 이의 연호(煙戶: 집)는 매구여의 백성 중에서 국연이 두 집, 간연이 세 집이요, 동해고는 국연이 세 집, 간연이 다섯 집이요, 돈성홍은 네 집이 모두 간연이요, 우성은 한 집이 간연, 비리성은 두 집이 국연, 평양성 백성은 국연 한 집, 간연이 열 집, 찰연은 두 집이 간연, 배루 사람은 국연이 한 집, 간연이 마흔세 집, 양곡은 두 집이 간연, 부성도 두 집이 간연, 안부련은 스물두 집이 간연, 개곡은 세 집이 간연, 신성은 세 집이 간연, 남소성은 한 집이 국연이다.

新來 韓穢 沙水城 國煙一 看煙一 牟婁城 二家爲看煙 豆比鴨岑韓 五家爲看煙 句牟客頭 二家爲看煙 求底韓 一家爲看煙 舍蔦城 韓穢 國煙三 看煙廿一 西發耶羅城 一家爲看煙 炅古城 國煙一 看煙三 客賢韓 一家爲看煙 阿旦城

雜珍城 合十家爲看煙 巴奴城韓 九家爲看煙 臼模盧城 四家爲看煙 各模盧城 二家爲看煙 牟水城 三家爲看煙 幹氐利城 國煙二 看煙三 弥連城 國煙一看煙

신래 한예 사수성 국연일 간연일 모루성 이가위간연 두비압 잠한오가위간연 구모객두 이가위간연 구저한 일가위간연 사조성 한예 국연삼 간연입일 서발야라성 일가위간연 경고 성 국연일 간연삼 객현한 일가위간연 아단성 잡진성 합십가 위간연 파노성한구가위간연 구모로성 사가위간연 각모로성 이가위간연 모수성 삼가위간연 간저리성 국연일 간연삼 미 련성 국연일 간연

새로 들어온 한예의 사수성은 국연 하나, 간연 하나, 모루성은 두 집이 간연, 두비압잠한은 다섯 집이 간연, 구모객두는 두 집이 간연, 구저한은 한 집이 간연, 사조성의 한예는 국연 셋, 간연 스물하나, 서발야라성은 한 집이 간연, 경고성은 국연 하나, 간연 셋, 객현한은 한 집이 간연, 아단성과 잡진성은 모두 열 집이 간연, 파노성한은 아홉 집이 간연이다. 구모로성은 네 집이 간연, 각모로성은 두 집이 간연, 모수성은 세 집이 간연, 간저리성은 국연 둘, 간연 셋, 미련성은 국연 하나, 간연

【4면】

□□□□ 也客利城 三家爲看煙 豆奴城 國煙一 看煙二 奧利城 國煙二 看煙八 須鄒城 國煙二 看煙五 百殘南居韓 國煙一 看煙五 大山韓城 六家爲看煙

□□□□ 야객리성 삼가위간연 두노성 국연일 간연이 오리성 국연이 간연팔 수추성 국연이 간연오 백잔남거한 국연일 간 연오 대산한성 육가위간연

□□□□ 야객리성은 세 집이 간연, 두노성은 국연 하나, 간연 둘, 오리성은 국연 둘, 간연 여덟, 수추성은 국연 둘, 간연 다섯, 백잔의 남거한은 국연 하나, 간연 다섯, 대산한성은 여섯 집이 간연이다.

農賣城 國煙一 看煙七 閏奴城 國煙二 看煙廿二 古牟婁城 國煙二 看煙八 瑑城 國煙一 看煙八 味城 六家爲看煙 就咨城 五家爲看煙 彡穰城 廿四家爲看煙 散那城 一家爲國煙 那旦城 一家爲看煙 句牟城 一家爲看煙 於利城 八家爲看煙 比利城 三家爲看煙 細城 三家爲看煙

농매성 국연일 간연칠 윤노성 국연이 간연입이 고모루성 국 연이 간연팔 전성 국연일 간연팔 미성 육가위간연 취자성 오가위간연 삼양성 입사가위간연 산나성 일가위국연 나단성 일가위간연 구모성 일가위간연 어리성 팔가위간연 비리성 삼가위간연 세성 삼

가위간연

농매성은 국연 하나, 간연 일곱, 윤노성은 국연 둘, 간연 스물둘, 고모루성은 국연 둘, 간연 여덟, 전성은 국연 하나, 간연 여덟, 미성은 여섯 집이 간연, 취자성은 다섯 집이 간연, 삼양성은 스물네 집이 간연, 산나성은 한 집이 국연, 나단성은 한 집이 간연, 구모성은 한 집이 간연, 어리성은 여덟 집이 간연, 비리성은 세 집이 간연, 세성은 세 집이 간연이다.

國罡上廣開土境好太王 存時教言 祖王先王 但教取遠近舊民 守墓洒掃 吾慮舊民 轉當羸劣 若吾萬年之後 安守墓者 但取吾躬 巡所略來 韓穢令備洒掃

국강상광개토경호태왕 존시교언 조왕선왕 단교취원근구민 수묘세소 오려구민 전당리열 약오만년지후 안수묘자 단취오 궁 순소략래 한예령비세소

국강상광개토경호태왕이 생전에 말씀하시기를 "조왕과 선왕께서는 단지 멀고 가까운 곳의 본토인에게 무덤을 지키고 물 뿌려 청소를 맡기었으나, 나는 구민들이 차차 나약해지게 될 것을 염려한다. 만약 내가 [죽은] 만년 뒤에 편안하게 수묘할 자들은, 오직 내가 직접 돌아다니며 데리고 온 한족이나 예족에게 수호하고 물 뿌려 청소하게 하라." 명령하셨다.

言教如此 是以如教令 取韓穢二百廿家 慮其不知法則 復取舊民 一百十家 合新舊守墓戶 國煙卅 看煙三百 都合三百卅家

언교여차 시이여교령 취한예이백입가 려기부지법칙 복취구 민 일백십가 합신구수묘호 국연삽 간연삼백 도합삼백삽가

말씀하신 대로 이 명령을 따라 한족과 예족 이백이십 집을 데려왔다. 이들이 예법을 잘 모를 것을 염려하여 다시 구민 일백 열 집을 데려왔다. 새로 온 사람과 전부터 있던 사람을 합하면 묘를 지키는 집수는 국연이 삼십 집, 간연이 삼백 집, 모두 합하여 삼백 삼십 집이다.

自上祖先王以來 墓上不安石碑致使 守墓人 煙戶羌錯 唯國罡上廣開土境好太王 盡爲祖先王墓上立碑 銘其煙戶 不令羌錯 又制守墓人 自今以後 不得更相轉賣 雖有富足之者 亦不得擅買 其有違令賣者刑之 買人制令守墓之

자상조선왕이래 묘상불안석비치사 수묘인 연호강착 유국강 상광개토경호태왕 진위조선왕묘상립비 명기연호 불령강착 우제수묘인 자금이후 부득갱상전매 수유부족지자 역부득천 매 기유위령매자형지 매인제령수묘지

윗대의 조상과 선왕 이래 능묘 위에 비석을 세우지 않은 결과 수묘인의 집을 오랑캐 [집으로] 잘못 알게 되었다. 국강상광개토경

호태왕께서 모든 조상과 선왕의 무덤 위에 비석을 세우고, [수묘인의] 연호를 새겨 오랑캐로 잘못 아는 일이 없게 하였다. 또 수묘인이 지금 이후로 서로 팔아넘기지 못하게 통제하고, 아무리 부유한 사람일지도 또한 마음대로 사 가지 못하게 하셨다. 만일 법령을 위반하고 파는 자는 형벌에 처하고, 사는 자도 법령을 제정해 무덤을 수호하게 하셨다.

2부

진경대사탑비

국립중앙박물관 야외에 있었던 진경대사탑비

| 서문 |

진경대사탑비의 새로운 해석

— 진경대사 선조 임나 왕족의 실체와 임나의 위치 —

현재 경상남도 창원 시내의 용지공원에는 진경대사보월능공탑비와 사리탑의 모형이 있는데, 진품은 국립중앙박물관에 있다. 과거 일제는 이 비문의 내용을 왜곡되게 해석하여 한반도 남부에 있는 가야를 자신들의 옛 영토라고 주장했다. 이는 『일본서기』 <신공 49년조>인 서기 369년, 왜의 신공황후가 가야를 점령하고 '임나일본부'라는 군사기관을 두어 통치했다는 기록을 그 근거로 한다. 그리고 임나일본부를 직·간접적으로 지지하는 일본과 국내의 일부 학자들 또한 진경대사탑비의 틀린 풀이를 바탕으로 가야 지역이 고대 임나이고, 가야 왕족의 후손인 김유신[45]을 임나의 왕족으로 잘못 인식한다.

45 '김유신 장군'이 일반적인 용례이나 논지의 원만한 설명을 위해 여기서는 편의상 '김유신'으로 기술한다.

그 이유는 비문에 등장하는 내용 '大師諱審希 俗姓新金氏 其先任那王族草拔聖枝 每苦隣兵投於我國 遠祖興武大王(대사휘심희 속성신김씨 기선임나왕족초발성지 매고린병투어아국 원조흥무대왕)'에서 진경 대사의 선조를 지칭하는 부분인 '任那王族 草拔聖枝(임나왕족 초발성지)'라는 구절을 대개는 "임나의 왕족이요, 풀에서 성스러운 가지를 뽑았다."라는 식으로 잘못 풀이했기 때문이다. 물론 대사의 선조가 등장하는 34자 정도인 이 부분만을 발췌해 단지 글자 풀이로만 보면 충분히 그렇게 해석될 여지가 있다. 하지만 비문 전체의 맥락을 두고 자세히 살펴보면 '任那王族 草拔聖枝'는 "풀에서 성스러운 가지를 뽑았다."가 아니라 "임나의 왕족 초발성지"로 해석해야 하고 '초발성지'를 동사가 아닌 인물로 보아 명사로 풀이해야 한다.

왜냐하면 비를 세우는 목적이 죽은 이를 추모하고 그가 지은 업적이 있다면 그것을 돌에 새겨 후세에 오래도록 전승하기 위함이다. 그런데 대사의 선조를 초발성지라는 인명이 아니라 '풀에서 성스러운 가지를 뽑았다.'라는 동사 식으로 풀게 되면 그의 선조는 성도 이름도 역할도 없는 무의미한 존재가 되어버린다. 하지만 가문에 아무런 공적이 없는 선조를 비문에 새기지 않는 것은 일반적인 상식이다. 공적이 없다면 그냥 기록하지 않으면 되지, 굳이 공적이 없다는 것을 기록으로 남기지는 않는다는 말이다.

그런데 만약 '草拔聖枝'를 인명으로 보면 그는 대사의 선조로서 가문에 중요한 역할을 했던 특별한 인물이 된다. 비의 내용처럼 초발성지는 일본열도 내에 있었던 임나의 왕족이었으나, 주변국으로부터 괴롭힘을 당하다가 마침내 신라에 투항했다는 것이다. 그리고 비문을 당시의 정치적 상황을 고려하여 다시 해석해 보면 그가 투항한 대상

이 국가로는 신라지만, 실질적으로는 국가가 아닌 흥무대왕 김유신 개인이었다고 말하고 있다. 일테면 임나 왕족 초발성지가 김유신에게 귀순하고 난 이후 당시 신라왕이었던 선덕여왕으로부터 신김(新金)씨를 내려 받았던 것 같다. 그래서 그는 신김 씨 가문의 중시조(中始祖)가 되었고 대사의 비문에 중요한 인물로 등장했던 것이다.

경남 창원시에 있었던 봉림사지 진경대사보월능공탑비와 일부
(국립중앙박물관)

나중에 그의 후손들은 신라에 잘 뿌리내린 것으로 보인다. 그런 결과 8·9세기 비문과 찰주(刹柱)에 나타난 3인의 신김 씨와 10세기의 진경 대사와 같은 걸출한 선승을 배출할 수 있었던 토대가 되었

다. 위의 논거에 따라 가야와 임나는 전혀 다른 별개의 나라였고, 임나는 일본 내에 있었던 나라임이 분명하다. 따라서 진경대사탑비는 결코 임나일본부의 근거가 될 수 없음을 밝히고자 한다.

한편 위의 비문 중앙 하단부에 보이는 논란의 '任那王族'이란 글자에서 '任那(임나)'를 최근 '住鄅(주염)'으로 보는 새로운 연구도 있다.[46] 다만 이 책에서는 기존 학계에서 통설로 해석한 '任那王族'에 의거하여 논리를 전개했다는 점을 미리 밝혀둔다. 이 부분은 끝에서 조금 다루어 보려 한다.

ꕥ 역사 왜곡의 희생물

현재 서울의 국립중앙박물관 수장고에 진경대사탑비가 있다. 탑비의 주인공은 신라 말 구산선문 중 하나인 봉림산문의 실질적 개산조 진경 대사 심희다. 최초로 탑이 조성된 시기는 서기 924년이며, 지금 1,100여 년의 세월이 지났다. 대사의 입적 일 년 후 조성된 탑비와 그의 사리를 모신 사리탑은 역사성뿐 아니라 뛰어난 조형미로 예술성까지 인정받는 소중한 불교 문화유산이다.[47] 또한 사리탑 옆에 함께 조성된 탑비의 비문도 역사적 가치가 높은데, 문장도 문장이려니와 신라 시대 전체를 통틀어 국왕이 직접 찬(撰)한 유

---

46 이 주장은 2023년 대가야향토사연구회가 주최한 학술대회에서 연구회 회장인 박장호가 주장했는데, 향후 심도 있게 연구해 보아야 할 필요가 있어 보인다.

47 보물 제363호 '창원 봉림사지 진경대사 탑비'이다.

일한 비문이기 때문이다. 아마도 우리 역사 전체를 들추어도 이러한 예를 찾기 힘들다.

훼손되었던 탑비(국립중앙박물관)

그런데 정작으로 이 탑비가 학계에서 유명세를 치르는 것은 탑의 역사성뿐만이 아니라 비문의 해석 문제로부터 기인한다. 탑비에는 주인공인 진경 대사의 일생과 행적이 잘 기록되어 있는데, 특히 논란이 되는 부분은 진경 대사 선조의 정체와 그의 출신지로 여겨지는 '임나의 위치'가 어디인가에 대한 것이다. 이때 논란의 중심에서 있는 임나의 위치는 학자들의 입장에 따라 서로 다르지만 크게 보아 한반도와 대마도 그리고 일본열도로 추정하고 있다.

우리 역사에서 임나라는 지명에 대한 언급이 조선말까지는 거의 없었다고 해도 과언이 아니다. 그러나 대일항전기 일제는 한반도를 점령하기 위한 침략 논리인 정한론을 기치로 '임나일본부'라는 가공의 통치 기구를 만들어 냈다. 임나일본부의 출전(出典)은 일본의 역사서『일본서기』〈신공 49년조〉인 서기 249년에 나오는 내용으로 신공황후가 신라를 격파했고, 그로 인해 7국을 평정하였다는 내용이다.[48] 그러나 여기에 나오는 신라와 그 외 7국 가운데의 하나인 가라를 임나와 같다고 할 아무런 근거가 없다. 그 이유는 왜가 공격한 것은 신라인데, 멸망은 어떻게 가라를 비롯한 7국이라 할 수 있겠는가?

또 서기 249년인 〈신공 49년조〉는 기년조차 맞지 않아 120년을 더해 서기 369년의 사건으로 봐야만 어느 정도 이해된다는 황당한 기록이다. 그런데 일제는 신뢰할 수 없는 이 기록을 근거로 1920년, 조선인들을 세뇌하기 위한 교육체계를 만들었다. 소위 〈심상소학역사보충교재(尋常小學歷史補充教材)〉인데, 이를 바탕으로 일선 교사들에게 임나가 가야임을 교육하게 했다.[49]

'심상 소학 역사 보충 교재'는 일제가 한반도 침략을 정당화하는 도구로 활용됐으며. 그 핵심은 '임나는 곧 가야다'라는 소위 〈임나 가야설〉을 고착하기 위한 것이었다. 그 안에는 임나에 관한 우리의 세 기록이 있는데 광개토태왕릉비의 '任那加羅'와 『삼국사기』〈강수열전〉의 '任那加良' 그리고 진경대사탑비의 '任那王族'이다.

48 『일본서기』〈신공 49년조〉 擊新羅而破之 因以 平定比自炑南加羅喙國安羅多羅卓淳加羅七國. 신라를 공격해 격파하고 인하여 7국을 평정했다고 한다. 그러나 학계는 통상 가야 7국이라고 잘못 해석하고 있다.

49 『교사용 심상 소학 일본 역사 보충 교재 교수참고서』, 1920, 13쪽.

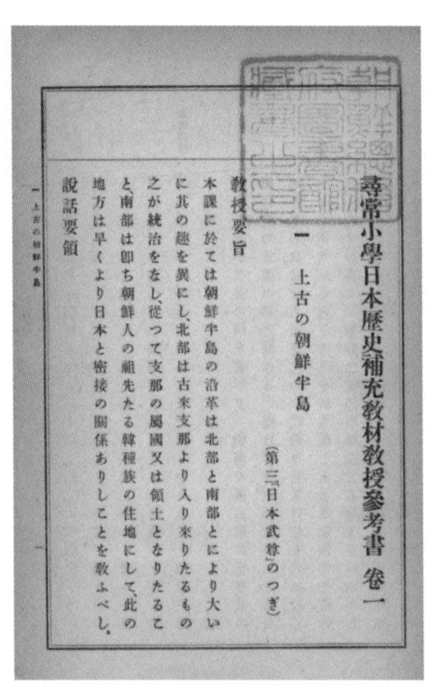
尋常小學日本歷史補充教材教授參考書 卷一

一 上古の朝鮮半島 （第三「日本武尊」のつぎ）

教授要旨

本課に於ては朝鮮半島の沿革は北部と南部とにより大いに其の趣を異にし、北部は古來支那より入り來りたるもの之が統治をなし、從つて支那の屬國又は領土となりたること、南部は即ち朝鮮人の祖先たる韓種族の住地にして、此の地方は早くより日本と密接の關係ありしことを教ふべし。

說話要領

一 上古の朝鮮半島

심상 소학 일본 역사 보충 교재 교수참고서
(이매림 제공)

일제는 고토 회복을 명분으로 우리의 비문과 문헌 속에 있는 임나의 기록을 악용했다. 일제가 임나의 기록을 근거로 역사를 조작한 사례를 보면, 광개토태왕릉비의 경우 변조와 삭제로 비문의 내용을 엄청나게 왜곡시켰다. 또 강수열전과 진경대사탑비의 경우 변조했다는 진위 여부는 불명확하다[50]. 하지만 잘못된 해석을 선점해 그대로 확정했다는 점에서 보면 왜곡의 과정은 모두가 동일했다. 그들은 조선의 국권 강탈이라는 상황을 한껏 활용하여 그 효과를 극대화했다. 이처럼 역사 왜곡의 뿌리를 찾다 보면 언제나 예외

50 박장우 「일본서기 임나의 한반도 비정에 대한 반론」, 2023 대가야향토사연구회 춘계 학술대회에서 그는 판본과 비문이 모두 조작되었다고 주장했다.

없이 그 끝점에서는 일제의 관제 사학자들을 만나게 된다.

그들은 임나를 확정하기 위한 세 가지 근거를 치밀하게 왜곡시켰다. 그래서 한반도 남부에 임나가 있었다는 일제의 주장은 해방 후에도 사라지지 않았다. 그리고 통치기관이 있었다는 주장이 설득력을 잃자 '군사 기관설'이 아닌 '교역 기관설' 또는 '사신설' 등으로 카멜레온처럼 보호색을 바꾸며 계속 그 명맥을 이어오고 있다. 그런데 정작 심각한 문제는 일제의 학풍에 영향을 받은 가야사 주류 사학계가 아직도 그들의 교활한 주장을 지지하고 있다는 점에 있다. 오히려 시간이 지나면서 이들 '임나 삼 종 세트'는 더욱 공고 해지는 실정이다. 그러나 진실은 숨길 수 없으며 최근의 이를 극복하는 새로운 연구 성과들이 속속 나오고 있다.

이제 여기서는 진경대사탑비에 대한 새로운 시각 제시와 함께 그 해석도 달리해 보고자 한다. 특히 필자가 제시하는 비문 찬술자인 '경명왕의 입장'이라는 시각은 그동안 학계가 주목하지 못했던 부분으로, 비문을 이해하는 새로운 길라잡이가 될 것이다. 또한 비문에 나오는 임나의 실제 위치는 한반도가 아닌 일본열도임을 논증할 것이다. 더하여 진경 대사의 직계 선조는 흥무대왕 김유신이 아니라 일본열도에 있었던 임나 소국의 왕족임을 밝힐 것이다. 이를 통해 향후 역사적 인물인 진경 대사와 그의 선조에 대한 정체뿐만 아니라 임나의 명확한 위치가 어디인지 제대로 자리매김하는 계기가 되었으면 한다.

1장

탑비를 통한 또 다른 역사 왜곡

탑비 귀부의 귀두 및 귀갑문과 비좌의 구름무늬(국가유산포털)

1.
탑비의 개관 및 내용

탑의 주인공인 진경 대사는 신라 말인 서기 853년에 태어나 923년, 만 70세에 입적했다. 그는 신라 구산선문의 하나인 봉림산문의 개산조로 추앙받는 인물이며, 생존 시 승가와 백성뿐 아니라 국왕까지도 그를 흠모했다. 이를 증명하는 사실이 당시의 국왕이었던 경명왕(재위 917~924)이 직접 이 비문을 지었다는 것으로도 드러난다. 글씨를 쓴 사람은 문하 제자 행기(幸其)이고, 전액(篆額)은 쓴 이는 최치원의 사촌 동생인 최인연(崔仁渷)이다. 비문의 내용은 신라 말기 봉림산문의 조사(祖師) 계승 관계, 김해지역 호족 세력의 변천 그리고 선종 사상의 성격을 연구하는 핵심 자료로 활용되고 있다. 국립문화유산연구원에서 이 탑비에 대해 다음과 같이 소개하고 있다.

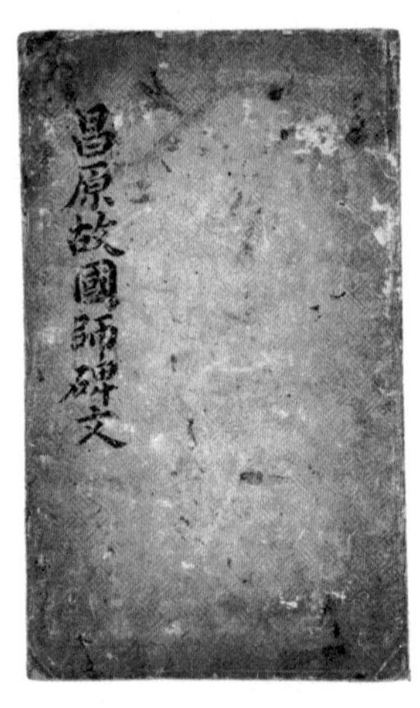

경명왕이 찬했다는
창원고국사비문
(수성화성박물관)

「원래 이 탑비는 창원 봉림사지 진경대사탑과 함께 봉림사지에 있었는데 1919

년 조선총독부가 경복궁 내로 옮겼다. 현재는 국립중앙박물관으로 옮겨져 관리되고 있다. 이 비의 크기는 전체 높이 337cm, 비신 높이 171cm, 비신 너비 99cm이며, 조각 기법은 전체적으로 통일신라 후기의 양식이다. 비문은 33행 각 행 60여 자로 총 1,780자이다.(중략) 비문은 923년(경명왕 7) 진경 대사가 봉림사 선당禪堂에서 입적한 후 제자들이 작성한 행장에 의해 왕이 직접 찬하게 되었다.(중략)

비문에 따르면 진경 대사의 이름은 심희審希이고, 속성은 김 씨金氏이며 아버지 배상盃相은 노장사상을 따랐으며, 어머니는 박 씨이다. 선조先祖는 임나任那의 왕족이다. 흥무대왕興武大王인 김유신金庾信(595~673)의 집안이며 855년(문성왕 16) 12월 10일 태어났다. 9살에 원감 대사의 제자가 되었다. 19세에 구족계를 받았으며, 그 후 김해 지방의 세력가인 제군사制軍事 김율희金律熙가 찾아와 법의 가르침을 청하였다. 이에 절을 수리하고 머물면서 이곳의 이름을 봉림으로 고치고 선문을 열었다. (중략)

경명왕의 부름으로 왕실에 불법을 전하기도 하였다. 923년(경명왕 7) 4월 24일 새벽 봉림사 선방에서 입적하였다. 경명왕은 사람을 보내 조문하고 장례용 물자를 보냈으며 시호를 '진경 대사'라 추증하고 탑의 이름을 '보월능공지탑寶月凌空之塔'이라고 하였다. 탑비는 다음 해인 924년(경명왕 8) 4월 1일에 세워졌다.」[51]

본 연구에서 다루고자 하는 비문 내용은 남동신 교수의 해석으로 다음과 같다.

51 국립문화유산연구원, 『한국의 석비-고대(국보·보물)』, 2020, 310~314쪽.

대사의 이름은 심희요, 속성은 신김씨이니, 그 선조는 임나의 왕족이다. 풀에서 성스러운 가지를 뽑았으나, 이웃 나라의 침략에 괴로워하다가 우리나라에 투항하였다. 먼 조상인 흥무대왕은 오산(鼇山)의 정기를 타고, 바다(鰈水)의 정기에 올라서, 문신의 길조를 잡아 재상의 뜰에 나왔고, 무신의 지략을 잡아 왕실을 높이 부양하였으며, 평생토록 ▨▨하여 두 적이 영원히 안정되고 토군(兎郡)의 사람들이 능히 세 조정을 받들어 멀리 진한(辰韓)의 풍속을 어루만졌다. 아버지 배상(盃相)은 도(道)는 노장사상을 높였고 뜻은 송교(松喬)를 흠모하였으며, 물과 구름이 비록 그 한가로움을 내버려둔다고 할지라도 조야(朝野)는 그가 벼슬을 귀히 여기지 않음을 아쉬워하였다. 어머니 박 씨가 일찍이 앉은 채로 선잠이 들었다가 꿈에 휴▨(休▨)를 얻었다. 나중에 미루어 생각해 보고는 깜짝 놀라며 임신하였다. 곧 냄새나는 음식을 끊고 그 몸과 마음을 비웠으며, 가만히 그윽한 신령에 감응하여 지혜로운 아들을 낳기를 빌었다. 대중(大中) 7년(853) 12월 10일에 태어났다.[52]

국립문화유산연구원는 대사의 탄생을 문성왕 16년인 서기 855년이라 하지만 탑비에는 대중 7년인 서기 853년이라고 했는데, 후자의 기록이 맞을 것이다.

52 한국고대사회연구소, 『역주한국고대금석문Ⅲ』, 1992, 214~224쪽. 大師諱審希俗姓新金氏其先任那王族草拔聖枝每苦隣兵投於我國遠祖興武大王鼇山稟氣鰈水騰精握文符而出自相庭携武略而高扶王室▨▨」終平二敵永安兎郡之人克奉三朝遐撫辰韓之俗考盃相道高莊老志慕松喬水雲雖縱其閑居朝野恨其無貴仕妣朴氏嘗以坐而假寐夢得休▨▨」後追思因驚有娠便以斷其葷血虛此身心潛感幽靈冀生智子以大中九年十二月十日誕生.

2.
신김씨와 임나 왕족 그리고 흥무대왕

ꙮ 신김씨(新金氏)는 임나 왕족의 후손인가

이현태는「신라 중·하대 신김씨의 등장」머리말에서

「眞鏡大師塔碑」에 따르면 주인공 審希의 俗姓은 新金氏이고, 그 선조는 任那王族이었으며, 遠祖는 興武大王(김유신)이었다고 한다. 이에 일반적으로 김유신의 후손들이 신김씨를 칭하였던 것으로 이해해 왔다. 단, 김유신의 후손들이 신김씨를 칭한 배경에 대해서는 논란이 있어 왔다.[53]

고 하였다.

이 문장의 큰 줄기는 진경 대사 심희의 속가 성(姓)은 신김씨(新金氏)이고, 그 선조는 임나 왕족인데, 먼 조상(遠祖)은 흥무대왕이라는 것이다. 이것을 달리 표현하면 가야의 후예 흥무대왕은 신김씨의

53 이현태,「新羅 中·下代 新金氏의 登場」, 2006, 1쪽.

먼 조상이며, 임나 왕족 아무개의 윗대 조상일 가능성이 있기에 '가야는 곧 임나'라고 등치시켜도 되는 듯이 보인다. 더구나 흥무대왕 김유신의 후손들이 신김씨라는 것은 이미 일반적인 견해라고 확정한다. 다만 후손들이 신김씨라고 칭한 배경에는 서로 다른 주장이 있다고 말한다.

이것을 달리 말하면, 선조(先祖) 임나 왕족 아무개와 원조(遠祖) 김유신은 모두 임나의 왕족이기에 가락국(금관가야)이 곧 임나국이라는 말이 된다. 하지만 과연 그러한지의 사실 여부는 매우 중요한 일이므로 심각하게 고려해 봐야 한다. 그런데 문제는 대사의 먼 조상이라는 흥무대왕 김유신은 가락국의 마지막 왕인 구형왕의 직계 증손자로 가야의 왕족이었지 임나의 왕족으로 불린 적은 단 한 번도 없었다는 사실이다. 그러나 또 이현태는 신김씨의 유래에 대해 위의 논문 맺음말에서 아래와 같이 말했다.

> 이상의 논의를 통해 종래의 견해처럼 신김씨는 김유신 가문과 관련이 있는 것이 아니라 재지 금관가야 왕족의 후손들에 의해 사용되었음을 확인하였다.[54]

이 말은 얼핏 보면 신김씨는 김유신 및 김유신 가문과는 관련이 없다고 하는 것처럼 보인다. 그러나 이후의 말처럼 결국 금관가야 왕족의 후손이 신김씨를 사용하고 있으므로 금관가야 즉 가락국은 임나국이라는 말이 성립되는 데에는 아무 문제가 없다는 주장이

54 이현태, 같은 논문, 15쪽.

다. 그러므로 여기에서 과연 가락국이 임나인지도 따져 볼 일이다.

신김씨와 흥무대왕 부분의 문제 제기

가야는 서기 42년에 건국되었다고 『삼국사기』 〈김유신열전〉과 『삼국유사』 〈가락국기〉에 나온다. 그리고 〈가락국기〉에는 역대 왕의 계보인 왕력(王歷)이 나오는데, 가야는 멸망할 때까지 단 한번도 외부의 침략으로 역사가 단절된 적이 없다.

그러나 과거 일제 식민사학자들은 일본의 역사서 『일본서기』의 기록을 따라 신공 49년인 서기 249년에다 120년을 더해서, 서기 369년부터 562년까지 한반도 남부에 해당하는 경상도 일대를 왜가 정벌하여 다스렸다고 한다. 소위 '임나일본부설'이다. 그러나 이 기록과 그에 의해 만들어진 임나일본부설의 신뢰성에 대해선 일본 자국 내에서도 의문을 품는 학자들이 많다. 그런데 현재 일본 정부는 문제의 소지가 다분한 이 기록을 직·간접적으로 인정하고 있으며, 다수의 중·고등학교 역사 교과서를 통해 가르치고 있다.

그런데 우리나라 학자들 가운데 "임나일본부는 사실이 아니지만, 임나의 위치는 한반도의 김해나 고령이 맞다."라는 앞뒤가 맞지 않는 주장을 하는 이도 있다. 또 가야가 1세기인 서기 42년이 아니라 2세기 혹은 3세기 말에 건국되었다는 뜬금없는 말을 하기도 한다. 실제로 김해시가 수백억 원을 들여서 만든 가야테마파크 태극전에는 얼마 전까지만 해도 가야 건국을 설명하면서 서기 300년경에 건국되었다고 기록했다. 사실이 그렇다면 가야국은 과연 몇 년 동안

'독립국'으로 존재했겠느냐는 의문과 함께 '가야문화'라는 말이 성립되겠느냐 하는 고민에 빠지게 한다.

김해 가야테마파크 태극전 가야 건국 설명문(정영도 제공)

한편, 임나가 한반도 남부에 있었다고 주장하는 학자들이 근거로 제시하는 국내의 자료는 광개토태왕릉비와 강수열전 그리고 진경대사탑비의 세 가지 기록뿐이다. 그러나 일본의 역사서인 『일본서기』에는 임나가 215회가 나온다. 이 말은 임나는 일본의 역사이며 일본 열도에 있었다는 것을 말해준다. 임나의 등장 빈도가 이를 간단히 증명해 준다.

위 임나의 세 가지 기록 가운데 『강수열전』에 등장하는 '임나가량'은 강수의 본관(本貫)을 말하며, 조상의 원래 출신지를 일컫는 지명이다. 그 이유는 강수가 태종무열왕에게 자신을 소개할 때 '問其姓名 臣本任那加良人 名牛頭' 즉 "[왕이] 그 성과 이름을 물으니 저는 본관이 임나 가량 사람이고 이름은 우두입니다."라고 성명(姓名)을 말했기 때문이다. 이와 같이 강수의 성(姓)이 되는 본관은 임나 가량이고, 이름은 우두(牛頭: 宇頭)[55]였다. 석 씨 족보인 대동보(大同譜)에 보이듯 아버지의 성명은 석체(昔諦)이니 강수 역시 석 씨(昔氏)이다. 이 기록에 따르면 두 사람은 석탈해(昔脫解)의 후손이다. 석탈해는 『삼국사기』에서는 다파나국(多婆那國)이라 나오고 『삼국유사』에서는 화하국, 완하국 또는 용성국으로 나오는데, 한반도가 아닌 다른 곳에서 온 사람이다. 따라서 '임나 가량'은 한반도가 아닌 다른 곳 즉 외국의 지명이다.

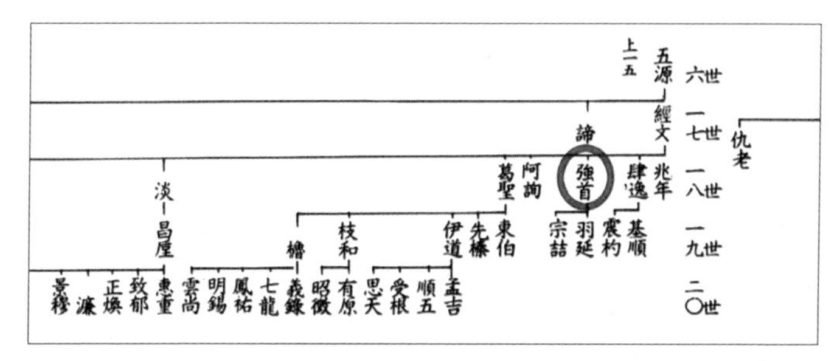

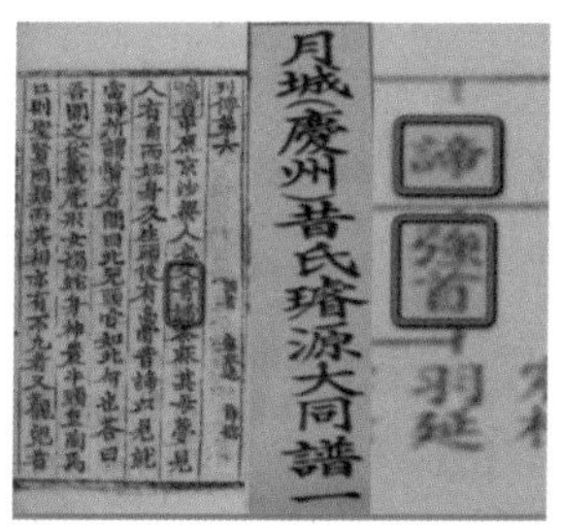

월성(경주) 석 씨 대종보에 등장하는 강수(이매림 제공)

55 우두: 판본에 따라서 1512년 정덕본과 1573년 옥산서원본 『삼국사기』에는 '宇頭', 성암본 『고려사절요』 '牛頭'로 다르게 기록되어 있다.

이러한 사실에도 불구하고 진경대사탑비 연구자 대부분은 진경대사의 선조 초발성지가 임나 즉 가야출신이며, 그를 한반도에 있는 임나인 가야 왕족으로 잘못 인식하고 있다. 또 임나는 김해이며, 대사의 원조는 흥무대왕 김유신이라고 단정한다. 따라서 김유신 또한 임나 왕족이고, 그의 증조부는 금관가야의 마지막 왕인 구해왕(구형왕)이므로, 금관가야는 곧 임나(任那)라고 등치시킨다.

만약 사실이 그렇다면 이는 '한반도 임나설'의 근거가 될 개연성 있으며, 한반도에 임나일본부가 있었다는 것으로 연결할 수 있는 매우 심각한 문제가 발생한다. 따라서 필자는 임나와 관련한 신김씨 문제와 함께 학계가 대사의 먼 조상(遠祖)으로 비정하는 흥무대왕 김유신의 문제를 제기하지 않을 수 없다.

김유신의 증조인 가야의 마지막 왕 구형왕의 릉(국가유산포털)

원조(遠祖) 흥무대왕(興武大王) 문제

이 비문에 나오는 흥무대왕은 가락국 마지막 왕인 구형왕의 증손자 김유신 말고는 달리 유추할 인물은 없다. 김유신은 사후에 흥무대왕으로 추존되는데, 국성[國姓: 임금의 성(姓)] 이외 가문의 인물이 왕으로 추존[56]된 것은 신라는 물론 수천 년 한국사에서 유례가 없다. 그러므로 김유신에 대한 후대 신라인들의 예우는 그 누구와도 견줄 수 없는 최고였다.

그동안 학계에서는 경명왕이 비문을 쓸 때 김유신을 두고 '진경대사의 먼 조상이라고 하였다.'라고 단정하다시피 했다. 하지만, 이 원조(遠祖)의 개념을 '5대조 이상의 선조'를 지칭하는 용어라고 한정할 게 아니라 더욱 구체적으로 살펴보아야 한다. 아니면 김유신이 대사의 원조라는 것 이외의 또 다른 관계일 가능성에 대해서도 자세히 살펴봐야 할 것이다.

56 여기서 김유신을 왕으로 추봉(追封)한 문헌인 『삼국사기』에는 홍덕왕(재위 826~836)이 홍무대왕으로 추봉하였고, 『삼국유사』에는 경명왕(재위 917~924)이 추봉했다고 한다. 또 『삼국사절요』에는 경명왕 7년(923)에 추봉하였고, 『동국통감』에는 홍덕왕 10년(835)에 추봉하였으며, 『동사강목』에는 홍덕왕 10년(835)에 추봉했다고 되어 있다.

2장

임나 왕족의 정체와 임나의 위치

국립중앙박물관 야외에 있었던 대사의 비문과 탑비

1.
대사의 선조와 임나 왕족 '草拔聖枝'

비문의 도입부에서 찬자(撰者) 경명왕은 최고의 미사여구로 대사를 찬탄하고 있다. 그리고 바로 뒤 이어지는 비문 내용을 『한국고대금석문Ⅲ』(1992)에서는 이와 같이 풀이한다.

大師諱審希 俗姓新金氏 其先任那王族草拔聖枝 每苦隣兵投於我國 遠祖興武大王 鼇山稟氣鰈水騰精 握文府而出自相庭 携武略而高扶王室~

대사의 이름은 심희요, 속성은 신(新)김씨이니 그 선조는 임나의 왕족이요, 풀에서 성스러운 가지를 뽑았다. 매번 이웃 나라의 침략에 괴로워하다가 우리나라에 투신하였다. 먼 조상인 흥무대왕은 오산의 정기를 타고 동해의 정기에 올라서 문부를 쥐고 재상의 집안에 태어나 무략으로 왕실을 높이 떠받들었으며~

그런데 탑비의 선행 연구자들은 특히 위의 문장 '任那王族草拔聖枝'에 대해 주목하며 그 해석을 달리한다.

『서울금석문대관』[57]에서는 "임나 왕족 초발성지가"

이병선[58]은 "그 선조는 임나 왕족이다. 초발의 성지가"

『역주한국고대금석문Ⅲ』[59]에서는 "임나의 왕족이요, 풀에서 성스러운 가지를 뽑았다."

이지관[60]은 "임나의 왕족으로, 처음에는 빼어난 왕의 자손이었는데"

김태식[61]은 "임나의 왕족으로, 거친 풀밭에서 성스러운 가지가 빼어났다"

최규성[62]은 "그의 선조 임나 왕족 초발성지는"

최연식[63]은 "임나의 왕족이고, 초발의 성지가"

위에서 '任那王族'은 해석이 모두 같다. 하지만 '草拔聖枝'를 『서울금석문대관』에서는 "초발성지가"로 해석했으며, 이병선 교수는 "초발의 성지가"로 풀이해 '草拔'이 성(姓)을 의미하는 관향(貫鄕)인 지명으로 보았고 '聖枝'는 이름으로 보았다. 최규성 선생은 '초발성지'로 해석해 초발성지를 이름으로 보았다. 그 외에는 "처음에는 빼어난 왕의 자손" 또는 "거친 풀밭에서 성스러운 가지가"로 해석하고 있다. 한편 최연식 교수는 "초발(수로)의 성스러운 가지"로 풀이한다.

---

57 서울특별시, 『서울금석문대관』, 1987, 46쪽.

58 이병선, 『임나국과 대마도』, 1987, 46쪽.

59 한국고대사회연구소편, 『역주한국고대금석문Ⅲ』, 1992, 223쪽.

60 이지관, 『교감역주 역대고승비문(신라편)』, 1992, 349쪽.

61 김태식외, 『역주 가야사료집성 제1권』, 2004, 137쪽.

62 최규성, 『여기가 임나다』, 2017, 54쪽.

63 최연식, 「봉림사진경대사탑비의 임나관련 기록에 대한 재검토」, 2021, 265쪽.

'草拔聖枝'를 『서울금석문대관』과 이병선 교수, 최규성 선생은 인명으로 보았고, 나머지는 "풀에서 성스러운 가지를 뽑았다."라는 식의 형용사나 동사로 해석한다.

또한, 대부분의 연구자는 '每苦隣兵投於我國遠祖興武大王'을 '每苦隣兵投於我國 遠祖興武大王'으로 끊어 "매번 이웃 나라의 침략에 괴로워하다가 우리나라에 투항하였다. 먼 조상 흥무대왕은"으로 해석한다. 그러나 이 부분을 '每苦隣兵 投於我國遠祖興武大王'으로 끊어 읽기를 다르게 하면 "매번 이웃 나라의 침략에 괴로워하다가 우리나라의 먼 조상 흥무대왕에게 투항하였다."라고 달리 해석할 수도 있다. 최규성 선생은 "늘 주변국의 침략으로 괴로워하다가 우리나라 원조 흥무대왕에게 투항했다."[64]라고 번역하였다.

이처럼 '我國' 뒤에서 끊느냐, 아니면 '興武大王' 뒤에서 끊느냐에 따라 대사의 선조가 투항하는 대상이 완전히 달라진다. 또 어디서 끊어 읽는가에 따라 대사의 직계 조상까지 완전히 바뀌게 된다. 만약 흥무대왕 뒤에서 끊게 되면 뒤따라 나오는 문장이 주어 없이 흥무대왕의 업적을 말하고 있어 어색할 수 있다. 하지만 이 문장은 앞 문장에서 목적어로 등장한 김유신이 뒤 문장에서도 주어로 바로 등장해 중복되기 때문에 주어인 김유신을 생략한 것으로 문장의 구성에는 아무런 문제가 없다.

먼저 기존의 일반적 해석에 대해 어떤 문제가 있는지 고찰해 보자. 기존 대부분은 "임나 왕족 아무개 또는 임나 왕족 초발의 성지

64 최규성, 『여기가 임나다』, 2017, 54쪽.

(성스러운 자손)가 주변국으로부터 괴로움을 받다가 我國(신라)에 투항하였다. 먼 조상 흥무대왕은"으로 해석한다. 이를 보면 진경 대사의 선조인 임나의 왕족은 이름을 알 수 없는 아무개 또는 초발의 성지(聖枝-성스러운 자손)로 신라에 투항한 것으로 된다. 그런데 여기에서 문제는 선조인 아무개 또는 초발의 성지가 이름도 명확하지 않을 뿐만 아니라 신라에 투항한 시기가 김유신 전인지 후인지조차도 정확히 특정되지 않는다.

그런데 찬자인 경명왕이 비문을 찬술할 때 진경 대사 선조의 이름이나 그가 신라에 투항한 시기조차 몰랐을까? 하는 의문이 든다. 왜냐하면 대사는 높은 신분의 사람이라 경명왕은 비문을 짓기 전, 신하를 시켜 대사의 행적과 그의 조상에 대한 자료를 수집했을 것이다. 그러므로 찬자인 경명왕이 비문에 대사의 선조를 언급할 때 비문을 보는 사람이 혼란을 초래할 정도의 내용을 기록하지는 않았음을 충분히 짐작할 수 있다.

만약 최연식 교수의 주장처럼 초발(草拔)이 김수로라면 임나의 왕족이라는 해석과도 정면으로 배치된다. 왜냐하면 김수로는 가야의 왕이었지 가야의 왕족이 아니었기 때문이다. 또 김태식 교수의 주장처럼 '초발의 성스러운 가지'가 김유신의 후예라면 위대한 김유신의 몇 대 후손이라고 분명히 밝혔을 것이나 비문에 그런 흔적은 전혀 없다. 이 때문에 초발을 수로와 동일시한다든지 대사의 먼 선조를 김유신으로 확정하고 그의 후손 또는 수로왕의 후손이 이름조차 없는 '초발의 성스러운 가지'라는 식의 기존 해석은 상당한 무리가 따른다.

⊛ 대사의 속성 신김씨

학계에서 통상 진경 대사를 김유신의 후예라고 한다. 그런데 그의 속성이 김유신의 김해 김씨가 아니라 신김씨인 까닭은 무엇인가라는 문제에 봉착한다. 이문기 전 경북대학교 명예교수는 가야가 신라에게 합병되고 난 이후 전통적인 김씨 집단인 신라의 왕족 김씨와 금관가야계의 김씨와 구별하기 위해 종래 사용했던 김씨 대신 신김씨를 칭하게 되었다 한다.[65] 하지만 토박이 개념의 지역이나 신구 개념의 시간으로 신김씨의 내력을 추단하기에는 모순이 있다.

김해 김씨는 시조인 김수로가 서기 42년 가락국을 창건하였고, 경주 김씨는 시조인 김알지가 서기 65년 신라 계림에 탄강했다고 기록되어 있다. 시간을 기준으로 해서 만약 진경 대사가 김해 김씨의 후손이라면 오히려 구(舊) 김씨가 합당하며 신(新) 김씨가 될 수 없다. 그리고 김해 김씨를 신김씨라고 불린 적은 역사적으로 유례가 없다.

그래서 대사의 성이 신김씨가 된 이유에 대해 다른 근거보다 가능하다면 이 비문을 통해 도출해 내는 게 가장 타당하리라 여겨진다. 그 이유는 비록 시간이 많이 경과해 찬술 당시의 상황을 정확히 알기는 어려우나, 비문의 내용이 당대의 사람들에게는 충분히 이해될 수 있는 내용이었을 것이기 때문이다.

또 기존 대부분의 해석에 따르면 대사의 먼 조상을 흥무대왕이라

65 이문기, 「금관가야계의 시조 출자 전승과 칭성의 변화」, 2004, 51쪽 - 재인용

했지만, 홍무대왕 김유신이 신김씨로 불린 적이 없었던 관계로 김유신이 대사의 직계 선조라는 것에 대해서도 확정할 수가 없다.

그럼, 비문에서 김유신은 왜 등장했으며 진경 대사와 어떠한 관계가 있는지 살펴보자.

⊗ 대사의 선조와 임나 왕족

위에서 '其先任那王族草拔聖枝'라는 대목이 있다. 통상 "그 선조는 임나의 왕족이요, 초발의 성스러운 가지이다." 또는 "풀에서 성스러운 가지를 뽑았다."라고 해석한다. 즉 그 선조는 임나의 왕족인데, '초발의 성스러운 후예' 또는 '잡풀 같은 평범한 사람들 속에서 성스러운 가지가 솟아 나온 것'처럼 특출한 존재임을 표현한 용어로 인식했다. 그러나 '草拔聖枝'를 "풀에서 성스러운 가지를 뽑았다."라는 식으로 해석하는 데는 상당히 무리가 있다. 조상을 지칭하는 용어로는 맞지 않으며 이처럼 동사나 형용사로 풀면 문맥도 어색해진다.

또는 '其先任那王族草拔聖枝'를 "그 선조는 임나 왕족으로 초발(草拔)의 성스러운 가지인데" 등으로 해석하기도 하며, 또 '草拔'을 가야의 시조 김수로왕과 동일시하기도 한다. 최연식 교수는 '草拔'을 '처음 나왔다.'라는 '首露'와 같은 뜻을 가진 한자라고 주장한다. 그러나 '풀 草' '뺄 拔'의 '풀을 뽑다.'라는 말이 '처음 나왔다'라는 말과 무슨 관계가 있는지 의문스럽다. 왜냐하면 진경 대사의 선조가 '초발의 후예'라면 당대의 고승인 그의 비문에 반드시 '시조(始祖) 초발의 후예'라고 기록하거나 '초발의 신성한 후예 누구'라고 분명히 이름을 밝혔을 것인데 그런 구체적 언급은 전혀 없기 때문이다.

이와 같이 '任那王族草拔聖枝'에서 초발성지를 형용사나 동사로 보아선 안 되며 전체를 인명(人名)으로 보아야 한다. 그 이유는 흔히 '흥무대왕 김유신' 또는 '충무공 이순신'처럼 먼저 신분이나 직위를 나타내고 다음에 이름을 쓰는 것과 동일한 방식의 표현이기 때문이다. 예를 들면 범인(凡人)들도 자신이나 타인을 소개할 때 '김해김씨 김길동입니다.' 또는 '총무국장 강감찬입니다.' 등으로 관향이나 신분을 먼저 밝히고 뒤에 성명을 말하는 것과 같다. 인물을 소개하는 방식이 현재와 과거가 반드시 같을 순 없지만, 같은 민족이라면 세월이 흘러도 관습의 많은 부분이 전승된다는 점을 고려해야 한다. 때문에 '任那王族草拔聖枝'는 임나의 왕족인 '초발성지'라는 인물로 보아야 한다.

이렇게 대사의 선조가 임나 왕족인 초발성지라고 보면, 그가 진경 대사의 몇 대 위인지는 확실치 않으나 선조임은 분명해진다. 그런데 대사의 선조는 임나의 왕이 아닌 왕족이라고 했다. 일반적으로 왕족은 왕의 직계가 아닌 방계(傍系)를 말한다. 직계라면 왕족이란 용어보다 당연히 임나왕의 몇 대 후손으로 표현했을 것이다. 대사의 선조 초발성지가 임나국의 직계 왕손이었다면 '그의 선조는 임나의 아무개 왕'이라고 분명하게 기록했을 것이다. 그러나 그의 선조는 왕이 아닌 왕족이었다.

진경 대사의 비문과 비슷한 시대인 진성여왕 4년 서기 890년 이후에 최치원이 왕명을 받아서 작성한 것으로 여겨지는 성주사(聖住寺) 낭혜화상(朗慧和尙)탑 비문에 낭혜화상을 "[대사의] 법호는 무염

(無染)으로 달마대사의 10대 법손이 된다. 속성은 김씨로 태종무열왕이 8대 조(祖)이시다.[66]"라고 소개한 것과 같이 했을 것이다. 그러나 찬술자인 경명왕이 이렇게밖에 표현할 수 없었던 이유는 대사의 선조인 초발성지가 왕이 아닌 왕족이었기 때문이다.

이처럼 탑비에서는 초발성지를 '임나 왕족'이라고 했지, '임나왕' 운운하지 않았다. 왕족은 복수인 다수가 될 수 있지만, 왕은 복수가 아니라 단수인 한 사람이다. 왕족과 왕은 엄연히 구분된다. 지금도 사우디아라비아나 영국 같은 나라에도 방계왕족은 그 수가 많지만, 직계 왕족은 상대적으로 수가 많지 않다. 우리나라의 경우에도 조선은 망했지만, 방계 왕족의 수는 꽤 많이 남아있다. 그러나 직계 왕족은 소수이다. 비록 대사의 선조인 초발성지는 왕이 아닌 왕족이었지만 혈통을 중요시하는 고대사회에서 그 지위가 상당히 높았던 것만은 분명하다.

보령 성주사지 대낭혜화상탑비
(국가유산포털)

66 "法號無染於圓覺祖師爲十世孫俗姓金氏以武烈大王爲八代祖" 한국고대사회연구소, 『역주한국고대금석문Ⅲ』, 1992, 99~100쪽.

2.
선조 초발성지의 투항

대사의 선조를 설명하면서 그의 선조가 투항해 오는 것을 묘사한 대목이 있다. 통상 '其先 任那王族草拔聖枝 每苦隣兵投於我國 遠祖興武大王'(기선 임나왕족초발성지 매고린병투어아국 원조흥무대왕)을 "그 선조는 임나의 왕족으로 초발의 성스러운 가지였는데, 매번 이웃 나라의 침략에 괴로워하다가 우리나라에 투항하였다. [대사의] 먼 조상 흥무대왕은"으로 해석한다. 즉 대사의 선조인 임나 왕족 아무개가 주변국의 침략에 힘들어하다가 우리나라(신라)에 투항하였다는 것이다. 또 문맥으로 보면 초발성지가 투항한 대상은 '신라'라는 국가이다. 하지만 자세히 보면 투항의 상대는 '신라'라는 국가가 아니라 '흥무대왕'이라 불린 김유신 개인으로 보이기에 이 부분을 다시 한번 살펴보자.

그런데 만일 전자의 해석처럼 '대사의 이름 없는 선조(先祖)가 신라에 항복했고, 대사의 원조(遠祖)가 김유신이다.'라고 한다면 그 선조는 아무 의미 없는 존재가 되어 버린다. 전쟁으로 공을 세운 것도 아니고, 그냥 신라에 항복한 패배자일 뿐이다. 중간에 괜히 선조로 끼워 넣을 필요가 없는 존재이다. 위대한 원조 김유신만 조상으로 기록하고, 대사는 흥무대왕의 몇 대손이라고 하면 되지, 아무런 공도 없는 귀순자를 비문에 기록할 하등의 이유는 없다. 왜냐하면 굳이 '우리 선조 아무개는 아무런 공(功)이 없는 분이다.'라고 기록할 필요가 없기 때문이다.

하지만 비문에 대사의 선조를 기록한 것은 그의 선조가 가계에서 분명한 역할이 있었음을 의미한다. 시조는 아니더라도 중시조(中始祖) 정도의 위치가 되었다는 뜻이다. 대개 중시조는 나라에 공을 세우든지 또는 가문을 발전시키거나, 가문에 어떤 획기적인 전환을 가져왔을 때 주어지는 명예로운 칭호이다. 아니면 한 지역에 살던 가문이 다른 지역으로 옮길 때 주도적인 역할을 한 조상에게도 주어지는 호칭인데, 초발성지가 바로 그러한 역할을 했던 것이다. 그리고 이때 중시조가 정착한 지역이 가문의 관향(貫鄕)이 되기도 한다.

이와 같은 예를 비추어 보아도 비문이나 문헌에 인물을 기록할 때, "○○○은 언제 태어나 아무런 일없이 살다가 죽었다."라는 식으로 기록하지 않는다. 즉 의미 없는 기록은 애초에 할 필요가 없다는 뜻이다. 초발성지가 대사의 선조로 비문에 기록된 이유는 그가 일본열도의 임나국에서 탈출해 신라의 영웅이자 당대 최고 용장인 흥무대왕 김유신에게 귀순했고, 또 그 인연으로 당시의 왕인 선덕여왕에게 그들의 원래 성씨였던 김해 김씨를 하사받은 공로자였기 때문이다.

한편, 여기에서 필자는 '投'를 '투항'으로 풀이했다. 기존의 해석도 대부분은 '투항'으로 해석한다. 그러나 상대국과의 직접적인 전투가 아닌 상황이었던지라 '투항'보다는 '적이었던 사람이 반항심을 버리고 복종하거나 순종함'이라는 사전적 의미의 '귀순(歸順)'이 문맥으로 보면 더 적절하다. 이 글에서도 물론 '투항'이라고 풀이했지만 실제 상황은 '귀순'의 뜻으로 이해하면 좋을 것이다. 그리고 '投'라는 글자가 쓰인 것으로 보아 당시의 임나는 신라에 우호적인 관계를 가진 우방(友邦)이나 동맹국이 아니라 직접이든 간접이든 강하든 약하든 적대국이었다는 것을 의미하고 있다.

흔히 투항이란 용어를 말할 때도 투항하는 사람과 투항을 받는 사람 즉 사람과 사람 간에 일어나는 일이다. 물론 예외가 있지만, 일반적으로 국가와 국가 간에서는 투항이란 용어를 쓰지 않고 병합, 복속, 귀속, 귀부 등의 용어를 쓴다.

흥무대왕 김유신 장군 표준영정

그런데 비문에서 기존 해석처럼 '대사의 선조 임나 왕족 아무개가 우리나라(신라)에 투항하였다.'라고 한다면 투항한 주체도 임나 왕족 누구인지가 불분명하고, 투항을 받아준 상대도 개인이 아닌 국가로 되어 뭔가 명확하지는 않다. 대개 어느 개인이 국가에 항복이나 귀순을 해 오면 구체적인 이름을 명기하고 어느 '王代(왕대)'인지를 표기하는데 여기서는 막연하게 신라에 투항해 왔다는 사실뿐이다. 이 해석에 따르면 투항에서 중요한 요소인 투항의 주체와 시간이 나타나지 않는다는 문제가 있었다.

그러나 필자의 주장처럼 '任那王族草拔聖枝 每苦隣兵 投於我國遠祖興武大王'을 "임나 왕족 초발성지가 매번 이웃 나라의 침략에 괴로워하다가 우리나라의 먼 조상 흥무대왕에게 투항하였다."라고 해석하면 전체적인 내용이 드러난다. **여기에서 보면 투항의 주체는 대사의 선조인 임나 왕족 초발성지이며, 그가 투항한 대상은 국가로는 신라이지만 실제적 대상으로는 국가가 아닌 사람 즉 흥무대왕 김유신으로 명확해진다. 또 투항의 시기도 김유신 생존 당시로 분명해진다. 새로운 해석에 의하면, 신김씨인 진경 대사는 초발성지의 후손으로 김해 김씨인 김유신과 혈연적으로는 직접적 관계가 없다는 것이 뚜렷하다. 이 말은 김유신은 진경 대사의 직계 조상이 아니고 선조 초발성지의 귀순을 받아준 은혜로운 사람이라는 것이다.**

구태여 혈연관계를 논하자면 진경 대사의 알 수 없는 아주 윗대 선조는 가야 출신이다. 그는 수로왕의 후손으로 왕족이었는데, 일본열도로 건너갔다. 대개 본국에서 이주해 새로운 나라를 세우더라도 본국의 왕족이 분국(分國)의 왕이 되는 경우가 많다. 대사의 선조는 본국 가야의 왕족이었거나 또는 왕족이 아닌 김해 김씨 A였는데, 그가 임나국을 세워 왕이 되었다면 B인 그의 형제는 왕의 형제 즉 왕족이 된다. 이처럼 왕족이 되는 데에는 두 가지 경우가 있을 수 있다.

그는 오래전 열도로 가서 정착했고, 대사의 선조인 초발성지의 선조가 되었다. 따라서 그의 후손인 초발성지 또한 왕족이라는 선조의 지위를 물려받았으므로 비에도 당연히 임나의 왕족이라고 새긴 것이다. 이처럼 대사의 윗대 선조들이 일본열도로 갔고, 또 그들의 윗대로 올라가면 김수로왕의 방계(傍系)일 가능성도 충분히 있어 보인다는 점이다. 그렇지만 이들이 김유신과 직접적인 혈연관계는 없다는 게 분명하다. 그런데 이처럼 '아무런 관계가 없는 김유신이 왜 비문의 중요한 인물로 등장하는가?'라는 부분은 심히 의문스럽지 않을 수 없다.

이처럼 비문에서 김유신의 공적을 대단히 높이는 데는 그가 진경대사의 선조인 임나 왕족 초발성지와 매우 특별한 관계였음을 시사하고 있다. 그것은 바로 대사의 선조 초발성지가 투항한 직접적인 대상이 바로 김유신이었으며, 대사의 성이 신김씨인 것과도 깊은 관계를 맺고 있다는 사실이다. 즉, 이 둘의 관계는 귀순자와 귀순을 받아 준 상대였다. 즉 초발성지는 귀순자이고 김유신은 귀순을 잘 인도해 준 안내자이며 보호자였다. 김유신이 비중 있게 등장하는 것은 이러한 두 사람의 특수한 관계 때문이었다.

이렇게 되면 비문에서 말하고 있는 사실은 투항의 대상이 신라라는 국가가 아니라 홍무대왕 김유신이란 개인이 된다. 그러므로 비문의 내용에서 끊어 읽기를 다음과 같이 새롭게 해야 한다. 즉, '每苦隣兵 投於我國遠祖興武大王'을 "매번 이웃 나라의 침략에 괴로워하다가, 우리나라의 먼 조상 홍무대왕에게 투항하였다."라고 수정하여야 한다. 이처럼 대사의 성이 신김씨인 이유가 바로 그의 선조가 홍무대왕(김유신)에게 투항하였기 때문이며, 이웃 나라 왕족이 투항해 왔기에 둘은 함께 당시의 신라 왕인 선덕여왕을 알현했던 것이다. 여왕은 투항해 온 진경 대사의 선조 초발성지가 원래 가야계이고 김유신에게 투항했기에, 김해 김씨인 김유신의 김씨를 사성(賜姓)했던 것이다. 이처럼 신김씨는 김유신의 김해 김씨와 깊은 인연이 있지만, 이후에 서로 구별하기 위해 다르게 부른 것으로 보인다.

〈진경 대사 선조 계보도〉

가) 아국(신라)에 투항할 경우 - 먼 조상(遠祖)은 김유신으로 대사의 직계가 됨

其先任那王族草拔聖枝 每苦隣兵投於我國 遠祖興武大王

김수로왕(草拔) …… 草拔聖枝=시조始祖

↓

흥무대왕 김유신 **遠祖興武大王** 鼇山稟氣鰈水騰精(원조遠祖=김유신)

↓

임나 왕족 ○ ○ ○ **(其先任那王族草拔聖枝 每苦隣兵投於我國)**

(草拔의 성스러운 가지인 선조 ○○○○이 신라에 투항)

↓

진경 대사 …… 大師諱審希 俗姓新金氏

나) 김유신에게 투항할 경우 - 먼 조상(遠祖)은 신라인의 먼 조상 김유신이 됨

其先任那王族草拔聖枝 每苦隣兵 **投於我國遠祖興武大王**

김수로왕

↓

임나 왕족 초발성지 신라의 먼 조상 흥무대왕 김유신

任那王族草拔聖枝 每苦隣兵 投於我國遠祖興武大王

(초발성지가 신라의 먼 조상 김유신에게 투항)

↓

진경 대사(大師諱審希 俗姓新金氏)

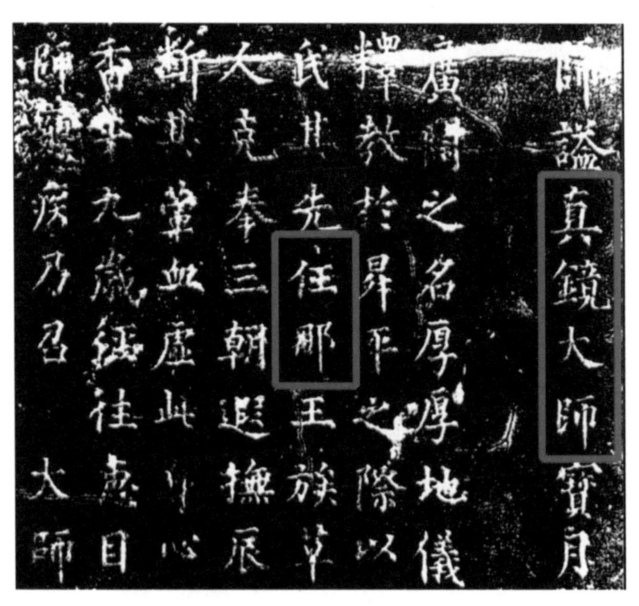

미국 버클리대학교 동아시아 도서관 소장(박장호 제공)

한편 '任那王族'에 나오는 임나는 가야계가 대마도와 일본열도에 진출해 세운 분국[67]이다. 그리고 처음 대마도에서 정착했다가 이후 열도 규슈로 옮겨 살았던 그 후예가 다시 가야계인 김유신에게 투항했고, 신라왕에게서 본래 그들의 성인 김해 김씨를 사성 받았다. 초발성지의 입장에서 보면 조상의 나라였던 한반도로 다시 돌아온 것이며, 본래의 성을 새롭게 회복한 것이다. 신김이라 했지만, 원래

67 이덕일, 『우리 안의 식민사관』, 2018, 57~58쪽. 이 분국은 1963년 북한 학자 김석형이 『삼한 삼국의 열도 내 분국론에 대하여』에서 주장한 것이다. "이 논문이 일본의 『역사평론』에 번역 게재되어 큰 충격을 던졌다고 한다. 이 논문의 골자는 『일본서기』의 신라·고구려·백제·가라 등은 『삼국사기』의 신라·고구려·백제·가야 등이 일본열도에 진출하여 세운 소국, 분국이라는 것이다."

는 복성(複姓) '新金'이 아닌 단성(單姓) '金'이었을 것이다. 다만 오랫동안 한반도에 살아왔던 김해 김씨와 구분하기 위해 신김씨라고 불린 것으로 보인다. 이처럼 신김(新金)이란 신구(新舊) 같은 시간의 개념이 아니라 '원래의 성을 새롭게 회복했다.'라는 의미인 '새로운 김씨'로 보아야 한다.

한편, 일반적으로 역사를 기록할 때는 역사적 사건이 발생했을 '때'와 '장소', '인물'이 등장하는 것은 당연하다. 그런데 신라에 투항했다는 '投於我國'에는 시간을 나타내지 못하는 구조이다. 하지만 투항의 주체가 신라가 아닌 김유신이 되면 특정 시간을 거론하지 않아도 '김유신 생존 시기'라는 시간이 자연스럽게 확정된다. 이 때문에 비문에서는 중복을 피하려고 투항의 시기를 따로 특정하지 않은 것이다.

통상 학계에서 임나를 가야로 등치시키고 김유신을 임나 왕족이라고 한다. 그러나 비문에서 '隣兵(이웃 나라 병사)'의 '隣(이웃 나라)'과 '投於我國'의 '我(신라)'를 달리 쓰고 있어 '隣'은 신라가 아님이 명확하다.[68] 왜냐하면 비문을 쓰는 경명왕이 자국 신라를 '이웃 나라'라고 마치 남의 말 하듯 하지는 않기 때문이다. 초발성지는 괴롭힘을 당한 당사자에게 투항한 게 아니라 그것을 피해 신라로 투항했다는 말이다. 이처럼 임나가 가야라면 가야의 이웃 나라인 신라의 괴롭힘 때문에 신라로 투항한다는 것은 말이 안 된다. 만약 이때 가야와 접한 이웃 나라가 신라가 아니면 백제뿐인데 가야의 왕족이 백제에 괴로워하다가 신라로 투신했다는 역사적 근거 또한 없다. 따라서 임나는 가야

68 조성훈, 『한 상고사』, 2023, 531쪽.

가 아니다. 그리고 김유신 당시에 가야는 이미 멸망하고 없었기에 김유신은 결코 임나 왕족이 될 수 없다.

이처럼 대사의 선조 초발성지는 '아국(我國)'으로 칭한 신라'라는 국가가 아닌 위대한 '우리나라의 윗대 조상(我國遠祖) 홍무대왕 김유신'이라는 개인에게 투항해 온 것이다.

우리나라에서 가장 오래된 충청북도 진천에 있는 김유신의 태무덤(胎室)(국가유산포털)

먼 조상의 주체

비문에 대사의 선조 초발성지가 투항할 때 '遠祖興武大王'이란 용어가 등장한다. 기존 해석에서는 '遠祖興武大王'을 '[대사의] 먼 조상 홍무대왕'으로 해석하여 김유신을 진경 대사의 직계 조상으로 상정했다. 그래서 임나 왕족 '아무개' 또는 '聖枝'를 가까운 조상으로, 김유신을 중시조 격인 원조(遠祖)로, 수로왕을 시조(始祖)로 연결했다. 이처럼 김유신은 대사의 직계 조상이므로 임나의 왕족으로 확정했고, 김유신은 또 가야의 후손이기도 하니 당연히 '임나는 곧 가야다'라는 논리로 비약시켰다.

그러나 김유신(595년~673년)이 태어난 595년에 이미 금관가야는 멸망하고 없었다. 마지막 가야인 대가야가 멸망한 해가 562년이므로 김유신이 나기 33년 전에 이미 어떠한 가야도 한반도에 존재하지 않았다. 가야와 임나가 동일한 나라가 되려면 김유신이 태어났을 때 가야는 존재했어야 한다. 그러나 그가 태어났을 때 가야는 이미 신라에 복속되어 사라졌다. 하지만 임나는 일본열도 쪽에 엄연하게 있었다. 그러므로 임나와 가야를 동일시해선 안 된다. 따라서 임나와 관련된 진경 대사와 그의 선조 초발성지는 가야의 후예 김유신과 혈통적으로 직접적인 관계는 없었고, 다만 귀순자와 안내자라는 또 다른 특수한 관계였을 뿐이라는 점이다.

한가람 역사 문화연구소의 이덕일 소장은 "가야와 임나가 다른 나라'라는 것은 기록으로도 증명이 된다. 가야는 서기 42년에 건국하고, 임나는 서기전 33년에 건국했다. 가야의 최종 멸망은 서기 562년인데 반해, 임나는 서기 646년까지도 존재하고 있다. 건국과 멸망이 완전히 서로 다르다. 이는 가야와 임나가 별개의 나라임을 말해주고 있다. 임나와 가야는 건국 연대, 건국 및 망국 군주, 망국 연대 및 위치가 모두 다르므로 〈임나=가야설〉은 학문적으로 성립할 수 없다. '가'라는 사람과 '나'라는 사람을 같은 사람이라고 주장하려면 생몰연대와 부모의 성함, 주소 등이 일치해야 하는데, 모두가 다른 두 사람을 같은 사람이라고 주장할 수는 없다."[69]라고 주장했다.

만약 임나와 가야가 같은 나라라고 가정하면 대사의 선조 임나 왕족 초발성지는 '김초발'이나 '김초발성지'가 되어야 한다. 왜냐하면 김씨 성(姓)이 아닌 가야 왕족은 있을 수 없기 때문이다. 이처럼 일본식 발음으로 보아 '草拔(쿠사나기)'이든 '草拔聖枝(쿠사나기 세이에)'이든 모두 김씨 왕족의 가야계가 아닌 왜계 임나의 이름들이며 우리 정서의 이름은 전혀 아니다.

이처럼 끊어 읽기를 잘못해 초발성지가 김유신이 아닌 아국(我國) 신라에 투항하였다고 하면 신라(我國)의 먼 조상 김유신을 진경 대사의 조상인 임나국 왕족의 조상으로 오해하게 된다. 전체적인 문맥을 보면 대사의 선조인 초발성지가 투항한 대상은 흥무대왕 김유신임을 말하고 있다. 비문에서 '遠祖'란 진경 대사의 먼 조상 흥무대왕이란 뜻이 아니다. 비문에서 말하는 '遠祖'란 '我國遠祖' 즉 '신라의 먼 조상'을 의미한다. 이는 찬술자인 '경명왕의 입장에서 본 먼 조상'을 의미한다.

비문의 해석에 있어 찬술자인 경명왕의 시점에서 비문을 읽으면 전체가 분명해진다. 국문학자 배상현 교수는 진경 대사 비문의 자료적 성격을 파악하면서 이 비문에 '여제(余製)' '여문(余聞)'이라 하여 왕(余)이 직접 지었고(製) 들은(聞) 내용을 기술한 형식을 취하고 있어 비문에 반영된 내용의 기본 입장이나 정치적인 사안에 대한 평가는 철저하게 친신라적 내지는 친신라 왕실의 시각에서 기술될

69 이덕일, 「가야사 왜 논란인가」, 2022, 51쪽.

가능성이 높다는 전제를 하였다.[70] 이는 상당히 설득력이 있다고 생각한다.

한편 찬술자인 왕의 입장에서 보면 김유신은 통일신라의 초석을 다진 영웅이었다. 신라인들이 김유신에 대한 경외심이 얼마나 컸는지는 경명왕 사후 120여 년이 지나 편찬된 김부식의 『삼국사기』를 보면 알 수 있다. 『삼국사기』 열전이 10권인데, 숱한 인물들을 뒤로하고 〈김유신 열전〉에 3권을 할애하고 있다. 을지문덕, 장보고, 박제상, 최치원, 계백, 연개소문, 궁예, 견훤 등 총 50여 명의 내로라하는 인물이 등장하는데, 김유신 혼자 30%의 분량을 차지하고 있다. 절대적이라 할 수는 없지만, 일반적으로 업적만큼 글의 분량이 정해지는 것으로 볼 때 신라인들에게는 김유신이 거의 신적인 존재로 각인되어 있다는 것을 알 수 있다. 김유신은 사후, 흥덕왕 또는 경명왕 대에 흥무대왕으로 추존된다. 칠천 년 한국사에서 국성(國姓) 이외의 인물이 왕으로 추존된 매우 예외적인 경우이다. 이는 신라 시대에 김유신의 위상이 어떠했는가를 단적으로 보여준다. 그러므로 비문에서 김유신을 매우 비중 있게 다룬 것이다.

경명왕이 재위할 신라 말엽, 고려의 왕건은 나라를 세워 힘을 키워나가고 있었으며, 견훤의 후백제 또한 만만찮은 군사력을 보유하며 신라에 위협을 가하던 시기였다. 경명왕은 밖에서 오는 외침을 막고자 노력했지만, 국력은 점점 쇠약해졌다. 이러할 때 백성들과 왕의 존경을 받았던 국사인 진경 대사마저 유명을 달리했다. 이

70 배상현, 「眞鏡 審希의 활동과 鳳林山門」, 2004, 102~103쪽.

에 왕은 백성들의 마음을 모으고 나라의 정신적 지주였던 스님을 드높이기 위해 존경의 마음을 담아 직접 비문을 짓기로 한다. 특별한 존재였던 대사의 일생을 드높이기 위해서는 대사의 출신성분도 상당히 중요했다. 그래서 왕은 대사의 조상이 신라로 이주해 온 이주민이었지만, 평화를 사랑한 고귀한 왕족 출신이었으며, 귀순한 상대도 보통 사람이 아닌 신라 최고의 영웅 흥무대왕 김유신임을 강조했던 것이다.

이 때문에 많은 부분을 할애해 흥무대왕 김유신에 대한 찬사를 했다. 사실 김유신 장군이야말로 신김씨에 대한 최고의 보증인이었다. 경명왕이 재위한 시기와 김유신 장군이 활약한 시기 모두가 태평성대가 아닌 난세였다. 그래서 난세를 극복한 표상이 될 만한 인물이 필요했는데, 김유신 장군의 무력과 함께 정신의 표상이 될 인물이 진경 대사였다. 이제 비록 정신적 지주는 세상에 없지만, 경명왕과 신라 백성들은 숭고했던 대사의 업적을 기리며 신라의 안위를 빌었다. 이처럼 경명왕의 판단으로는 신라 백성들의 정신적 의지처였던 원효와 의상 대사처럼 진경 대사 또한 백성의 마음을 안정시키기 위해 높이 선양할 필요성이 있다고 보았다.

또 경명왕 자신은 김씨가 아닌 박씨(朴氏)였기에 당시 신라인이 가진 보편적 입장에서 보면 우리나라의 먼 조상 흥무대왕이라고 할 수 있는 연유가 되었다. 그것은 역대 신라의 경주 김씨 왕들과 동급의 왕으로 추봉된 김해 김씨 김유신이 다 같은 소호금천씨(少昊金天氏)[71]의 후손이라는 보편적인 인식이 있기도 했기에 "우리나라의 먼

71 신라 사람들이 자칭 소호금천씨(少昊金天氏)의 후손이라 하여 김(金)으로 성(姓)을 삼았는

조상"이라는 말이 가능했다. 이처럼 당시 신라인들은 경주 김씨이든 김해 김씨이든 원래는 같은 조상에서 시작되었다는 인식이 있었다.

한편, 『일본서기』에서 임나가 완전히 보이지 않는 시기는 효덕천황 2년인 서기 646년이다.[72] 이처럼 임나의 기록이 효덕천황 2년 이후에 나오지 않으므로 임나의 멸망도 이때쯤이며, 일본열도에 살았던 임나 왕족 초발성지가 김유신 장군에게 투항한 시기도 이때로 보인다.

예나 지금이나 토착민의 이주민에 대한 선입견은 있기 마련이다. 대사는 이주민인 임나의 왕족 초발성지의 후손이었다. 가야의 왕족이었던 김유신 장군과 이주민의 후예였던 진경 대사는 신라로 이주해 성공한 이주민의 후손이라는 공통점이 있었다. 신라의 토착 세력은 아니었지만, 각고의 노력을 통해 정신계의 큰 어른이 된 대사를 평소 존경해 왔던 경명왕은 김유신 장군을 역사에서 소환해 백성들의 마음을 모으고 국난을 극복하는 계기로도 활용하고자 했다. 그래서 그는 대사의 선조와 특별한 인연이 있었고, 이전에 흥무대왕으로 추존된 김유신을 다시 불러내 대사의 행적을 아름답게 장식했던 것이다.

그리고 경명왕의 입장에서 보면 김유신 장군은 단순히 신라인의

데, 유신의 비문에도 역시 "헌원(軒轅)의 후예요 소호(少昊)의 직계 후손"이라 하였으니 남가야(南加耶) 시조 수로(首露)도 신라[김씨]와 같은 성씨이다. 『三國史記』 列傳 卷 第四十一 列傳 第一 金庾信 上.

72 "9월. 小德高向博士黑麻呂를 신라에 보내어 볼모를 보내게 하는 동시에, 신라에서 임나의 조공을 바치게 하는 것을 폐지했다." 최박광, 『일본서기/고서기』, 2021, 520쪽.

위대한 조상만이 아니었다. 왕 자신의 입장에서 보아도 김유신 장군은 일반인이 아니라 왕으로 추존된 위대한 인물이다.[73] 그것도 그냥 왕이 아닌 대왕(大王)으로 추존된 특별한 인물이다. 나라를 세운 것은 아니지만 삼국통일의 최고 공로자로 공인됐고, 신분 또한 경명왕 자신과 같은 왕의 지위였기에 김유신 장군을 높여 ‘우리 신라의 윗대 조상(我國遠祖)’이라고 찬했던 것이다. 이처럼 원조(遠祖)란 진경 대사의 먼 조상이 아니라 당시 우리나라 신라의 영웅 또는 왕으로서 경명왕 자신의 윗대 조상 격인 흥무대왕 김유신을 지칭하는 또 다른 말이었다.

‘遠祖’의 다른 의미

현시대 우리나라에서는 친가와 외가의 구분이 분명하다. 그러나 통일신라 시대나 고려 시대만 해도 친가와 외가의 구분이 따로 없었다. 예를 들면『삼국유사』「가락국기」에 신라 제30대 문무왕이 수로왕릉에 제사 지낼 것을 명하면서 “시조 수로왕은 어린 나에게 있어서 곧 15대 시조가 된다.”[74]라고 하였다. 이처럼 “외가 쪽으로”라는 언급 없이 그냥 ‘十五代始祖’라고 기술하고 있다. 문무왕의 어머니는 김유신의 둘째 여동생인 문희였다. 그래서 모계인 외가로 올

73 추존 시기:『三國史記』〈興德王 代〉.『三國遺事』〈景明王 代〉.『三國史節要』〈景明王 7年條〉〈興德王 10年條〉.『東國通鑑』〈興德王 10年條〉.『東史綱目』〈興德王 10年條〉

74 『삼국유사』권2 기이. “元君於幼沖人 乃爲十五代始祖也”

라가면 김해 김씨의 시조 김수로왕을 만나게 된다.

위 좌로부터 소호금천씨, 김수로왕, 태종무열왕 김춘추, 문무왕 김법민, 흥무대왕 김유신

경명왕의 어머니인 의성왕후는 신라 김씨(경주 김씨)였다. 왕의 외가가 김유신과 같은 김해 김씨는 아니었다. 그러나 문무왕은 부계인 경주 김씨와 모계인 김해 김씨의 피를 함께 이었으므로 양성(兩姓)을 모두 조상으로 여겼다. 물론 경명왕 자신은 박씨였지만 모계

는 경주 김씨, 김해 김씨가 모두 섞여 두 성 모두를 조상의 성씨로 여겼던 것 같다. 과거 신라는 밀양 박씨, 월성 석씨, 경주 김씨가 돌아가면서 왕위를 이어온 나라였다. 비문의 찬술자 경명왕의 입장에서 보면 왕의 성씨인 박, 석, 김씨뿐만이 아니라 왕후의 성씨들인 외가도 같은 조상으로 여겼기에 "우리나라의 옛 조상" '我國遠祖'라는 표현을 쓴 것으로 보인다.

『삼국사기』(권 41) 〈김유신조〉에 "신라인들은 자신들이 소호금천씨((少昊金天氏)의 후예라고 여겼기 때문에 성을 김(金)이라 한다고 하였고, 김유신의 비문에도 '헌원(軒轅)의 후예이며, 소호의 자손'이라고 하였다. 그렇다면 "남가야 시조 수로도 신라와 성이 같았다."[75]라는 기록을 보면 김해 김씨와 경주 김씨가 같은 김씨의 인식을 가지고 있었다. 이처럼 고대에는 조상에 대한 관념 또한 친가와 외가의 구분 없이 같은 조상으로 인식하였던 때도 있었음을 고려해야 한다.

75 羅人自謂少昊金天氏之後 故姓金 庾信碑亦云 軒轅之裔 少昊之胤 則南加耶始祖首露與新羅 同姓也

3장

임나는 어디에 있었나

대일항전기 촬영한 진경대사사리탑(국립중앙박물관)

1.
불확실한 임나의 위치

임나는 한반도에 없었다. 임나가 한반도의 가야라면 경명왕이 비문을 지을 때 대사의 선조는 임나 왕족이 아니라 가야 왕족이라고 분명하게 기록했을 것이다. 그 이유는 만약 임나가 가야의 별칭이라 가정해도 멀쩡한 국명인 가야를 놔두고 별칭인 임나를 쓸 리가 만무하기 때문이다. 특히 공식 문서와도 같은 비문에 정식 국가명이 아닌 이명(異名)을 쓴다는 것은 납득하기 어렵다. 그것도 대사를 선양하는 게 목적인데 공식적인 국명을 놔두고 그보다 격이 낮은 별칭을 쓸 리가 없다.

왕은 대사를 높이기 위해 자신이 직접 비문을 지었다. 그런데 당시 우리나라에서 일반화되지 않았던 생소한 국명인 임나를 쓴다는 것은 전혀 합리적이지 않다. 만약 경명왕이 인식하는 임나가 가야였고 한반도 내에 있었다면 대사의 선조를 '가야 왕족'이라고 분명히 특정했을 것이다. 왜냐하면 경명왕 당시는 가야가 이미 사라진지 오래됐지만, 왕이 가야를 모르진 않았기 때문이다. 그런데 경명왕이 '임나 왕족' 또는 '주변국' 운운하는 것을 보면 왕 자신도 대사의 선조가 열도의 임나 출신이라는 것만 알 뿐, 임나의 명확한 위치는 모르고 있었던 것 같다. 그 이유는 경명왕이 재위할 당시보다 300여 년 전에 임나도 이미 역사에서 사라졌기 때문이다.

임나는 『일본서기』에서도 646년 이후로는 보이지 않는데, 이는 대사의 선조 초발성지가 김유신에게 투항한 시기와도 무관하지 않아 보인다. 646년은 선덕여왕(재위 632~647) 말년으로 김유신의 나이 50세가 되는 해이다. 『삼국사기』 〈열전 김유신조〉에는 서기 645년 정월에 김유신은 백제가 매리포성을 공격해 오자 패퇴시켰고, 3월에 백제가 다시 공격해 오자 집에 들르지도 않은 채 다시 전장으로 떠났다. 이때 집을 지나치며 집에서 "물을 가져오라." 하여 마시고는 "우리 집 물맛은 여전히 옛날 그대로구나!"라고 했던 다음 해에 해당된다. 이 시기는 김유신의 군사적인 활약이 매우 왕성했던 시기였고, 용장으로 나라 안팎에서 이름을 떨치고 있던 시기였다.

비문의 기사 "그 선조 임나 왕족 초발성지가 매번 이웃 나라로부터 괴로움을 당하다가 우리나라의 먼 조상 흥무대왕에게 투항하였다."라는 대목을 보면 여기에서 대사의 선조는 매번 이웃 나라로부터 괴로움을 당한다고 말하고 있다. 만약 여기에서 일각의 주장처럼 임나가 가야라면 가야의 이웃 나라는 신라와 백제다. 그러나 「신라본기」와 「백제본기」뿐 아니라 그 어떤 문헌에서도 김유신 당시, 신라와 가야 또는 백제와 가야의 충돌 기사는 없다.

왜냐하면 김유신 생존 당시에 가야라는 나라가 아예 존재하지도 않았기 때문이다. 나라가 존재하지도 않는데, 어떻게 주변국과 싸울 수 있단 말인가? 그러므로 김유신에게 투항한 대사의 선조 임나 왕족 초발성지를 괴롭힌 나라는 신라나 백제가 아니라 일본열도에 있었던 나라였다. 문맥으로 보아도 대사의 선조 초발성지의 투항 대상은 신라의 김유신이 맞고, 당시에 가야는 이미 없었다는 것도 분명한 사실이다. 따라서 김유신 생존 당시 임나는 존재했지만, 그 위치는 한반도가 아닌 일본열도였고, 가야는 이미 사라진 나라였기에 두 나라는 전혀 다른 별개의 나라다.

위의 임나 멸망 시기를 일본서기에 등장하는 임나의 마지막 기록으로 상정하면 서기 646년인데, 당시의 일본열도는 왜가 지배하던 시기였고, 왜와 백제는 매우 밀접한 관계를 맺고 있었다. 비문에서 초발성지가 주변국으로부터 괴로움을 당했다는 내용은 왜에 속했던 소국 임나가 왜 또는 왜의 다른 제후국들에 괴롭힘을 당했다는 것을 말해주고 있는 내용이다. 그 때문에 임나의 왕족 초발성지는 왜와 한 몸인 백제로 투항할 수가 없었다. 그래서 그는 당시에 적국으로 신라에 몸담고 있던 김유신에게 투항했다. 이런 정황을 보면 임나는 원래 가야계가 세운 소국이었는데, 이후에 백제가 열도를 장악하면서 그에 복속된 것으로 보인다.

한편, 당시 백제와 격전 중이던 신라로서는 적 또는 적의 동조자가 투항해 오는 것이라 그 가치가 평화로울 때와는 또 달랐다. 따라서 투항해 온 대사의 선조 임나 왕족 초발성지에 대한 예우도 특별할 수밖에 없었다. 그것이 바로 투항의 상대인 당시의 용장 김유신의 성씨인 김해 김씨를 사성 받은 원인이 되었을 것이다. 사성을 받은 초발성지 입장에선 가야의 왕손 김유신의 성씨이자, 원래 자기 선조의 성씨인 김해 김씨를 사성 받는 것은 커다란 영광이었다. 그러나 김유신의 김해 김씨와 구분해야 했기에 신김씨라고 불렸던 것으로 보인다.

이와 같이 임나가 열도 안에 있었다면 모를까 한반도 안에 있는 가야와 같다는 것은 논리적으로 불가능하다. 비를 찬술한 경명왕은 초발성지를 괴롭힌 주변국이 한반도에 있는 신라나 백제였다면 당연히 주변국이라 하지 않고 간단히 신라와 백제라고 특정했을 것이다. 왕은 대사의 선조가 일본열도의 임나 출신임은 분명히 알았다. 하지만 세월이 흘러 임나의 위치가 구체적으로 어디인 줄은 그도 알 수가 없었고, 대사 가계의 자료만을 근거로 비문을 썼던 것이다.

2.
『송서(宋書)』 〈왜국(倭國)조〉의 임나 기록

임나의 세 가지 기록 가운데 「광개토태왕비」에 나오는 임나가라는 한 개의 국명을 가리키는 한 개의 명사인지, 두 개 국명을 가리키는지 모호하다. 다만 〈경자년조〉의 '倭背急追 至任那加羅 從拔城城卽歸服'에서 종발성(從拔城)을 명사로 보면 문맥상 1개의 국가로 볼 수도 있다. 하지만 『송서(宋書)』 〈왜국(倭國)조〉에 나오는 아래의 임나가라를 보면 두 개의 국가로도 보인다.

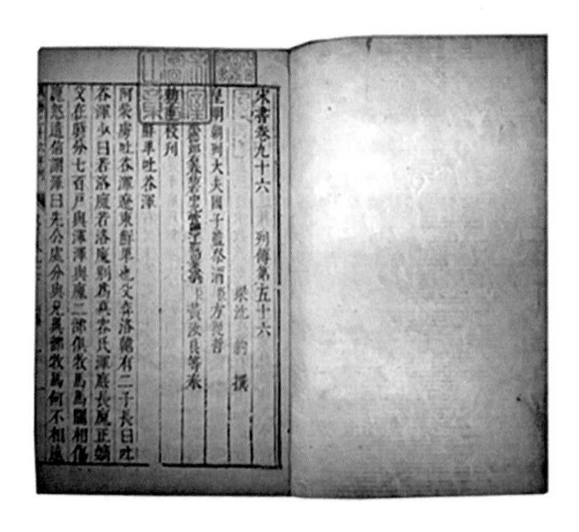
宋書卷九十六　列傳第五十六
梁　沈約　撰
鮮卑吐谷渾
阿柴虜吐谷渾遼東鮮卑也父弈洛韓有二子長曰吐
谷渾少曰若洛廆若洛廆別為慕容氏渾庶長廆正嫡
父在時分七百戶與渾渾與廆二部俱牧馬馬鬬相傷
廆怒遣信謂渾曰先公處分與兄異部牧馬何不相遠

서울대 규장각에 있는 송서(宋書)

세조의 대명 6년(462) 조서에 이르길, "왜왕 세자 홍(興)은 세대가 바뀌어도 충성으로 해외의 번병(藩屏)이 되었으며, 품화(稟化: 感化. 敎化)되어 지경(地境)을 편히 하고 공손히 공직을 닦는 도다. 새로이 변방의 업(왕위)을 이었으니 마땅히 작호를 줌이 가하므로 '정동 장군 왜국 왕'이라 한다." 홍(興)이 죽고 아우 무(武)가 왕이 되어, 스스로 '사지절도독 왜·백제·신라·임나·가라·진한·모한 7국 제군사 안동대장군 왜국 왕'이라 칭하였다.[76]

즉 임나가라는 임나와 가라 두 개의 나라를 말하고 있다. 다만 여기에서 언급하고 있는 "사지절도독 왜·백제·신라·임나·가라·진한·모한 7국[77] 제군사 안동대장군 왜국 왕"이라는 봉호 관직은 왜왕 무(武)가 자칭(自稱: 스스로 칭함)한 것일 뿐 아니라, 그 지역이 한반도가 아닌 왜의 지역으로 추정된다. 왜냐하면『송서』는 남조 양(梁)의 심약(沈約)이 제(齊)의 무제 5년(487)에 칙명을 받아 그 이듬해인 488년에 완성되었는데, 같은 책 〈백제국조〉에 다음과 같은 내용이 나오기 때문이다.

백제국은 본디 고[구]려와 더불어 다 같이 요동의 동쪽 천여 리 밖에 있었으나, 그 후에 고[구]려가 요동(遼東)을 공략하여 다스리

76 世祖大明六年, 詔曰: [倭王世子興, 奕世載忠, 作藩外海, 稟化寧境, 恭修貢職. 新嗣邊業, 宜授爵號, 可安東將軍.倭國王.] 興死, 弟武立, 自稱使持節.都督倭百濟新羅任那加羅秦韓慕韓七國諸軍事.安東大將軍.倭國王. -『宋書』卷九十七 列傳 第五十七. 〈高句驪國.百濟國.倭國〉조

77 여기에서 나라의 숫자가 일곱인지 아니면 모한에 속한 소국이 일곱 개인지는 다시 따져 보아야 한다.

고, 백제는 요서(遼西)를 공략하여 다스렸다. 백제가 다스리는 치소(治所: 도읍지 또는 관공서가 있던 곳)를 진평군 진평현이라고 일컫는다.[78]

고 하였으니, 당시 백제의 군사력이 대단히 강성했음을 알 수 있다. 그러므로 왜가 강력한 백제를 영향권 아래에 두고 다스린다는 것은 어불성설이다. 그리고 광개토태왕릉비에 나오는 임나가라의 위치는 고구려군의 추격으로 왜가 자기들의 본거지인 대마도와 규슈로 도망갔기 때문에 그 위치는 한반도가 아닌 일본열도로 볼 수밖에 없다.

또 「강수열전」에 등장하는 임나가량은 중원경 사람인 강수의 원래 출신지를 일컫는 지명인데, 강수의 이름이 우두(牛頭)였고, 아버지는 석체(昔諦)이니 강수 역시 석 씨이다. 두 사람은 석탈해(昔脫解)의 후손임이 분명하고, 석탈해는 다른 나라인 용성국 또는 다파나국에서 온 사람이라고 한다.[79] 따라서 임나가량은 한반도가 아닌 왜의 소국 정도쯤의 지명으로 볼 수밖에 없다.

---

78 百濟國, 本與高驪俱在遼東之東千餘里, 其後高驪略有遼東, 百濟略有遼西. 百濟所治, 謂之晉平郡晉平縣. -『宋書』卷九十七 列傳 第五十七. 高句驪國.百濟國.倭國 조.

79 「강수열전(强首列傳) "본(本)"의 재해석을 통한 임나가량(任那加良) 위치비정」 이완영 『역사와 융합』(2022)

3.
'草拔'의 풀이를 통한 임나의 위치

일반적으로 이름을 말할 때는 성명(姓名)을 지칭한다. 성(姓)은 관향(貫鄕)으로 주로 시조나 중시조의 본관(本貫)을 말한다. 이는 동이족의 뿌리 깊은 전통이며 그 유래는 오래전까지 소급된다. 또 성명을 표기하는 한자는 한족(漢族)이 아니라 한족(韓族)인 '동이 기원설'이 있고 성명의 유래 또한 동이족으로 시작된다고 한다.

중국학자 양관(楊寬)은 논문집 〈古史辯〉에서 "동이는 은나라 사람과 동족이며, 그 신화 역시 뿌리가 같다.(東夷與殷人同族 其神話亦東源)" 중국학자 필장복(畢長樸) 또한 "중국 문자가 만들어진 것은 필시 중국 중원에서 시작된 것이 아니라 그 계통은 멀리 추운 북방에서 시작된 것을 계승한 것이다."(中國文子之制作 必非始于中國中原 而係遠始于寒的北方)[80]라고 말했다.

일본열도에서 발견된 고고학적 유물을 보면 기원전부터 대륙의 동이족들이 지속적으로 건너갔음을 보여준다. 흔히 '도래인'으로 불렸던 그들은 고조선과 부여 그리고 삼국과 가야의 후예들로 열

80 최춘태, 『갑골음으로 잡는 식민사학 동북공정』, 2017, 29~30쪽.

도의 새로운 개척자들이었다. 그들이 이주해 갈 때 대륙의 문화와 풍습뿐 아니라 사용했던 언어가 전해지고 사용됐다는 것은 무척 자연스러운 일이다.

특히 가야의 분국이었던 임나국 사람들이 사용한 언어 역시 한반도 남부의 가야어 또는 삼국의 언어임은 분명하다. 다만 시대와 정치적 상황 변화로 인해 어느 나라의 언어가 주도적으로 사용되었는지 확정할 순 없지만, 현재의 일본어나 일본의 고어(古語) 속에는 상호 유사성을 부인할 수 없을 정도로 그 흔적이 많이 남아 있다.

'草拔聖枝'의 '草拔' 또한 언어의 변천을 겪어 왔다. 지금 현대 일본어 발음은 '쿠사나기'로 읽힌다. 그러나 고대에는 '草拔'이 '가야의 벌판'이라는 '가라벌'로 불렸다. 한자 '韓', '唐', '辛'과 함께 '草' 또한 '가야'로 발음했다. '原'은 벌판을 뜻하며 '拔'로 소리 난다. 윤내현 교수의 『한국 열국사 연구』에 의하면 일본열도에는 고대로부터 지금까지 수백 개의 가야 계통 지명이 존재했는데 '가야하라'로 불렸던 '초원'(草原)도 그중 하나이다. 이때 '草'는 '가야'로 '原'은 '하라'로 발음했다.[81] 그리고 고대에 '拔'은 '벌' '발' '불' 등으로 음이 서로 넘나들었다. 그래서 처음에 '가야의 벌판'이란 뜻인 '가야벌'이 한자로 표기될 때 '草拔'로 표기했던 것이다.

국문학자 이병선 교수는 '草拔'은 'sai-bərə'로 발음되며 그 위치는 대마도 좌호(佐護)로 비정했다.[82] 'sai-bərə'에서 'sa'의 'ㅏ'는 뒤의 'i'

81 윤내현, 『한국 열국사 연구』, 만권당, 2016, 605쪽.

82 이병선, 『임나국과 대마도』, 1987, 48쪽. "草拔은 sai-bərə('草'의 訓 '새')의 표기로 보이며, '匝羅'도 거의 이와 같은 sa-bərə의 표기로 보인다. 草羅는 so-urə(草의 일본음 sou)의 표기로, 이는 bərə의 b가 u로 변이한 것이다. 이는 對馬 上島의 左護에 있었던 지명으로 보인다.

즉, 'ㅣ'와 합쳐져 두 개의 모음이 하나의 모음 'ㅐ'로 발음되는 〈I-breaking 현상〉에 의해 'sae'로 변한다. '사이버러'는 '새버러', 즉 '새벌'로 된다. 새벌은 '새 땅'을 의미하는데 가야에서 보면 대마도는 새로운 땅이었다. 그가 대마도라 주장하는 '草拔'은 지형학적 위치로만 보아도 서로 깊은 관계가 있을 수밖에 없다. 왜냐하면 옛 가야의 영토인 부산과 김해에서 바다를 관망하면 대마도는 가시거리에 있는 가까운 섬이기 때문이다. 고대 가야인들은 새로운 땅에 대한 호기심이나 영토의 확장 또는 경작과 경제적 이익, 정치적 목적 등을 위해 대마도에 갔을 것이다. 고대 가야인들이 대마도로 집단 이주해 규모가 커졌을 때 그들은 가야의 소국을 세웠고 어떤 의미 있는 이름을 붙여 임나라고 불렀다.

음운학자 최춘태 박사는 '任那'의 어원은 '맡길 任', '나라 이름 那'에서 왔으며 '맡긴 나라'라는 뜻이 있다고 한다. 즉 가야 본국에서 '관리를 파견해 맡겨 통치한 나라'란 의미가 있다는 것이다.[83] 진경대사의 선조 초발성지에서 나타난 초발을 지역 명칭으로 가정해 언어학적 추찰(推察)을 하면 이병선 교수의 주장처럼 대마도일 가능성이 있다. 또 임나의 흔적이 대마도뿐 아니라 북규슈와 오카야마현 기비(吉備) 등에 나타나는 것을 고려하면 대마도의 초기 임나가 이후 열도 여러 곳으로 분화해 간 것으로 보인다. 그러므로 임나는 대마도와 일본열도의 특정 지역이라고 보아야 한다. 한반도 남부가 아닌 것이다.

83 최춘태 (사)갑골문갑골음연구원 이사장 2024년 1월 21일 18:00~18:30 인터뷰

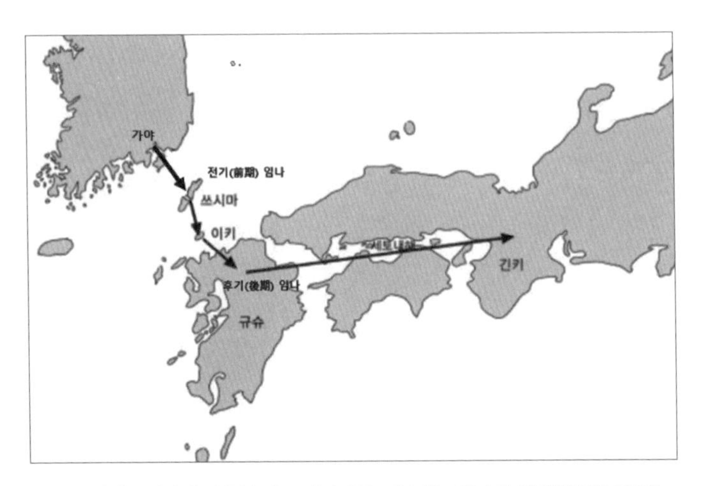

초기 대마도에서 후기 규슈와 오카야마로 이동하는 임나의 위치(김성문 제공)

광개토태왕릉비에 보이는 '임나가라'의 위치는 전기 임나인 대마도이다. 그러나 진경대사탑비에 나오는 임나는 『일본서기』 〈숭신 65년조〉에 나오는 후기 임나로 북규슈에 있었던 임나 소국이었다. 향후 추가적인 연구로 '草拔'의 정확한 옛 위치를 규명하면 대사의 선조와 한·일 고대사의 비밀을 푸는 데 매우 중요한 단서가 되리라 생각한다.

ꕥ 위험한 행진곡 '임나 한반도설'

한국은 지금 역사 전쟁 중이다. 외적으로는 중국의 동북공정과 일본의 역사 침탈에 맞서 싸우고 있으며, 내적으로는 주류 강단사학과 민족사학이 치열한 내전(內戰)을 치르고 있다. 그런데 후자와 같은 현상은 매우 예외적인데, 왜냐하면 자국의 역사를 두고 같은 나라 국민끼리 맹렬하게 싸우고 있기 때문이다. 오늘날 한국은 자국의 역사를 지키려는 쪽과 역사를 팔아먹으려는 쪽으로 편을 나눠 치열한 공방전을 펼치고 있는데, 어쩌다 보니 본인도 그 흐름 속에 있게 되었다.

현재의 전황을 살펴보자면, 지난 100여 년간 치렀던 역사 전쟁의 양상이 국지전이라면 지금은 전면전이다. 또 이전에는 견해를 달리하는 양측 진영이 학자들 중심으로 논쟁하는 것이 대부분이었다면, 지금은 역사에 관심을 가진 일반 국민도 이 전투에 적극적으로 참여하고 있다는 게 다른 점이다. 그동안 필자가 연구하는 분야는 가야불교를 비롯한 가야사 정도였다. 그런데 최근 가야와 관련된 임나(任那) 문제를 다루다 보니, 광개토태왕릉비와 진경대사탑비까지 연구의 영역이 확장되었다. 이처럼 임나는 우리나라에서 가야사를 연구하는 사람이 반드시 거쳐야 하는 통과의례와 같다.

사실 임나 문제를 처음 대두시킨 당사자는 일본육군 참모본부였다. 일제는 한반도를 침략하기 위한 정한론(征韓論)의 근거를 마련하기 위해 1882년『임나고』와『임나명고』를 출판하면서 '임나는 가야다'라는 〈임나 가야설〉을 조작해 냈다. 용어의 차이는 있지만 '임나 가야설'과 '임나 한반도설'은 같은 의미이다. 그런데 정작 심각한 문제는 해방된 지 80년이 지난 지금까지 가야사 주류사학계는 일제가 던져준 프레임에 갇혀 아직도 그들의 학설을 맹종하고 있다는 점에 있다. 일제는 '한반도 침탈'이라는 악의적인 목적을 위해 가야를 임나로 둔갑시켰다. 그러나 여기에는 많은 문제가 있기에, 민족사학 측은 식민사관으로 점철된 임나사를 걷어내고 원래의 가야사를 복원해야 한다고 주장한다. 하지만 해방 후에도 일제의 식민사관을 청산하지 못한 가야사 주류사학계는 오늘날까지 가야와 임나가 같은 나라라고 억지를 부리고 있다.

그럼 과연 임나가 가야라는 주장이 사실일까? 식민사학자들이 근거로 제시하는 문제의 고대사서 『일본서기』에는 임나가 자그마치 215회나 등장한다. 따라서 여기에 등장하는 임나에 대한 설명이 한반도의 가야와 일치한다면 임나는 가야가 맞다. 그런데 만약 여기에 나오는 임나에 대한 묘사가 한반도의 가야와 다르다면, 임나는 일본열도에 있었거나 아니면 이 기록을 허구로 보아야 한다. 그럼 『일본서기』에 등장하는 임나 가운데 그 첫 번째와 두 번째 기록부터 살펴보자.

임나에 대해 처음 기록된 곳은 임나의 위치를 말하고 있는 그 유명한 〈숭신 65년 조〉의 기사이다. 여기에는 아래와 같이 적혀 있다.

> **65년 가을 7월 임나국이 소나갈질지를 보내 조공을 바쳤다. 임나는 축자국으로 이 천여 리 가고, 북쪽은 험한 바다이며, 계림의 서남쪽에 있다.**

여기에서 뒤 구절인 임나의 위치에 대한 부분은 학자들 간의 다양한 주장이 있기에 차치하고, 먼저 앞 구절에 나오는 "65년(기원전 33) 가을 7월 임나국이 소나갈질지를 보내 조공을 바쳤다."라는 곳을 보자. 이 부분은 임나에 대한 첫 구절인데, 결론을 말하자면 그 시작부터 완전히 틀려버렸다. 왜냐하면 숭신 65년은 서기전 33년인데, 이때 가야는 아직 건국조차 되지 않았기 때문이다. 진실은 가야가 이로부터 75년 후인, 서기 42년에야 건국된다는 사실이다. 임나가 가야라면 이때 가야라는 나라도 없는데 어떻게 '소나갈질지'라는 인물을 왜에 보내 조공까지 바친단 말인가. 미래로 사신을 보내 조공했다는 것으로 확실히 변조된 기사이다.

이처럼 『일본서기』의 임나는 첫 기사부터 엉터리다. 더구나 위 기사는 언제인지 알 수 없으나 기원전 33년에 임나가 비로소 건국된 게 아니라고 말하고 있다. 기록만 보면 이때보다 훨씬 더 이전에 임나가 건국된 것처럼 보여 먼저 생긴 임나가 결코 뒤에 생긴 가야의 별칭이나 이칭이 될 수는 없다. 진실은 가야가 선(先)이고 임나가 후(後)인데, 일본의 역사가 한반도보다 더 오래됐다고 주장하려다 보니 임나가 먼저 건국했고 가야가 뒤에 생긴 것처럼 기록을 변조한 것이다.

그럼, 임나에 대한 두 번째 기사는 사실일까? 다음의 〈수인천황(垂仁天皇) 2년 조〉 기사에는 임나와 신라의 사이가 나빠진 원인을 말하고 있다.

이 해에 임나 사람 소나갈질지가 "고향으로 돌아가고 싶습니다." 선황(先皇) 시대에 건너와서 그때까지 돌아가지 않았던 것이리라. 천황은 소나갈질지를 후하게 대접하고 붉은 비단 100필을 내려 임나왕에게 보냈다. 그런데 도중에 신라인이 이를 탈취해 버렸다. 두 나라의 싸움은 이때부터 시작되었다.

라고 나온다. 하지만 수인 천황 2년은 서기전 28년으로 가야가 건국되기 70년 전이다. 그리고 임나가 가야라면, 임나 즉 가야와 신라가 비단 100필 때문에 서로 싸웠다고 하는데, 말도 안 되는 이야기다.

물론 이 당시 신라는 이미 나라를 세운 지 30여 년이 지났다(신라, 서기전 57년 건국). 하지만, 문제는 서기전 28년 즉, 수인 천황 2년인 이때도 가야는 아예 존재하지도 않았다는 점이다. 가야라는 나라가 없는데 어떻게 신라와 싸울 수 있단 말인가. 또 가야와 신라가 비단 100필 때문에 갈등이 시작되었다는 황당한 이야기는 사실, 일본 열도내의 소국인 가야의 분국 임나와 한반도 신라의 분국(分國)으로 열도에 있는 신라 간의 다툼으로 보면 어느 정도의 가능성은 있다. 만약 그게 아니라면 그냥 한낱 소설에 불과하다.

그런데 한 가지 유의할 점은 가야라는 나라도 없는데 어떻게 임나라는 가야의 분국이 먼저 있을 수 있느냐? 하는 의문이다. 일본의 역사를 조금이라도 들여다본 사람들은 알겠지만, 일본은 자국의 역사를 오래된 것처럼 보이기 위해 고대 국가의 건국 연대뿐 아니라 고대사를 적어도 수백 년 앞당겨 기록했다. 임나 역시 그러한 관점에서 수백 년 앞으로 끌어올려 기록한 결과 분국(分國)이 본국(本國)보다 먼저 건국했다는 모순을 안게 된 것이다.

이후의 기록들도 살펴보면 일본열도의 임나라면 모를까, 한반도 임나라면 거들떠볼 필요조차 없는 기사들뿐이다. '임나 한반도설'의 진실은 간단하다. 고토 회복을 명분으로 일제가 만들어 낸 거짓 학설이다. 그래서 임나의 첫 번째와 두 번째 근거부터 이런 모순들이 넘쳐나는 것이다. 그런데도 가야사 주류사학계는 '임나 한반도설'에 목을 맨다. 특히 요즘 더욱 악착같이 일제의 식민사학을 변호하는 그들의 모습을 보고 있노라면 사뭇 애처로운 생각까지도 든다.

'대일본정부지폐'가 새겨진 일원짜리 화폐

대저 역사학이란 시간과 공간을 기록하는 학문이다. 그런데 가야사 주류사학계는 사실을 말하는 우리의 기록을 뒤로하려 한다. 그러면서 엉터리 시간에다 엉터리 공간을 기록한 『일본서기』를 '독이 든 복어'에 비유하며 독소를 제거해 이를 뼈대로 가야사를 바로 세우겠다고 호언한다. 다른 분야도 아닌 우리의 역사학자들이 자국의 역사를 지키기는 고사하고 어지럽히고만 있는데, 이들은 과연 어느 나라 국민인지 묻고 싶다.

언제까지 바보들의 행진이 계속될진 모르겠다. 하지만 우리 역사를 지키려는 시민 사학자들과 깨어나는 국민으로 인해 그들의 역사 장사도 이제 급격한 사양길로 가고 있음을 실감하는 요즘이다. 완전히 곪아 터져야 새살이 나고, 중한 병도 나으려면 명현반응이 있게 마련이다. 지금 겪는 역사 전쟁은 우리 역사가 바로 서기 위해서는 반드시 거쳐 가야 할 과정 중 하나이다. 한바탕 진통이 있겠지만 아픈 만큼 성숙해지고, 고난 뒤에는 영광도 있을 것이다. 이런 작금의 현상을 보면서 오히려 대한민국의 미래가 밝아오고 있다는 것을 확신하고 있다.

4.
신김씨의 또 다른 흔적들과 비문의 올바른 해석

ꕥ 비편과 찰주에 나타난 '新金'

7세기의 당대의 고승이었던 의상(625~702)이 출가했다는 경주 황복사에서 출토된 비편과 백제의 아비지가 창건했다는 황룡사의 찰주본기에 3인의 '新金'에 관한 기록이 있다. '奈麻 新金季□'은 「皇福寺 碑片」에 그리고 '赤位 大奈麻 臣 新金賢雄'과 '靑位 奈麻 臣 新金平矜'은 「皇龍寺 刹柱本記」에 등장한다.

황룡사 구층목탑 금동 찰주본기(국립경주박물관)

물론 이때 신김씨의 연원을 알 수 없다. 연구자들 가운데는 가야의 김씨 또는 원래의 성이 김씨였던 중원의 신나라 건국자 왕망의 후손이라고도 한다.[84] 그런데 가야의 김씨가 신김씨로 불린 전례가 없다. 또 왕망의 신나라는 멸망하고 난 후 그의 후손들이 한반도로 정착해 신김씨를 칭했다고 말하지만, 하나의 떠도는 설에 불과할 뿐 근거가 없기에 학계에서 인정받지는 못하고 있다.

또 일각에서 경주에 뿌리를 둔 김씨를 '舊金'이라 하고 신라에 이주해 온 가야계를 '新金'이라 추론한다. 하지만 이병선 교수는 "신라 김씨 즉 경주 김씨의 시조 김알지는 김해 김씨의 수로왕이 나라를 세운 서기 42년 이후인 서기 65년 탄생하였으므로 경주 김씨의 입장에서 김해 김씨는 신김씨라는 말이 성립되지 않는다."[85]라고 했다.

따라서 신김씨의 연원에 대해서는 이러한 추론보다 진경대사탑에 나오는 신김씨를 살펴볼 필요가 있다. 왜냐하면 황복사 비편과 황룡사 찰주본기에 보이는 3인의 신김씨의 실체가 진경대사탑비에 보이는 초발성지 후손일 가능성이 높고, 초발성지가 투항한 지 1~200여 년이 지나서 이들 신김씨가 경주에서 등장하기 때문이다.

통상 학계에서 신김씨 1인이 등장하는 황복사비의 건립 시점은 경덕왕 18년(759)을 경계하여 그 이전으로 보고 있다. 이는 대사의 선조인 초발성지가 김유신에게 귀순한 서기 646년보다 113년 더 지난 후 황복사비가 세워졌다는 뜻이다. 또 2인의 신김씨가 등장하는 황룡사 찰주본기의 제작 시기는 경문왕 12년(872)으로, 이는 초발성지가 투항한 646년보다 222년 뒤에 찰주본기가 만들어졌다는

84 김병모, 「김수로왕과 허왕옥은 어떻게 대화했을까?」, 2011, 32쪽 글에서 서기 23년 왕망이 죽고 나서 한나라에 살던 김씨족이 사라지고 그로부터 20년쯤 지나 한국 역사에 김씨 성이 등장한다고 했다.

85 이병선, 『임나국과 대마도』, 1987, 47쪽

사실이다. 이 정도의 기간이면 수 세대가 흐른 시간이며, 임나 왕족 초발성지의 후손들이 신라에서 충분히 자리를 잡을 수 있는 기간이다.

소급해 보면 임나 왕족 초발성지의 선조들은 가야계였으며, 열도에 가야의 분국 임나를 세워 그곳에서 자리 잡았다. 열도의 벌판에 본국의 이름을 가져와 '가야의 벌판'이라 이름 붙였다. 가야의 벌판은 한자 '草拔'로 표기되었고, 그들의 왕족 중 한 명은 그들이 살던 지역 '草拔'의 관향에 '聖枝'라는 이름을 붙여 '草拔聖枝'라는 그곳의 왜식 이름을 지었다. 그들은 열도에 임나라는 가야의 분국을 세웠고 여러 소국 중의 하나로 성장해 갔다. 그러나 언젠가 본국 가야의 쇠약과 함께 서로 교류가 뜸해졌고, 임나는 왜에 귀속된 것으로 보인다.

그러한 한계적 상황 속에 백제와 연계한 왜와 주변 소국들의 지속적인 군사적 압박이 있었던 정황이 '每苦隣兵'이란 비문의 내용으로 알 수 있다. 그래서 열도에서의 열악한 정치적 상황으로 인해 위기를 감지한 초발성지는 자신들의 원래 뿌리인 가야에 귀순해 왔던 것이다. 이때 임나의 왕족 초발성지뿐만 아니라 임나의 백성들이 함께 집단 귀순해 온 것으로 보인다. 그 이유는 서기 646년 이후에 열도에서는 임나의 기록이 아예 사라지는데, 이는 임나의 완전한 멸망을 의미하며 많은 유민이 발생할 개연성도 있기 때문이다. 그때 남아있던 일부의 임나국인들도 귀순자의 후손 또는 그 일족들이었기에 왜국에서 성씨를 없앴거나 아니면 그들 자신의 생존을 위해 성씨를 바꾸었을 것이다. 그래서 일본 고대에서도 '草拔'이라는 성씨의 흔적을 찾기 어려운 이유이다.

이러한 관계로 보아 앞서 언급한 바와 같이 황복사 비문과 황룡사 찰주본기에 등장하는 新金氏 3인은 김유신에게 투항한 초발성지의 후손들일 수 있다는 점이다. 초발성지는 투항 후 왕에게 김씨 성을 사성 받고 골품제에 의해 신분도 어느 정도 보장받았을 것이다. 또한 3인의 품계가 나마, 대나마라고 하는 6두품의 특정한 신분에 국한된다는 점도 주목할 필요가 있다. 또 위의 3인의 이름이 황복사와 황룡사라는 사찰 두 곳에만 나타나는데, 이는 왕이나 권위 있는 가문이 특정 사찰을 정해 놓고 해당 가문의 번영을 기원하는 원찰(願刹)일 가능성도 배제할 수 없다.

그리고 100년이 넘는 시간이라면 신라에 투항한 초발성지의 후손들이 비록 높지는 않지만 특정한 골품 안에서 자리를 잡고 사찰의 비문이나 찰주본기에 이름을 남길 정도의 경제력과 위세를 가질 수 있는 시간이다. 이들은 황복사와 황룡사 불사와 밀접한 관련이 있었던 것으로 보이며 그 공적으로 기록에 남았을 것이다.

한편 이현태는 문무왕에 의해 건립된 「김유신 묘비」와 설인선이 찬한 「김유신비」를 통해 김유신 가문이 신김씨를 칭한 적이 없다고 했다.[86] 그리고 진경대사탑비에 김유신이 등장하는 것은 대사의 사회적 지위를 높이기 위한 수단으로 인식하였다. 그래서 신김씨의 연원을 경주에 사는 '재지(在地) 금관가야 왕족'의 후손으로 추정하

86 이현태, 「新羅時代 金庾信 家門과 新金氏」, 2006, 4쪽. "문무왕의 명에 의해 건립된 김유신의 묘비에는 '考蘇判金逍衍'이란 구절이 포함되어 있어서 7세기 후반 김유신 가문은 신김씨가 아니라 김씨를 칭하고 있었음을 살펴보았다. 아울러 9세기 전반에 건립된 것으로 추정되는 설인선이 찬한 '김유신비'에서도 김유신 가문이 신김씨를 칭하였다는 흔적은 드러나지 않기 때문에 김유신의 후손들이 신김씨를 칭했다고 보기는 어려울 것으로 판단하였다."

고 있다.[87] 그러나 금관가야 왕족인 김해 김씨를 신김씨로 칭한 적이 없기에, 김해의 토박이 가야 왕족들이 신라로 갔다고 해서 신김씨로 불렸는지는 의문스럽다.

오히려 임나 왕족 초발성지가 김유신에게 귀순하고 신라왕으로부터 신김씨를 사성받았고, 그의 후손이 8, 9세기 비문과 찰주에 나타난 3인의 신김씨와 10세기의 진경 대사라는 추론이 더욱 합리적일 것이다.

※ 비문의 올바른 해석

비문의 내용을 풀이하면 다음과 같다.

大師諱審希 俗姓新金氏 其先任那王族草拔聖枝 每苦隣兵 投於我國遠祖興武大王 鼇山稟氣鰈水騰精 握文府而出自相庭 携武略而高扶王室

풀이하면 "① 대사의 이름은 심희요, 속성은 신김씨이며, 그 선조는 임나 왕족 초발성지인데, 매번 주변국 병사들에게 괴로움을 받

87 이현태, 같은 논문 5쪽. "심희는 금관가야 왕족의 후손이지만 김유신의 후손은 아니었던 것으로 밝혀졌다. 심희의 집안은 세력이 상당히 미약했던 것으로 여겨지는데, 자신의 사회적 지위를 유지하는데 조금이나마 도움이 되기 위해 김유신을 자신의 원조로 삼았던 것으로 이해하였다. 그리고 심희와 김해지역과의 연관성을 고려해 볼 때, 재지금관가야 왕족의 후손들이 신김씨를 칭하였던 것으로 파악되었다."

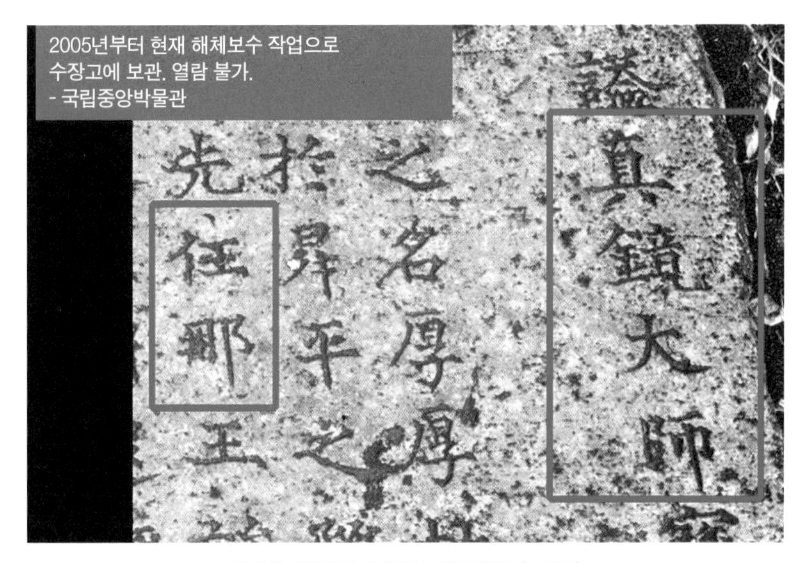

진경대사탑비에 등장하는 任那 (박장호 제공)

다가 우리나라의 먼 조상 흥무대왕에게 투항하였다. ② [흥무대왕]은 오산의 정기를 받고 동해의 정기를 타고서 문부를 쥐고 재상의 집안에 태어나 무략으로 왕실을 높이 떠받들었으며~"이다.

두 번째 문장 "[흥무대왕은] 오산의 정기를 타고 동해의 정기에 올라서~"라는 부분에서 주어인 [흥무대왕은] 이란 부분이 생략되어 있다. 하지만, 주어는 '흥무대왕'이 분명하다. 그 이유는 앞 문장의 목적어인 흥무대왕이 뒤 문장에서 주어로 바로 나와 반복되기 때문에 주어를 생략한 것이다. 한문에서 반복되는 주어와 목적어가 생략되는 경우가 종종 있으며, 여기에서도 그런 경우이다.

4장

임나를 한반도에 고착하려는 목적

경주시 충효동에 있는 김유신 장군 묘 정면(사적 21호, 국가유산포털)

1.
'草拔聖枝'가 인명이면 안 되었던 이유

대일항전기, 초발성지는 인명으로 풀이되면 안 되었다. 만약 초발성지가 인명으로 풀이되면 그는 신라에 투항하기보다 김유신에게 투항하는 것이 더욱 자연스럽게 된다. 초발성지가 김유신에게 투항하게 되면 김유신은 진경 대사 선조의 투항을 받아준 인물이 될 뿐이지 직계 조상은 될 수가 없다. 그러나 일제의 입장에서는 김유신이 진경 대사의 직계 조상이 되어야만 임나와 가야는 같다고 끼워 맞출 수 있었다. 그런데 만약 김유신이 대사의 직계 조상이 아니라 다른 관계로 밝혀지면 임나와 가야는 별개가 될 수밖에 없다. 그래서 일제는 문맥의 흐름이 맞지 않는 위험을 감수하고라도 김유신을 대사의 직계 조상으로 무리하게 확정하려 했다. 그래야만 임나와 가야를 동일시할 수 있었고 한반도 내에 임나가 있었다는 근거로 이 비를 활용할 수 있었다. 일제는 비문 서두에 나오는 대사의 선조 '草拔聖枝'를 왜곡되게 해석함으로써 이후의 해석들마저 혼란스럽게 만들었다. 첫 단추를 잘못 끼우면 나머지는 말할 필요조차 없다.

한편 진경 대사와 초발성지를 김유신의 직계 후손으로 하려면 '김초발'이든 '김초발성지'이든 김씨 성이 이름 앞에 오는 것이 당연하다. 그러나 김유신 당대부터 대사의 생존 시기까지 우리나라의 이름에 '초발' 또는 '초발성지'라는 이름은 존재하지 않는다. 하지만 과거 임나를 한반도에 고착하려 했던 일제의 입장에서는 초발성지라는 이름이 열도에 존재하면 안 되었다. 만약 이러한 이름이 열도에 존재하게 되면 임나의 위치가 열도로 밝혀지기 때문에 인명인 '草拔聖枝'를 "풀에서 성스러운 가지를 뽑았다."라는 식의 형용사나 동사로 풀이한 것이다.

이근우 교수는 초발 또는 초발성지라는 이름이 열도에 존재하지 않는다고 한다.[88] 그러나 고대에 실재했던 많은 이름이 지금까지 모두 전해오는 것은 아니다. 여러 가지 이유가 있을 수 있지만, 특히 임나가 망하고 난 이후 한반도로 이주해 온 초발성지 같은 경우도 그중 하나이다. 일본의 역사 왜곡은 국가 시책이었으므로 일본에 임나 지명이나 그와 관계된 인명이 없다고 해도 하나도 이상할 것이 없다. 역사 왜곡은 당시 그들의 국책사업이었다.

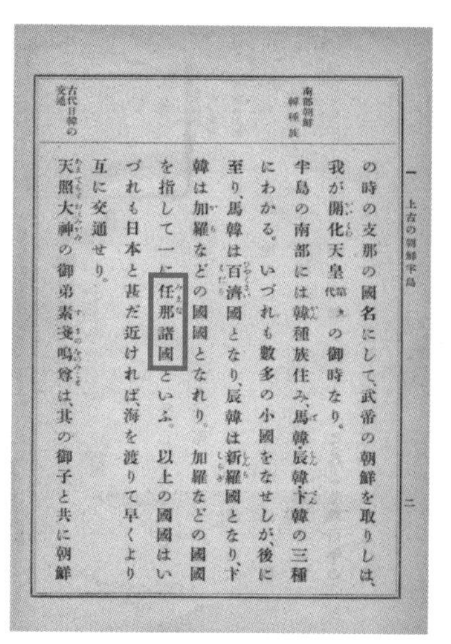

上古の朝鮮半島

南部朝鮮韓種族

古代日韓の交通

の時の支那の國名にして、武帝の朝鮮を取りしは、我が開化天皇第九代の御時なり。

半島の南部には韓種族住み、馬韓・辰韓・卞韓の三種にわかる。いづれも數多の小國をなせしが、後に至り、馬韓は百濟國となり、辰韓は新羅國となり、卞韓は加羅などの國國となれり。加羅などの國國を指して一に任那諸國といふ。以上の國國はいづれも日本と甚だ近ければ、海を渡りて早くより互に交通せり。

天照大神の御弟素戔嗚尊は、其の御子と共に朝鮮

二

심상소학역사보충교재에 나오는 임나왕족(이매림 제공)

한편, 초발성지를 형용사나 동사로 보면 문맥이 어색해진다. 문장의 구성을 보더라도 대사의 선조를 거명하는 중요한 부분이어서 적절한 긴장을 유지하며 흘러간다. "그 선조는 임나 왕족"이라고 해

88 이근우, 「부산일보 칼럼」, 2023.6.28. 일자.

석하다가 그런데 갑자기 "풀에서 성스러운 가지를 뽑았다."라고 운운하는 것 또한 문맥의 흐름과도 완전히 어긋난다. 그런 다음 바로 "매번 주변국으로부터 괴로움을 당했다."라고 이어진다. 이처럼 초발성지를 인명이 아닌 동사로 해석하면 문맥의 일관성이 없어져 문장의 기능을 할 수 없다. 일반 문장도 문맥이 맞지 않으면 문장으로서 역할을 하지 못한다. 하물며 왕이 직접 찬술한 비문에 문맥이 부자연스럽다는 것은 납득할 수 없는 일이다. 왕이 비문을 쓰더라도 당대의 최고 문사(文士)들이 감수하는 건 당연한 일이기 때문이다.

일제는 1919년 3.1 만세운동을 겪고 난 후 상당한 위기감을 느끼게 되었고, 이듬해 바로 '심상 소학 역사 보충 교재'를 만들어 임나일본부설의 세 가지 근거를 교사들을 통해 학생들에게 세뇌 교육을 했다. 그들은 임나가 가야임을 고착시켜야 했기에 임나의 위치가 일본열도로 드러나는 모든 문헌과 증거를 차단해야만 했다. 그래서 임나의 흔적이 남아있는 곳은 기록을 지우거나 흔적을 없앴다. 하지만 『일본서기』를 없애기는 어려웠고 여러 번 가필 해 윤색했다. 그리하여 『일본서기』에 215회나 나오는 확실한 임나를 무시하고 단 세 번 나오는 불확실한 우리의 기록에 천착하며 임나가 가야라고 억지를 부렸다.

2.
투항의 대상이 신라인 이유

일제는 한반도 침략을 위해 임나 고토의 회복을 명분으로 정한론을 만들었다. 또 정한론을 뒷받침해 줄 근거로 일본열도에 존재했던 임나를 한반도에 강압적으로 고착시켰다. 물론 광개토태왕릉비의 '임나가라'나 강수열전에 나오는 '임나가량'의 임나 또한 한반도에 확정하기에는 논란이 있을 수밖에 없었다. 왜냐하면 광개토태왕릉비에 나오는 임나가라의 위치가 한반도의 고령, 김해, 부산의 동래로 학자들끼리도 견해가 다르고, 일본열도만 해도 대마도, 북규슈, 오카야마 등으로 나뉘기 때문이다.

또한 강수열전에 나오는 '임나가량'의 임나 위치도 강수가 태어난 충주 이외에도 고령, 김해 등으로 갈린다. 즉, 학자마다 임나의 위치를 다르게 주장하고 있다는 말이다. 그러나 현재 강단 사학계에서는 진경대사탑비에 나오는 '임나 왕족'에서의 임나 위치를 거의 이론(異論) 없이 김해로 비정하고 있다. 그 이유는 진경 대사가 김해에 속하는 진례 지역에서 교화 활동을 한 적도 있고, 대사의 탑비가 김해와 가까운 창원에 있었다는 점도 작용해 임나 왕족에서 보이는 임나 위치는 김해가 분명하다고 믿게 된 것이다.

또 다른 이유로 들 수 있는 것은 강단 사학계의 주장처럼 '대사의 먼 조상이 김유신'이라면 김유신은 가야의 후손이고, 임나 왕족 초발성지의 직계 조상이므로 '가야는 임나'가 분명하다는 것이다. 즉 대사의 선조는 임나 왕족 아무개이고 그 윗대의 먼 조상은 김유신이며, 더 위로 올라가면 가야의 시조 수로왕이라는 것이다. 그러므로 대사의 바로 위 선조가 임나의 왕족이기 때문에, 결국 김유신과 김수로도 임나와 관계가 있다고 주장한다. 그래서 가야사 주류 사학계는 김유신을 임나와 연결하려 하며, 초발성지가 투항한 대상이 '신라의 먼 조상 김유신'임을 인정하지 않으려 한다.

이런 맥락을 따라 이근우 교수는 비문이 4자와 6자를 기본으로 하여 문장의 대구(對句)를 이룬다는 사륙변려문(四六騈儷文)[89]으로 쓰였고, 김유신은 대사의 직계 선조라고 주장했다. 하지만 필자의 물음에 대해 한문학 전공자인 송기섭 박사는 변려문이 되려면 다음과 같은 네 가지 조건을 갖추어야 한다고 말했다.

"1) 문법적인 기능으로 2개의 구(句)가 서로 대응하여 대구(對句)를 이루는데, 그것도 문장의 대부분이 그리 구성되었는지, 2) 문장의 전편(全篇)이 4자 구(四字句)를 주로 하고, 6자 구(六字句)를 이에 따르도록 구성하였는지, 3) 구말(句末) 및 구중(句中)에서 일정한 규칙에 따라 평측(平仄) 및 압운법을 따르고 있는지, 4) 고전(古典)에서 따온

89 변려문(騈儷文)은 4자와 6자를 기본으로 한 대구(對句)로 이루어져 수사적(修辭的)으로 미감(美感)을 주는 문체이다. 변려체·변문·사륙문(四六文)·사륙변려문이라고도 한다. 〈위키백과〉

문장을 압축하거나 단어를 교묘하게 사용함으로써 문장의 함축과 세련미가 보이는지를 살펴보아야 한다.

그런데 이 교수가 4·6 변려체라고 주장한 것에 대해 심각한 오류가 있음이 발견된다. 왜냐하면 변려체로 규정하는 조건에 단 한 가지도 부합되지 않고 있기 때문이다.

1)의 조건에서 위의 문장이 대다수 대구로 이뤄져야만 하는데, 대구로 이루어진 부분은 '오산품기(鼇山稟氣) 접수등정(鰈水騰精)의 한 군데뿐이다. 이 문장 또한 이 대구를 씀으로써 오히려 문장이 매끄럽지 못한 결과를 가져왔다는 생각이다.

2)의 조건에도 맞지 않는다. 기본적으로 4-6이나 6-4로 구성되어 있지 않다. 물론 경우에 따라 간혹 6-4로 배치하는 경우도 있긴 하나, 진경대사탑비문에서 6-4로 배치한 것은 변려(騈儷)의 구성을 위한 의도성을 가지고 한 것이 아니라는 판단이다.

3)의 조건에도 맞지 않는다. 평측법의 의도성이 보이지 않고, 압운이 되어 있는 곳이 한 군데도 없다.

4) 고문에서 문장이나 단어를 압축했거나 단어를 교묘하게 사용하지도 않았다."

이처럼 본 비문은 사륙변려문과는 아무 관계도 없는 문장이며, 김유신은 대사의 직계 선조가 아니라 선조의 보호자일 뿐이다. 그런데 이전의 해석에 의하면 대사의 선조 임나 왕족이 투항한 대상을 김유신이라는 사람이 아니라 국가인 신라라고 주장한다.

즉 임나 왕족 아무개가 신라에 투항해야만 임나 왕족 초발성지의 후손인 대사를 그의 먼 조상이라는 김유신과 연결할 수 있게 된다. 그래야만 임나 왕족과 김유신, 임나=김유신, 김유신=가야, 즉 '임나=가야'라는 등식을 성립시킬 수 있다. 그래서 왜계 이름인 초발성지를 인명으로 풀이하지 않으려 그토록 애를 썼다. 만일 초발성지가 투항한 대상이 '我國' 즉 신라가 아니고 김유신이 된다면 김유신은 임나 왕족 초발성지의 먼 조상이 아니라 투항의 상대가 된다. 그래서 사륙변려문이 아닌데도 미사여구를 써가며 사륙변려문이라 우기고, '我國'까지 문장을 끊어야 한다고 주장했던 것이다.

한편, 찬자인 경명왕 입장에서는 김유신은 신라인들의 영웅이기에 우리나라 신라의 먼 조상이란 표현을 할 수 있었다. 물론 왕은 개인이기도 하지만 모든 신라인을 대표하는 입장에서 김유신을 '우리 신라의 먼 조상(遠祖)'이라는 표현도 가능했다. 지금도 우리는 세종대왕, 이순신 장군, 다산 정약용 등 신분과 성씨에 관계없이 우리의 조상이라 부르고 있다. 특히 경명왕이 왕이라는 신분에서 바라본 흥무대왕은 충분히 우리나라 신라의 윗대 조상(我國遠祖)이라 불릴만했다. 문맥의 흐름으로 보아도 임나 왕족이 투항한 대상은 신라라는 국가가 아니었다. 임나 왕족 초발성지가 신김씨라는 성씨를 받은 모든 주변적인 상황을 종합해 보면, 그가 투항한 대상은 신라의 영웅 흥무대왕 김유신이 분명하다.

그동안 일제는 임나를 한반도에 고착하기 위해 임나를 김해로 비정하는 가장 유리한 근거로 진경대사탑비를 주목했다. 탑비는 임나를 한반도에 고정할 수 있는 가장 좋은 소재였기에 그들은 우선 임나 왕족을 김유신과 연결시켰다. 그렇게 되려면, 임나 왕족이 투항한 대상은 김유신이 아닌 신라가 되어야 했다. 그래서 그들은 대사의 불과 몇 대조 위인 초발성지를 인명으로 해석하지 않으려고 온갖 이유를 붙인 것이다. 이처럼 김유신이 먼 조상이라면 선조라는 임나 왕족 아무개는 김유신 이후의 인물이다. 그런데 먼 조상의 이름은 김유신이라고 아는데 신김씨라는 성씨를 하사받은 더욱 가까운 선조의 이름을 모른다는 것 또한 도저히 논리에 맞지 않는다. 그리고 대사가 그의 먼 직계 조상이 김유신이라면 신라의 영웅 김유신의 자랑스러운 김해 김씨를 쓰면 되지 무엇때문에 잘 알려지지도 않은 신김씨라는 다른 성을 썼겠는가. 이러한 이유로 대사의 선조 초발성지는 김유신이 아니라 신라에 항복했다고 왜곡시켜야 했던 것이다.

두 동강 나서 봉림사지에 방치된 비석(국립중앙박물관)

⁂ 역사 왜곡을 극복하고 밝은 미래로

앞에서 고찰해 본 결과 진경 대사의 속성 신김씨는 흥무대왕 김유신과는 직접적인 혈연관계가 성립되지 않았다. '遠祖興武大王'이란 김유신이 진경 대사의 방계로 원조가 될 가능성과 경명왕 입장에서의 원조일 가능성을 모두 갖고 있다고 하겠다. 그러나 자세히 살펴보았을 때 김유신은 진경 대사의 직계 원조는 아니다. 만에 하나라도 진경 대사가 위대한 흥무대왕의 직계 후손이라면 당연히 흥무대왕의 몇 대 후손이라고 기록했을 것이다. 그리고 수로왕으로부터 현재까지 신김씨를 사용한 김해 김씨는 없다.

그러므로 진경 대사의 선조는 언제인지는 알 수 없으나 왜(倭)에 건너가 임나의 왕이 된 자의 형제로서 왕족이었으며, 그 후손인 초발성지가 신라의 김유신에게 귀순해 온 공으로, 신라왕으로부터 김씨를 다시 사성 받은 것이다. 따라서 신라 김씨와 김해 김씨와 구분하느라고 신김씨라고 했던 것으로 보인다. 또 다른 가능성은 신라왕에게 원래의 성인 김씨를 새로(新) 사성 받았기에 신김씨로 불렸지 않았나 싶다.

과거 우리나라는 실재했던 많은 역사가 외세의 침탈과 내부의 정치적 상황 그리고 시간의 흐름 속에 사라지거나 다양한 변형을 겪어왔지만, 그 본류는 면면히 또 도도하게 흘러오고 있다. 우리의 역사는 고조선의 멸망 그리고 몽골의 침략 등으로 여러 번의 위기를 겪었다. 고대 고조선의 멸망 후에는 부여와 삼한으로 국가는 분산되었다. 하지만 한 민족의 정체성은 변함없이 지켜왔고, 원 간섭기에도 『삼국유사』를 쓰고 대장경판을 조성하며 우리의 역사와 문화를 지켜왔다. 하지만 1910년 국권 피탈 후 35년간 일본 제국주의의 치하만큼 위험했던 적은 없었다. 대일항전기를 겪으며 역사뿐 아니라 언어, 복식, 규범 등 모든 분야에 통제를 받으며 한민족의 정체성은 급격히 말살되어 갔다.

1868년 메이지 유신을 통해 자신감을 얻은 일본 수뇌부는 을사늑약을 통한 한반도 강제 병합 후 무력을 사용한 '무단통치'를 해나갔다. 그러나 이 땅의 백성들은 고조선과 국조 단군의 후예라는 단단한 뿌리 의식으로 3.1 만세운동을 일으켜 일본 수뇌부를 당황하게 했다. 이에 그들은 조선 통치의 전략을 바꾸는데 소위 '문화통치'를 앞에 내걸고 한민족의 정신을 말살하는 방향으로 선회했다. 그 중심에 내선일체를 주장하며 고대 한반도는 왜의 영향 아래 있었다는 가공의 '임나일본부설'을 만들었는데, 그 학문적 근거가 바로 '임나의 세 가지 기록'이었다. 임나의 세 가지 근거는 일제가 교묘하게 변조했기에 그 진실을 규명하는 것이 정말 쉽지 않다. 알고 나면 쉬워 보이지만, 알아가는 과정은 어느 하나 만만치가 않다. 사실 개인적으로는 〈한반도 임나설〉의 세 가지 근거 중 가장 어려운 주제가 진경대사탑비의 해석이라 생각하고 있을 정도다.

일제는 침략의 정당성을 확보하기 위해 임나의 세 기록을 변조 또는 해석을 왜곡해 임나를 한반도에 고착하려고 했다. 세 기록 가운데 진경대사탑비는 일제의 교묘한 술수로 인해 한반도 임나설의 가장 강력한 근거로 악용되어 왔다. 그러나 위의 논증에 의하면 임나는 결코 한반도 내에 있을 수 없고, 일본열도 내에 있음을 알 수 있었다.

탑비의 새로운 해석을 통해 10세기를 전후한 삼국의 정치적 상황을 두루 살펴보면 대사의 선조가 초발성지라는 인물이었고, 그 출신지가 일본열도였음을 알 수 있다. 이제 비문의 왜곡된 내용을 바로잡아 신라 말의 고승 진경 대사의 일생을 바르게 정리하고 그 역사적 의의를 새롭게 구현했으면 한다.

그런데 아직도 학계는 북한학자 김석형 박사의 〈삼국과 가야의 일본열도 내 분국설〉과 이병선 교수의 〈임나 대마도설〉을 뛰어넘는 연구 결과물을 내놓지 못하고 있다. 말로는 "이병선 교수와 김석형 박사의 주장들은 극복되었다는 것이 학계의 통설이다."라고 한다. 그러나 정작 이를 논파한 논문은 하나도 없다. 그래서 학문적인 내용으로 안 되면 "비전공자" 또는 "재야"라는 프레임을 씌워 배척한다. 학문에 무슨 강단과 재야가 있단 말인가. 진실의 규명이 우선이다. 그런데 요즘 학계는 메시지가 안 되면 메신저를 공격하는 저열한 정치 논리까지 등장하고 있다. 실로 우려스럽다.

현재 학계는 가야와 다른 나라인 임나국의 왕족 '초발성지'를 잘못 해석하고 있으며, 가야의 후손 김유신을 엉뚱하게 임나 왕족으로 오인하는 실수를 하고 있다. 또 가야의 옛 땅 김해를 임나로 잘못 확정하고 있다. 학계는 진경대사탑비의 해석을 신중히 재고하기를 바란다. 학계가 지금 〈가야 임나설〉의 근거로 삼는 진경대사탑비는 가야가 임나라는 근거가 아니라 오히려 가야와 임나는 전혀 다른 나라임을 말해주는 강력한 근거이기 때문이다.

앞에서 다룬 임나일본부설의 세 가지 근거 중 두 가지가 광개토태왕릉비와 진경대사탑비이다. 필자는 어쩌다 보니 두 가지 주제를 연구하게 되었다. 과거 일제는 돌에 새겨진 역사인 금석문까지 변조하고 내용을 비틀어 역사를 왜곡했다. 그러나 숨겨진 진실이

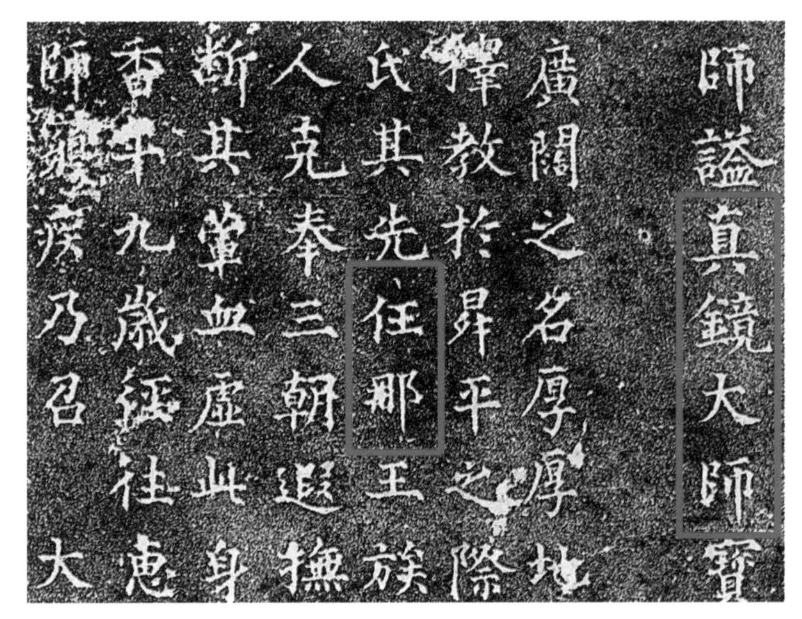

국립중앙박물관 소장이 소장한 탁본 사진(1918년 촬영본)

시간이 지남에 따라 점점 드러나고 있다. 이제 헝클어진 역사를 바로잡아 암울했던 과거를 청산하고 한국과 일본이 밝은 미래로 함께 나아갔으면 하는 바람이 간절하다.

❀ 새로운 주장, 주염왕족(住王族)

한편, 지난 2023년 3월 고령의 대가야 향토사연구회가 주최한 춘계학술대회에서 박장호 회장은『일본서기』임나의 한반도 비정(比定)에 대한 반론(反論)」이란 논문을 발표했다. 그는 임나의 위치가 한반도나 일본이 아닌 중국 대륙이라는 논지를 전개해 당시 많은 주목을 받았다. 왜냐하면 비문 '任那王族'에서 보이는 '任那(임나)'라는 글자가 '住郙(주염)'일 가능성을 제기하였고, 고대 중국에 염나라(郙國)가 실재했기 때문이라는 것이었다. 따라서 필자 또한 그것이 맞는지 무척 궁금했고, 진실을 한번 규명해 보고 싶었다. 그 이유는 필자도 탑비를 직접 보고 연구한 것이 아니라, 통상적인 학계의 해석문과 탁본만을 바탕으로 연구했기 때문이었다.

그래서 지난 2023년 말경, 현재 국립 중앙박물관에 있는 진경대사탑비를 눈으로 직접 보고 논란이 되는 이 부분이 과연 무슨 글자인지 확인해 보고 싶었다. 그러나 박물관 측에서 문화재 보수 중이라는 공허한 대답만 돌아왔다. 이에 앞서 박 회장도 2022년 탑비에 대한 문화재 열람을 신청했지만, 보수 중이라 열람할 수 없다는 말만 들었다고 했다. 탑비의 상태가 어떤지 정확히 알 수는 없지만, 돌로 된 유물의 보수에 스무 해를 훌쩍 넘긴다고 하니 아쉽기도 하고 이해가 안 되는 부분도 있다. 어쨌든 하루빨리 비문을 직접 열람해 보아야 이 글자의 실체를 정확히 알 수 있을 것이다.

그런데 한편으로는 이 글자를 과연 '住郙'으로 볼 수 있을까? 하는 의구심도 든다. 그 이유는 비문을 보면 이 글자가 마치 '住' 자로 보이기도 하지만 '主' 부분을 보면 '王' 자 위의 점인 '丶(주)'가 가까이 붙어 있지 않고 이상하리만큼 멀리 떨어져 있다. 원래 '住' 자는 '王' 자 위에 '丶'가 바로 붙어야 정상이다. 그런데 잘 살펴보면 '丶'처럼 보이는 이 점이 비면의 다른 곳에 간간이 보이는 생채기와 유사해 보인다. 세월이 지남에 따라 비에도 많은 생채기가 났고, 우연인지 몰라도 '王' 자 위의 이 '丶'으로 인하여 이 글자가 '住' 자처럼 보였을 것이다.

또 탁본을 자세히 보면 '王' 자에 있는 중간의 오른쪽 가로획 끝에 희미한 가로 선의 흔적이 보이기도 한다. 만약 가로획이 더 길어진다면 '任(임)' 자일 가능성이 더욱 크다는 말이다. 다만 비문에서 '住(주)' 자처럼 보이는 글자가 任'이 되려면 '王'의 윗부분 가로획에서 보이는 비스듬한 경사가 없다는 문제가 있기는 하다. 그런데도, 여러 가지를 고려해 필자가 보는 종합적 견해는 비문의 글자가 '任' 자라고 생각한다. 또 박 회장도 논문에서 언급했듯 1989년 일본의 나라시에서 두 개의 죽간이 발견되었는데, 여기서 보이는 글자도 비문의 글자와 비슷하지만 '임나'라고 이미 밝혀졌다고 한다. 이처럼 죽간이 발견된 장소만 보아도 임나는 한반도가 아니라 일본열도에 있었다는 사실이 충분히 증명되고도 남는다.

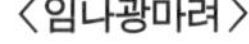

〈임나광마려〉 〈임나소금상〉

1989년 나라현 나라시 法華寺町에서 발견된 목간(나라문화재연구소 박장호 제공)

또 '鄅(염)'으로 주장하는 이 글자도 탁본을 보면 '鄅'자 보다는 오히려 '那(나)' 자로 보인다. 하지만 이 부분에 대한 결론은 비문을 직접 보기 전까지 잠시 미루어질 것 같다. 하여간 필자는 기존의 일반적인 해석인 '任那王族'으로 인식했고, 이를 바탕으로 진경 대사 선조에 대한 문제를 풀어내는 데 별문제가 없었다. 한편 박 회장은 이 부분을 '住鄅王族'으로 인식해 다음과 같이 풀이한다.

大師諱審希 俗姓新金氏 其先住 鄅王族草拔聖枝 每苦隣兵 投於我國

대사의 휘(諱)는 심희(審希)이고, 속성은 신(新, 신라) 김(金)씨이다. 그 선조(先)는 염왕족(鄅王族)으로 망국의 후예(草拔聖枝)로 [낙향하여] 살아왔다(住). 매번 이웃 나라 군대에 괴로워하다가 우리나라에 귀의하였다.

그는 대사가 신라 김씨이고 그 선조는 鄅國(염국)의 왕족인데, 망국의 후예로 [낙향하여] 살아온 것으로 해석했다. 기존과 다른 시각의 해석으로 향후 귀추가 주목된다. 필자의 주장과는 해석이 완전히 다르지만, 신선한 문제 제기로 보인다. 사실 필자의 주장대로 '任那王族'으로 해서 풀든 아니면 박장호 회장의 주장처럼 '住鄅王族'으로 풀든, 결론은 임나가 한반도에 있을 수 없다는 공통점에 도달하게 된다. 이후에도 진실을 규명하기 위해 그와 더불어 진지하게 절차탁마를 해나가기를 희망한다.

비문 전쟁의 뒷이야기

어떤 스님이 필자에게 말했다. 인생은 참 모르겠더라고. 자신이 태어날 줄 몰랐고, 출가할 줄 몰랐고, 현재 자신이 살고 있는 사찰의 주지 스님이 될 줄 몰랐다고 했다. 필자 역시 스님이 될 줄 몰랐고, 역사 연구를 하게 될 줄은 더더욱 몰랐다. 그런데 옛 가야의 땅 김해에 살다 보니 우연히 가야와 가야불교에 대한 사실을 접했고 연구로까지 이어질 수 있었다. 우연의 연속이 결국 필연으로 된 것 같다.

가야불교를 연구하려면 모체인 가야사를 들여다봐야 하는데, 그때 반드시 만나게 되는 게 '임나'였다. 임나 문제는 한일 역사학계의 뜨거운 감자로 그 핵심은 "임나의 정체는 무엇이고, 그 위치는 어디냐?"라는 두 가지로 귀결된다. 임나에 대한 문헌 기록은 위진남북조 시대 남조의 송(宋, 420~479)에 대한 기록인 송서(宋書)와 당나라 시대 재상인 두우가 찬술한 한원(漢苑)의 중국 기록 그리고 서기 720년에 편찬된 일본의 역사서『일본서기』의 일본 기록이 있다.

하지만 그보다 이른 최초의 기록은 서기 414년에 세워진 고구려의 광개토태왕릉비이다. 그래서 임나 문제를 거론할 때면 언제나 이 능비를 우선하여 주목한다.

학문의 목적은 진실의 규명이다. 그래서 많은 사람이 사라진 비문의 진실을 찾고자 노력해 왔다.

필자는 지난 몇 해 전 한국 최초의 불교 역사인 가야불교에 관한 책 '가야불교 빗장을 열다'를 출간한 이후 삶에 많은 변화가 생겼다. 사실 어렵게 쓴 인생 최초의 책으로 출간 이후 문득 "내가 부처님과 한국불교에 진 빚은 다 갚았다."라는 다소 당돌한 생각을 하였다. 그런데 이번에 광개토태왕릉비와 진경대사탑비의 연구서 격인 '비문 전쟁'을 정리하면서 "윗대의 조상님들과 육신의 모국 대한민국에 대한 빚은 다 갚았다."라는 한 생각이 들었다. 세상의 가치 기준이 절대적이지는 않지만 적어도 필자에게는 그런 생각이 들었다.

사실 우연한 기회에 필자가 가야불교에 대한 논문을 쓰고 책을 쓰면서 어쩔 수 없이 전공 분야인 종교라는 영역을 자주 벗어나게 되었다. 그때 스승님께서도 우려하셨고 필자가 주지로 있는 사찰 신도들은 우려를 넘어 걱정이 이만저만이 아니었다. 은사 스님이나 불자들의 염려는 필자에 대한 진심이 담긴 관심으로 당시의 상황을 보면 충분히 그럴만했다.

또 한편 필자에 대해 염려했던 분들은 지난 7년간 함께 가야불교를 이끌어 오던 학자분들로 "스님, 가야불교만 해야지 역사를 함부로 건드리면 안 됩니다. 자칫하면 가야불교까지 위험해집니다."라고 말했다. 물론 애정 어린 충고였지만 필자의 생각은 조금 달랐다. 가야불교를 부정하는 가야사 주류사학계로부터 이를 지키기 위해선 가야불교 연구와 선양뿐만 아니라 적극적인 반론도 펴야 한다는 생각이었다.

왜냐하면 학계에서 반론없는 침묵은 사실로 인정한 것으로 간주하며 이윽고 통설로 고착되기 때문이었다. 모르면 어쩔 수 없지만, 알고 침묵할 수 없었기에 때로는 역사분쟁의 현장에 가서 시위도 하고 연단에 서서 항변하기도 하였다. 필자의 인생에서 처음 경험하는 일들이었다. 이런 과정에서 '공감하는 이가 없으면 무소의 뿔처럼 혼자라도 가리라' 하고 마음먹었는데, 다행히 우리 역사를 바로 세워야 한다는 식민사관청산가야사 전국연대의 이용중 위원장님을 비롯한 많은 의인을 만나 힘을 얻기도 했다. 이후 가야를 비롯한 고대 역사를 좀 더 들여다보는 와중에 진경대사탑비와 광개토태왕릉비를 연구하는 계기가 되었다.

개인의 역사는 인생이 되고 나라의 역사는 그 나라의 품격이 된다. 따라서 과거든 현재든 어느 하나 소중하지 않은 시간이 없다. 인생이란 죽음에 이르면 개인의 역사가 끝이 나지만, 국가는 형체가 존속하더라도 역사를 상실하면 한 국가의 정체성은 끝이 난다. 영토가 있더라도 국혼(國魂)을 상실하면 품격 없는 천박한 나라가 되고 마는 것이다. 우리의 이웃 나라들은 이러한 점을 알았기에 국가적인 차원에서 역사를 다루고 있지만 우리는 그렇지 못하다. 정부에서는 좀 더 역사의 중요성을 자각하고 더욱 주체적인 입장에서 역사를 챙겨야 한다.

강단에서 일제의 학풍을 이어오는 학자를 식민사학자라고 한다. 어떤 학자이든 이러한 말을 듣게 되면 마음이 불편할 것이다. 그러나 학자의 인격과 실력에 관계없이 반도 사관이나 황국사관을 추종하고, 조선사편수회가 만든 고대사의 틀을 추종하는 한, 그는 식민사학자를 면하지 못한다. 이러한 학자군으로 분류되지 않으려면 과감하게 식민사관을 벗어버리고 바른 역사를 하면 된다. 역사는 엄중하다. 본인의 허물은 당대에서 끝나는 것이 아니라 대를 이어 유전하기에 눈앞의 이익만을 좇아서 후세에 오명을 남기지 않길 바란다.

실제로 우리 역사학계는 〈조선사편수회〉 출신의 이병도 교수나 신석호 교수의 영향력으로 인해 대일항전기의 일본 학자들이 심고 재배한 식민사학 그늘에서 벗어나지 못 해왔던 것 또한 사실이다. 식민사학 극복을 위한 학계의 노력이 아예 없었던 것은 아니지만, 정치, 경제, 언론 등 우리 사회 곳곳에 뿌리 박고 있는 그 후예들에 의해 독립운동가들의 역사관은 배척당해 왔다. 현 역사학계의 고질적인 병폐는 일제의 식민사관을 계승한 것에서 그치지 않고, 오히려 과거 일제가 행한 나쁜 악습을 더욱 강화하고 있다는 데 있다.

필자는 역사가 전공은 아니다. 그런데 오히려 이 점이 필자가 역사에 천착하게 된 계기가 되었다. 그렇지 않아도 역사학계는 마치 사학자들이 독점한 역사 패권의 전당인 듯하였는데, 학위와 이력이 일천한 필자를 바라보는 시선 또한 그리 곱지 않다는 것 또한 안다. 그래서 '역시 비전문가니까, 그런 수준이지.'라는 말을 들어서는 안 되었기 때문에 더욱 치열하게 공부한 이유가 됐다. 논란이 있는 지점은 더 집중해야 했고, 의문이 나는 것은 주위에 묻거나 시간이 나는 대로 책과 자료를 뒤적였다. 다행히 문을 두드리는 자에게 역사는 숨은 진실을 보여주었고, 그 결과물이 한 권의 책으로 나오게 되었다.

이 책에서는 기존의 연구를 바탕으로 여러 가지 새로운 사실도 밝혔다. 물론 그렇다 하더라도 부분적인 결함은 있을 수 있다. 하지만 부분의 문제를 가지고 전체를 평가하는 오류를 범하지 마시길 바란다. 거대 담론의 시각에서 역사의 진실과 그 흐름을 파악해야지 진실은 뒷전이고 약점 잡기 식의 치졸한 자세로 역사를 연구해서는 안 될 것이다. 이것은 본인에게도 시간 낭비이고 주위에도 좋지 않은 영향을 끼치게 된다. 다만 열린 마음으로 졸저에 대해 냉정한 평가를 해 주신다면 필자는 언제나 수용하겠다.

책을 쓰면서 '임나일본부', '김해 지역의 가야문화' 등에 대해 인제대학교 융복합문화센터 선임연구위원이신 정영도 선생님의 조언을 많이 받았다. 진심으로 감사드린다. 또한 구한말 잃어버린 우리 역사를 찾기 위해 관직도 버리고 광개토태왕릉비 곁에서 자신의 삶을 불살랐던 창강 김택영 선생님과 김해 출신으로 비문의 석회 변조설을 주장하며 일본 사학계를 강타한 재일사학자 고 이진희 선생님 그리고 왜곡된 역사를 바로잡기 위해 일생을 바치신 원로학자 이병선 교수님께 이 책을 바친다.

이 연구를 계기로 사학계는 임나가 한반도에 있었다는 망상을 완전히 버렸으면 한다. 그래서 상처 입고 기울어진 두 비석을 똑바로 세워 우리 모두가 한민족의 당당한 후예로 세계 속에 우뚝 서기를 두 손 모아 기원한다.

2024년 끝자락에서 가야인 도명 합장

참고문헌

이종항, 『고대가야족이 세운 구주왕국』, 1987.

임기중, 『광개토왕비원석초기탁본집성』, 동국대출판부, 1995.

이강래, 『삼국사기』, 한길사, 1998.

이성시, 『만들어진 고대』, 삼인, 2001.

「가야와 광개토대왕」 제9회 가야사 국제 학술회의, 김해시, 2003.

이도학, 『고구려 광개토왕릉 비문연구』, 2006.

이유립, 『광개토성릉비문 역주』, 대동문화사, 1973.

손영종, 『광개토왕릉비문 연구』, 중심, 2001

최광식, 『삼국유사』, 고려대출판부, 2014.

최규성, 『이곳이 임나다』, 부크크, 2017.

이성시, 『투쟁의 장으로서의 고대사』, 도서출판 삼인, 2019.

『광개토대왕릉비 탁본(장명선 탁출)』, 국립문화재연구소, 2019.

김병기, 『사라진 비문을 찾아서』, 2020.

이찬구, 『새로운 광개토태왕릉비 연구』, 개벽사, 2020.

김덕중, 『태왕의 꿈(광개토대왕 석비정해본)』, 2022.

| 진경대사탑비 참고문헌 |

1. 자료

『송서(宋書)』

『일본서기』

『삼국유사』

『동국통감』

『동사강목』

2. 단행본

조선총독부, 『교사용 尋常小學日本歷史補充敎材 敎授參考書』, 1920.

서울특별시, 『서울금석문대관』, 삼성출판인쇄주식회사, 1987.

이병선, 『임나국과 대마도』, 아세아문화사, 1987.

한국고대사회연구소, 『역주한국고대금석문Ⅲ』, 가락국사적개발연구원,1992.

이지관, 『교감역주 역대고승비문(신라편)』, 가산불교문화연구원, 1993.

김태식외, 『역주 가야사료집성 제1권』, 가락국사적개발연구원, 2004.

윤내현, 『한국열국사연구』, 도서출판 만권당. 2016.

최규성, 『여기가 임나다』, 부크크, 2017.

최춘태, 『갑골음으로 잡는 식민사학 동북공정』, 북랩, 2017.

이덕일, 『우리 안의 식민사관』, 도서출판 만권당, 2018.

국립문화재연구소, 『한국의 석비-고대(국보·보물)』, ㈜태웅씨엔피, 2020.

최박광, 『일본서기/고사기』, 동서문화사, 2021.

조성훈, 『한 상고사』, 북랩, 2023.

3. 논문

이병선,「伽倻史의 再構와 任那 問題」,『인간과 문화 연구』 Vol.5 No.-동의대학교 2000.

배상현,「眞鏡 審希의 활동과 鳳林山門」,『史學硏究』第74號, 2004.

이문기,「金官加耶系의 始祖 出自傳承과 稱姓의 變化」, 신라문화제학술발표논문집』25, 2004.

이현태,「新羅 中·下代 新金氏의 登場」,『한국고대사학회』제89회, 2006.

이현태,「新羅時代 金庾信 家門과 新金氏」, 경희대학교 석사 학위 논문, 2006.

김병모,「김수로왕과 허황옥은 어떻게 대화했을까?」,『Chindie Journal』, 2011.

최연식,「봉림사진경대사탑비의 임나 관련 기록에 대한 재검토」, 한국목간학회『목간과문자』26호, 2021.

이덕일,「가야사 왜 논란인가」,『제1차 학술발표회 가야사 탐구』(사)가야연구원, 2022.

4. 기타

이근우, 〈반지성주의적 역사 왜곡을 경계한다〉 부산일보 칼럼(2023.6.28. 일자.)

최춘태, (사)갑골문갑골음연구원 이사장 2024. 1. 21. 18:00~18:30 인터뷰.